Leitfaden des Baubetriebs und der Bauwirtschaft

Reihe herausgegeben von
F. Berner, Stuttgart, Deutschland
B. Kochendörfer, Berlin, Deutschland

Der Leitfaden des Baubetriebs und der Bauwirtschaft will die in Praxis, Lehre und Forschung als Querschnitts-Funktionen angelegten Felder – von der Verfahrenstechnik über die Kalkulation bis hin zum Vertrags- und Projektmanagement – in einheitlich konzipierten und inhaltlich zusammenhängenden Darstellungen erschließen. Die Reihe möchte alle an der Planung, dem Bau und dem Betrieb von baulichen Anlagen Beteiligten, vom Studierenden über den Planer bis hin zum Bauleiter ansprechen. Auch der konstruierende Ingenieur, der schon im Entwurf über das anzuwendende Bauverfahren und damit auch über die Wirtschaftlichkeit und die Risiken bestimmt, soll in dieser Buchreihe praxisorientierte und methodisch abgesicherte Arbeitshilfen finden.

Weitere Bände in der Reihe http://www.springer.com/series/12551

Joachim Hirschner · Henric Hahr
Katharina Kleinschrot

Facility Management im Hochbau

Grundlagen für Studium und Praxis

2. Auflage

Joachim Hirschner
IWTI GmbH
Stuttgart, Deutschland

Henric Hahr
BAM Deutschland AG
Stuttgart, Deutschland

Katharina Kleinschrot
BAM Deutschland AG
Berlin, Deutschland

ISSN 1615-6013
Leitfaden des Baubetriebs und der Bauwirtschaft
ISBN 978-3-658-21629-0   ISBN 978-3-658-21630-6   (eBook)
https://doi.org/10.1007/978-3-658-21630-6

Die Deutsche Nationalbibliothek verzeichnet diese Publikation in der Deutschen Nationalbibliografie; detaillierte bibliografische Daten sind im Internet über http://dnb.d-nb.de abrufbar.

Springer Vieweg

Lektorat: Karina Danulat

Gedruckt auf säurefreiem und chlorfrei gebleichtem Papier

Springer Vieweg ist ein Imprint der eingetragenen Gesellschaft Springer Fachmedien Wiesbaden GmbH und ist ein Teil von Springer Nature
Die Anschrift der Gesellschaft ist: Abraham-Lincoln-Str. 46, 65189 Wiesbaden, Germany

Vorwort der Herausgeber

Die ganzheitlich orientierte Bewirtschaftung von Immobilien und die immense Bedeutung der nutzungsrelevanten Kosten für die Lebenszykluskosten verlangt von den Akteuren ein hohes Maß an Kompetenz. Das grundlegende Wissen hierfür wird mit dem vorliegenden Werk, das nun in der zweiten Auflage erscheint, vermittelt. Die theoretische Basis ist dabei mit aktuellen Bezügen zum Praxisgeschehen verknüpft.

Nach der Einführung in alle Handlungsbereiche des Facility Managements und der Abgrenzung zu anderen immobilienbezogenen Dienstleistungen wird das komplette Leistungsbild des Gebäudemanagements umfassend dargestellt. Dem folgen diejenigen Vertragsmodelle, die einer optimalen Umsetzung der zu erbringenden Leistungen dienen. Zur ganzheitlichen Betrachtung gehört insbesondere auch die Bewertung der Leistungsqualität mit sogenannten „Service Level Agreements".

Den Belangen und Kriterien der Nachhaltigkeit ist ein getrenntes Kapitel gewidmet. Damit wird der zunehmenden Bedeutung dieser Aspekte und der darauf aufbauenden Zertifizierungssysteme Rechnung getragen. Die aktuellen Entwicklungen im Bereich der Digitalisierung im Bau- und Immobilienwesen werden mit dem neu aufgenommenen Kapitel Digitalisierung behandelt und die Auswirkungen auf das Facility Management dargestellt.

Dem Buch wünschen wir in seiner zweiten Auflage eine weite Verbreitung bei Studierenden und interessierten Praktikern.

Stuttgart / Berlin, März 2018

Prof. Dr.-Ing. Fritz Berner
Prof. Dr.-Ing. Bernd Kochendörfer

Vorwort der Verfasser

Die Aufgabenfelder und Inhalte des Facility Managements sind in den letzten Jahren stetig umfangreicher geworden. Für Studierende der Architektur, des Bauingenieurwesens, der Immobilientechnik und Immobilienwirtschaft, Wirtschaftsingenieurwesen Bau und Immobilie oder auch einer der zahlreichen Facility Management Studiengänge soll mit dem vorliegenden Werk der Einstieg in das komplexe Gebiet des Facility Managements erleichtert werden.

Das Buch soll als kompaktes und übersichtliches Werk zur Begleitung von Vorlesungsinhalten dienen, als Orientierungshilfe für eine mögliche spätere Berufswahl im Bereich des Facility Managements und im späteren Berufsleben als Nachschlagewerk hilfreich sein.

So eignet sich dieses Buch aber auch für den Praktiker, der ein kompaktes Nachschlagewerk sucht oder sich dem Themenbereich Facility Management nähern möchte. Das Buch gibt dem Leser einen kompakten Überblick und ergänzt diesen mit zahlreichen Beispielen. Der aktuellen Entwicklung hinsichtlich der digitalen Entwicklungen im Bereich des Bauwesens und des Building Information Modeling wurde in der vorliegenden zweiten Auflage mit der Ergänzung des Kapitels Digitalisierung Rechnung getragen.

Stuttgart, März 2018

Dr.-Ing. Henric Hahr
Prof. Dr.-Ing. Joachim Hirschner
Dr.-Ing. Katharina Kleinschrot

Inhaltsverzeichnis

Abbildungsverzeichnis

Abkürzungsverzeichnis

a	Jahr
Abb.	Abbildung
Abs.	Absatz
AentG	Arbeitnehmer-Entsendegesetzes
AfA	Absetzung für Abnutzung
AG	Auftraggeber
AGB	Allgemeine Geschäftsbedingungen
AGK	Allgemeine Geschäftskosten
AMEV	Arbeitskreis Maschinen- und Elektrotechnik staatlicher und kommunaler Verwaltungen
AN	Auftragnehmer
ASI	Arbeitssicherheit
BetrKV	Betriebskostenverordnung
BGB	Bürgerliches Gesetzbuch
BGF	Bruttogrundfläche
BHKW	Blockheizkraftwerk
BIM	Building Information Modeling
BMVI	Bundesministerium für Verkehr und digitale Infrastruktur
BREEAM	Building Research Establishment Environmental Assessment Method
BV	Berechnungsverordnung
BZ	Behebungszeit
bzw.	beziehungsweise
CAD	Computer Aided Design
CAFM	Computer Aided Facility Management
CASBEE	Comprehensive Assessment System for Building Environmental Efficiency
CIBSE	Chartered Institution of Building Services Engineers
CP	Credit Points
CREM	Corporate Real Estate Management
CxA	Commissioning Authorithy

d. h.	das heißt
D&O	Directors-and-Officers-Versicherung
DD	Due Diligence
DGNB	Deutsche Gesellschaft für Nachhaltiges Bauen e. V.
DIN	Deutsches Institut für Normung e. V.
EA	Erstanwendung
ECO	Abkürzung für Hauptkriteriengruppe Ökonomische Qualität
EDV	Elektronische Datenverarbeitung
EKdT	Einzelkosten der Teilleistung
EN	Europäische Norm
ENV	Abkürzung für Hauptkriteriengruppe Ökologische Qualität
EUR	Euro
e. V.	eingetragener Verein
exkl.	exklusive
FH	Fachhochschule
FM	Facility Management
G	Gewinn
GEFMA	Deutscher Verband für Facility Management e. V.
gif	Gesellschaft für Immobilienwirtschaftliche Forschung e. V.
GMP	Guaranteed Maximum Price
GRIHA	Green Rating for Integrated Habitat Assessment
h	Stunden
HeizkostenV	Heizkostenverordnung
HLS	Heizung Lüftung Sanitär
HNF	Hauptnutzfläche
HQE	Haute Qualité Environnementale
i. d. R.	in der Regel
I / E	Intern / Extern
ID	Innovation and Design
IFC	Industry Foundation Classes
ImmoWertV	Verordnung über die Grundsätze für die Ermittlung der Verkehrs-werte von Grundstücken
inkl.	inklusive
IS	Instandsetzung

IT	Informationstechnik
KG	Kostengruppe
KGR	Kostengruppe
KGSt	Kommunalen Gemeinschaftsstelle für Verwaltungsmanagement
KPI	Key Performance Indicator
KU	Kostenunterschreitung
KÜ	Kostenüberschreitung
kW/h	Kilowattstunden
LCA	Life Cycle Analysis
LCC	Life Cycle Costs
LOI	Letter of Intent
m²	Quadratmeter
ME	Mengeneinheit
MF	Mietfläche
Mo	Montag
MP	Maluspunkte
MR	Material and Ressources
MWSt.	Mehrwertsteuer
NBV15	Neubau Büro- und Verwaltung 2015
NGF	Nettogrundfläche
o. ä.	oder ähnliches
OP	Offene Posten
OSCAR	Office Service Charge Analysis Report
p.a.	Pro Jahr
PPP	Public Private Partnership
PREM	Public Real Estate Management
PRO	Abkürzung für Hauptkriteriengruppe Prozessqualität
qm	Quadratmeter
REAM	Real Estate Asset Management
REIM	Real Estate Investment Management
RWA	Rauch- und Wärmeabzugsanlagen
RZ	Reaktionszeit
S.	Seite
Sa	Samstag

SITE	Abkürzung für Hauptkriteriengruppe Standortqualität
SLA	Service-Level-Agreement
SMA	Sicherheitsmitarbeiter
SOC	Abkürzung für Hauptkriteriengruppe Soziokulturelle und funktionale Qualität
sog.	so genannte
Stck.	Stück
SVS	Stundenverrechnungssatz
t	Zeit
TEC	Abkürzung für Hauptkriteriengruppe Technische Qualität
TGA	Technische Gebäudeausrüstung
TU	Technische Universität
Ust	Umsatzsteuer
V	Variante
VDI	Verein Deutscher Ingenieure e. V.
VDMA	Verband Deutscher Maschinen- und Anlagenbau e. V.
vgl.	vergleiche
VK	Verfügbarkeitsklasse
VMF	Vermietbare Fläche
VOB	Vergabe- und Vertragsordnung für Bauleistungen
VOF	Vergabeordnung für freiberufliche Leistungen
VOL	Vergabe- und Vertragsordnung für Leistungen
VZ	Vorauszahlung
W	Abnutzungsvorrat
WT	Werktag
z. B.	zum Beispiel
zzgl.	zuzüglich

1 Einführung und Grundlagen

1.1 Einführung

Kaum ein anderer Begriff zeigt in der Immobilienbranche derart reichhaltige Facetten, wenn es um dessen inhaltliche Beschreibung geht, als der des Facility Managements. Zahlreiche voneinander abweichende Inhaltsbeschreibungen, unterschiedliche Definitionen und sogar unterschiedliche Schreibweisen sind hierfür Beleg. Dieses Phänomen lässt sich nicht nur in der internationalen, sondern auch in der auf den deutschen Immobilienbereich abgegrenzten Betrachtung feststellen. Dies sind der Anlass und die Motivation für das vorliegende Buch, welches sich in erster Linie an Studierende immobilienorientierter Studiengänge richtet. Auf einfache und nachvollziehbare Weise zeigt es die grundlegenden Inhalte, Arbeitsfelder, Herausforderungen und Entwicklungsmöglichkeiten des Facility Managements auf. Zusätzlich wird das Verständnis mittels zahlreicher Beispiele aus der Praxis vertieft.

1.2 Ursprung und Definition

Eine einheitliche Definition für das Facility Management gibt es nicht. Häufig werden daher andere Begriffe der Immobilienbranche als Synonyme für das Facility Management verwendet. Da weder eine auf internationaler noch auf nationaler Ebene einheitliche und verbindliche Definition existiert, helfen die Ursprünge des Begriffs, dessen Wesensinhalt und schließlich dessen unterschiedliche Definitions- und Interpretationsmöglichkeiten nachzuvollziehen.

Als Ursprung für den Facility Management Ansatz gilt heute ein Symposium, das Ende der 70er Jahre von einem der weltgrößten Möbelhersteller veranstaltet wurde und in dessen Rahmen über Auswirkungen und Einflüsse gebäudespezifischer Faktoren auf die Produktivität eines Unternehmens referiert wurde. Zum damaligen Zeitpunkt war eine solche Denkweise völlig neu. Man war es nicht gewohnt, beispielsweise über den Einfluss der Raumausstattung und der Einrichtungsgegenstände auf das Erreichen unternehmerischer Kernziele nachzudenken.

Ausgehend von diesem Symposium bildete sich das „Facility Management Institut". Dieses beschäftigte sich in der Folgezeit mit der Fragestellung hinsichtlich des bestmöglichen Managements von Immobilien. Ziel dieses Instituts war es, herauszuarbeiten, in welcher Art und Weise das Management von Immobilien zur Zielerreichung eines Unternehmens beitragen kann. Hierbei stellte das Facility Management Institut auf die Koordination des physischen Arbeitsumfeldes mit dem in einem Unternehmen tätigen Personal sowie den erforderlichen Arbeitsmethoden ab.[1]

Einem solchem Verständnis nach, bezieht sich das Facility Management auf alle Sachmittel, die notwendig sind, damit Menschen an ihrem Arbeitsplatz die ihnen zugewiesenen Arbeiten effektiv und effizient erfüllen können. Damit eingefasst sind

---

[1] vgl. Gondring/Wagner (2012), S. 4

© Springer Fachmedien Wiesbaden GmbH, ein Teil von Springer Nature 2018
J. Hirschner et al., *Facility Management im Hochbau*, Leitfaden des Baubetriebs und der Bauwirtschaft, https://doi.org/10.1007/978-3-658-21630-6_1

neben der Immobilie an sich auch die erforderlichen Maschinen, Gerätschaften und Betriebsmittel, die entsprechende Büroeinrichtung, die erforderlichen Ausstattungs-gegenstände sowie Kommunikationseinrichtungen aller Art.

Auf Grundlage solcher Überlegungen wuchs die Erkenntnis, dass wenn ein Gebäude seinen die Unternehmensabläufe unterstützenden Aufgaben und Funktionen nicht nachkommt, dessen Eignung für ein Unternehmen sinkt und sich damit auch dessen produktiver Beitrag verringert. Erkenntnisse dieser Art waren zwar auch zuvor schon aus der Architektur und vor allem der Arbeitswissenschaft bekannt, konnten sich aber bis dahin noch nicht durchsetzen. Insbesondere die wachsende Technisierung in fast allen Bereichen unternehmerischen Handelns führte zu einer sich stark wandelnden Arbeitswelt. Flexiblere Arbeitsplatzgestaltungen und auch wachsende Ansprüche an den Komfort der Arbeitsumgebung waren Kennzeichen dieser Zeit. Diese Forderun-gen machten auch vor der Gebäudeausstattung und dem Gebäudebetrieb nicht halt. Auch die zunehmende Technisierung der Gebäudeausrüstung mittels Mess-, Steuer- und Regeltechnik veränderte das Betreiben der Gebäude rasant, weshalb einem professionellen Facility Management Ansatz immer mehr Bedeutung zukam. Zusätz-lich erforderte der zunehmende Wettbewerb in allen Branchenbereichen ein gestei-gertes Ausschöpfen unternehmerischer Erfolgspotentiale. Diese Erfolgspotentiale lassen sich durch ein optimal gestaltetes Facility Management auch im Bereich der Immobilien verwirklichen.

1982 erfolgte durch die United States Library of Congress eine bis heute geltende und häufig verwendete Definition für das Facility Management: „The practice of coor-dinating the physical workplace with the people and the work of the organization, integrating the principles of business administration, architecture, and behavioral and engineering sciences. "[2]

Von den USA ausgehend, fand ein solcher Facility Management Ansatz auch in Deutschland Eingang. Allerdings fokussiert das Begriffsverständnis im deutschspra-chigen Raum einen anderen Kernaspekt: Hier steht weniger die Koordination von physischem Arbeitsumfeld, Mensch und Arbeitsmethoden, als vielmehr die einzelne Immobilie an sich im Vordergrund.

Demnach versteht auch der Deutsche Verband für Facility Management e. V. (GEFMA) das Facility Management als professionell geplante und durchgeführte Gebäudebewirtschaftung. Sie definiert das Facility Management wie folgt: Beim Faci-lity Management erfolgt „die permanente Analyse und Optimierung der kostenrele-vanten Vorgänge rund um bauliche und technische Anlagen, Einrichtungen und im Unternehmen erbrachte (Dienst-)Leistungen, die nicht zum Kerngeschäft gehören."[3]

Eine weitere Definition bietet der Verein Deutscher Ingenieure e. V. (VDI). Hier wird Facility Management definiert als „die Gesamtheit aller Leistungen zur optimalen Nutzung der betrieblichen Infrastruktur auf der Grundlage einer ganzheitlichen Stra-tegie. Betrachtet wird der gesamte Lebenszyklus, von der Planung und Erstellung bis zum Abriss. FM unterscheidet sich von der herkömmlichen Gebäudebewirtschaftung durch eine umfassende Strategie mit den Merkmalen: Kunden- und Serviceorientie-

---

[2] Library of Congress (20.03.2017), Internetquelle
[3] GEFMA 100-1 (2004), S. 3

rung, Optimierung der Gebäudenutzung, verursachungsgerechte Leistungsverrechnung, Erhöhung der Wirtschaftlichkeit, Werterhaltung [und] Minimierung des Ressourceneinsatzes."[4]

Sowohl in der Definition nach GEFMA als auch in der nach VDI tritt das aus den USA bekannte Prinzip der Koordination von Mensch, Technologie und Sachmittel in den Hintergrund. Die beiden deutschen Definitionen stellen dagegen hauptsächlich auf die professionelle Gebäudebewirtschaftung mit all ihren Facetten ab.

Das Facility Management deckt folglich eine Vielzahl an Teilbereichen ab, die – obwohl sie nicht in unmittelbarem Zusammenhang mit der Produkterstellung oder Leistungserbringung eines Unternehmens stehen – für die eigentliche Leistungserstellung eine notwendige Voraussetzung darstellen und somit die Unternehmensprozesse ermöglichen und unterstützen.

1.3 Abgrenzung immobilienbezogener Leistungen

Im Rahmen der Beschreibung immobilienbezogener Dienstleistungen existieren in Literatur und Praxis eine Vielzahl von Begrifflichkeiten, deren Abgrenzung unterschiedlich vollzogen wird. Trotz einiger Versuche, die Begrifflichkeiten in der Literatur zu definieren, muss in der Praxis nach wie vor besondere Vorsicht walten und im Einzelfall abgeklärt werden, welche Leistungen die Beteiligten unter den jeweiligen Bezeichnungen verstehen. Im Folgenden wird erläutert, wie das Facility Management im Kontext dieses Buches verstanden und gegenüber den weiteren immobilienbezogenen Dienstleistungen abgegrenzt wird.

1.3.1 Immobilienmanagement

Das Immobilienmanagement steht als übergeordneter Begriff für alle immobilienbezogenen Leistungen, die die Ziele der Wertsteigerung der Immobilie und der Generierung optimierter Erträge verfolgen. Spezifiziert werden kann das Immobilienmanagement durch die Bereiche des Real Estate Investment Managements (REIM), des Corporate Real Estate Managements (CREM) und des Public Real Estate Managements (PREM) (siehe Abbildung 1-1). Dabei wird das Immobilienmanagement im Hinblick auf die Art der Institution, in deren Auftrag das Immobilienmanagement durchgeführt wird, konkretisiert.

Das Real Estate Investment Management (REIM) widmet sich dem Management der Immobilien institutioneller Investoren und Unternehmen, deren Kerngeschäft im Immobiliensegment liegt. Dazu gehören z. B. Immobilienfonds, Immobilienaktiengesellschaften oder auch klassische Wohnungsbaugesellschaften. Das REIM bildet somit wie das Immobilienmanagement einen Überbegriff für weitere, immobilienbezogene Leistungen, die in diesem Fall für die auch als Property-Companies bezeichneten Institutionen erbracht werden.

Simultan hierzu wird der Begriff Corporate Real Estate Management (CREM) verwendet, wenn es sich um das Management des Immobilienbestandes von Institutio-

---

[4] VDI 6009 (2009), S. 5

nen handelt, deren Kerngeschäft nicht aus dem Immobiliensegment stammt. Das Immobilienaktiva dieser Institutionen stellt dabei eine Sekundärfunktion dar, die das jeweilige Kerngeschäft unterstützt oder überhaupt erst ermöglicht. Zu diesen auch als Non-Property-Companies bezeichneten Institutionen gehören beispielsweise sämtliche Unternehmen der Automobilindustrie. Deren Immobilien sind für die Produktion und die Verwaltung des Unternehmens zwingend erforderlich, bilden jedoch nicht das Kerngeschäft und sind somit nur sekundär an der Unternehmensleistung beteiligt.

Das Public Real Estate Management (PREM) konkretisiert das Immobilienmanagement hinsichtlich des Managements des Immobilienbestandes der öffentlichen Hand. Zur öffentlichen Hand zählen Bund, Länder, Kommunen, Körperschaften des öffentlichen Rechts und Sondervermögensträger, die allesamt treuhänderisch die finanziellen Mittel der Steuerzahler verwalten.[5] Auch hier ist das PREM ein übergeordneter Begriff für die immobilienbezogenen Managementleistungen, die in diesem Fall im Auftrag der öffentlichen Hand erbracht werden.

Unter den immobilienbezogenen Leistungen werden im Allgemeinen das Portfolio Management, das Asset Management, das Property Management und das strategische und operative Facility Management verstanden. Diese Leistungen können wie in Abbildung 1-1 dargestellt nach ihrer Ausrichtung hinsichtlich einer übergeordneten Steuerung einer Vielzahl von Immobilien hin zu einer Auseinandersetzung mit einer einzelnen Immobilie geordnet werden. In den folgenden Kapiteln werden diese Leistungen im Einzelnen beschrieben und hinsichtlich ihrer Aufgaben gegeneinander abgegrenzt.

---

[5] vgl. Kalusche (2012), S. 47

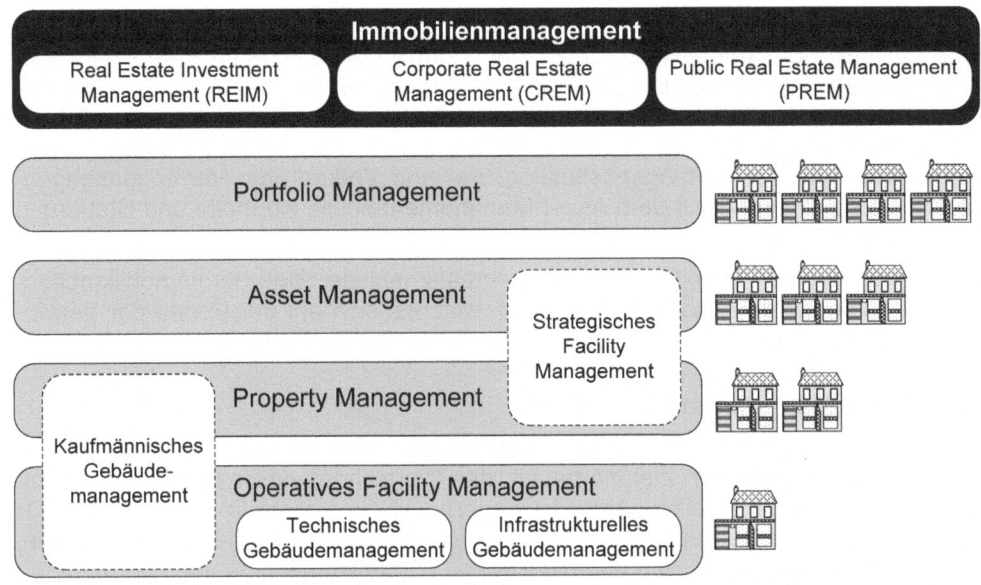

Abb. 1-1   Leistungen des Immobilienmanagements

1.3.2 Portfolio Management

Bei der Anwendung eines Portfolio Managements wird das Ziel verfolgt, ein Portfolio, welches aus einer Sammlung verschiedener Vermögensgegenstände (im Englischen als „Assets" bezeichnet) besteht, optimal zu gestalten. Dabei steht insbesondere die Auswahl der Vermögensgegenstände unter Rendite- und Risikoaspekten im Zusammenspiel mit den anderen Vermögensgegenständen im Portfolio im Vordergrund. Generell kann ein Portfolio aus Vermögensgegenständen unterschiedlicher Art, wie z. B. Aktien und Immobilien bestehen. Das Portfolio Management hat in diesem Fall zu eruieren, welcher Anteil des zur Verfügung stehenden Vermögens in welche Asset-Klasse zu investieren ist, um ein optimales Rendite-Risiko-Profil zu erhalten.

Sofern ein Portfolio einzig aus der Asset-Klasse Immobilien besteht, kann als Spezifizierung des Portfolio Managements von einem Immobilienportfolio Management gesprochen werden. Dieses wird „als systematische Planung, Steuerung und Kontrolle eines Bestandes von Grundstücken und Gebäuden mit dem Ziel, Erfolgspotentiale aufzubauen"[6] definiert. Erfolgspotentiale können z. B. bei Immobilienfonds die Generierung einer möglichst hohen Rendite bei einem möglichst geringen Risiko oder bei Non-Property Unternehmen die Optimierung des Immobilienbestandes unter Berücksichtigung eines optimalen Produktionsprozesses sein.

Wichtig für eine Abgrenzung zu dem in Kapitel 1.3.3 beschriebenen Asset Management ist der Aspekt, dass beim Portfolio Management keine Optimierungsbetrach-

---

[6] Bone-Winkel (2000), S. 767

tung der einzelnen Vermögensgegenstände erfolgt, sondern lediglich die Erzielung einer optimalen Zusammensetzung der Vermögensgegenstände im Portfolio im Vordergrund steht. Als Leistungen des Portfolio Managements können hierzu auszugsweise die folgenden Aufgaben genannt werden: Aufbereitung und Analyse der Daten der Vermögensgegenstände im Portfolio, Festlegen der Portfolio-Strategie unter Berücksichtigung der Vermögenssituation, An- und Verkauf von Vermögensgegenständen in Abstimmung mit dem Asset Management sowie Kontrolle und Steuerung des Portfolios.[7]

Ausgehend von der Portfoliobetrachtung wird als nächste Stufe der immobilienbezogenen Leistungen das Asset Management, welches sich auf der Ebene der Vermögensgegenstände in einem Portfolio bewegt, im folgenden Kapitel näher betrachtet.

1.3.3 Asset Management

Das Asset Management stellt seinem Ursprung nach eine weiterentwickelte Form der Vermögensverwaltung dar. Ziel hierbei ist, den Wertschöpfungsprozess der Immobilien innerhalb eines Portfolios gezielt zu steuern und die erforderlichen Strategien für die einzelne Immobilie festzulegen. Übergeordnet sind dabei die Portfoliostrategie, sofern vorhanden, umzusetzen und die Erfolgs- und Leistungspotentiale der Immobilien zu heben, so dass in Summe der Wert der Immobilien für Eigentümer, Investoren und Nutzer steigt. Die größte Herausforderung des Asset Managements besteht in der strategiekonformen Auswahl der einzelnen Immobilienobjekte und in der Prognose für deren optimalen An- und Verkaufszeitpunkt oder Fortentwicklung.

Um den Wert eines Assets zu steigern, ist z. B. auf eine optimale Vermietung zu achten und eine Strategie für die Fortentwicklung des Vermögensgegenstandes auf Basis von Markt- und Standortanalysen, Cash-Flow-Prognosen und Wertermittlungen zu erstellen. Aufgaben des Asset Managements sind in diesem Zusammenhang auch ein umfassendes Monitoring, das Management von Transaktionen, die Festlegung der Maßnahmen zur Fortentwicklung der Bestandsimmobilien, die Entwicklung einer Marketingstrategie sowie das Reporting gegenüber dem Investor oder Eigentümer.[8] In der Immobilienwirtschaft ist als Synonym für das Asset Management auch die Bezeichnung Real Estate Asset Management (REAM) zu finden.

Im Gegensatz zu der strategischen Ausrichtung des Asset Managements erfolgt die operative Umsetzung der durch das Asset Management festgelegten Strategien durch das Property Management, welches im folgenden Kapitel näher beleuchtet wird.

1.3.4 Property Management

Auch das Property Management hat zum Ziel, den Wert von Immobilien zu steigern. Hierzu setzt sich das Property Management in der operativen Immobilienverwaltung zur Aufgabe, die Ziele des Eigentümers und somit die strategischen Vorgaben des Portfolio und Asset Managements umzusetzen. Der Schwerpunkt des Property Managements liegt auf der kaufmännischen Steuerung der Immobilie, bei der es sich

---

[7] vgl. gif (2004), S. 16 ff.
[8] vgl. Gondring/Wagner (2012), S. 28

hier primär um die Steuerung und das Controlling des operativen Facility Managements handelt.

Es kann diskutiert werden, ob das Property Management als Schnittstelle zwischen Asset und operativem Facility Management tatsächlich notwendig ist oder ob hier nur eine zusätzliche Leistungsebene geschaffen wird, deren Mehrwert in Frage zu stellen ist. Eine pauschale Beantwortung dieser Frage ist nicht möglich, vielmehr muss im Einzelfall geprüft werden, welche Aufgaben den jeweiligen Leistungsebenen zukommen und wie effizient die Schnittstellen gestaltet werden können. Theoretisch ist es zumindest möglich, die strategischen Aufgaben des Property Managements auf das Asset Management zu verlagern und die operativen Aufgaben dem operativen Facility Management zuzuordnen.

Unter anderem lassen sich die folgenden Aufgaben dem Property Management zuschreiben: Optimierung und Steuerung der operativen Facility Management-Leistungen unter der Berücksichtigung von Kosten- und Nutzenaspekten, Durchführung des Immobilienmarketings, Controlling der Immobilie, Reporting an das Asset Management und Vertretung des Eigentümers gegenüber den Nutzern.[9] Dem Property Management untergeordnet wird das operative Facility Management, welches im folgenden Kapitel beschrieben wird und gegenüber dem strategischen Facility Management abzugrenzen ist.

1.3.5 Strategisches und operatives Facility Management

Facility Management lässt sich differenzieren in strategische und operative Aufgabenfelder. In der Praxis wird unter der allgemeinen Bezeichnung Facility Management jedoch vorwiegend das operative Facility Management verstanden. Die Aufgaben des strategischen Facility Managements decken sich in der Regel mit ausgewählten Aufgaben des Asset und/oder Property Managements, weshalb das strategische Facility Management diesen beiden Leistungen untergeordnet werden kann (siehe Abbildung 1-1).

Der Begriff des strategischen Facility Managements wird primär durch die DIN EN 15221: Facility Management geprägt. In der DIN EN 15221 wird das Facility bzw. Facilities Management als „Integration von Prozessen innerhalb einer Organisation zur Erbringung und Entwicklung der vereinbarten Leistungen, welche zur Unterstützung und Verbesserung der Effektivität der Hauptaktivitäten der Organisation dienen"[10] definiert. Hierbei werden dem Facility Management Aufgaben auf strategischer, taktischer und operativer Ebene zugeordnet. Dazu gehören unter anderem auch die strategische Flächenplanung, die Planung und Durchführung von Maßnahmen zur Fortentwicklung der Gebäude und die Steuerung und Überwachung der Leistungserbringung.[11] Dies sind, wie in den Kapiteln 1.3.3 und 1.3.4 beschrieben, klassische Aufgaben des Asset oder Property Managements.

Ferner umfasst die DIN EN 15221 jedoch auch Leistungen, die dem operativen Facility Management zugeordnet werden können. Dazu gehören insbesondere die Er-

---

[9] vgl. Teichmann (2007), S. 20
[10] DIN EN 15221-1 (2007), S. 5
[11] vgl. DIN EN 15221-1 (2007), S. 9 ff.

bringung von Dienstleistungen, wie z. B. das Betreiben und Instandhalten der technischen Gebäudeausrüstung und die Durchführung von Reinigungsdiensten.[12] Das
operative Facility Management deckt somit primär die Umsetzung der technischen
und infrastrukturellen Dienstleistungen ab.

Die Leistungen des operativen Facility Managements werden unter anderem in der
DIN 32736: Gebäudemanagement definiert. Aufgabenfelder des Gebäudemanagements sind das kaufmännische, technische und infrastrukturelle Gebäudemanagement. Diese Unterbereiche sind gegenüber dem operativen Facility Management
dahingehend abzugrenzen, dass das operative Facility Management neben der reinen Gebäudedienstleistung auch die Planung, Organisation und Kontrolle im Zusammenhang mit der objektbezogenen Durchführung umfasst. Je nach Begriffsverständnis kann dieser Aufgabenbereich jedoch auch dem Property Management oder
dem strategischen Facility Management zugeordnet werden.

Das kaufmännische Gebäudemanagement beinhaltet im Wesentlichen die Akquise
und Beschaffung von Lieferungen und Leistungen des technischen und infrastrukturellen Gebäudemanagements, die Planung und Kontrolle der Kosten, die buchhalte-
rische Verwaltung des Gebäudes und das Vertragsmanagement.[13] Diese Aufgabenfelder können sich mit den operativen Aufgaben des kaufmännisch orientierten Property Managements decken, weshalb im Einzelfall eine Schnittstellendefinition
durchzuführen ist.

Die Aufgabenfelder des kaufmännischen, technischen und infrastrukturellen Gebäudemanagement werden im Kapitel 2 ausführlich beschrieben.

1.4 Kompetenzanforderungen an den Facility Manager

Der Tätigkeitsbereich des Facility Managers kann in Abhängigkeit der beauftragen-
den Institution in eine Tätigkeit bei der Institution selber, eine Tätigkeit bei einem
Immobilienverwalter als Eigentümer oder Betreiber von Immobilien oder eine Tätigkeit direkt bei einem Facility Management-Dienstleister unterschieden werden. Unabhängig vom Tätigkeitsbereich muss ein Facility Manager neben den fachlichen
Kompetenzen auch allgemeine Kompetenzen mitbringen, die im Folgenden kurz
erläutert werden.

Zu den allgemeinen Kompetenzen gehört zum einen die Fähigkeit, strategisch und
ganzheitlich agieren zu können. Dies bedeutet, dass ein Verständnis hinsichtlich der
Vorgänge und deren Abhängigkeiten untereinander durch das erlernte Spezialwissen
vorhanden sein muss, um Schnittstellen optimal gestalten und die Prozesse aufeinander abstimmen zu können. Hierzu müssen Methodenkompetenzen, wie z. B.
Analyse- und Managementfähigkeiten existieren. Ferner sind für ein erfolgreiches
Facility Management Sozialkompetenzen notwendig, um die zu erbringenden Leistungen einwandfrei kommunizieren und mit den Beteiligten kooperieren zu können.
Selbstständigkeit, Eigeninitiative, Leistungsbereitschaft und Verantwortungsbewusst-

---

[12] vgl. DIN EN 15221-1 (2007), S. 12
[13] vgl. DIN 32736 (2007), S. 7

sein sind weitere Kompetenzen eines Facility Managers, die jedoch nicht nur in diesem Tätigkeitsbereich eine Grundvoraussetzung darstellen.[14]

Es lassen sich Entwicklungen identifizieren, die die Anforderungen an das Facility Management verändern können. So lässt sich ein Rückgang der Eigenleistung bei den Facility Management-Dienstleistern hin zu einer Zunahme der Fremdvergabe feststellen. Dadurch wird weniger Personal bei den Facility Management-Dienstleistern selbst benötigt und es findet eine Verlagerung von den funktionalen Aufgaben hin zu Steuerungsaufgaben statt.

Des Weiteren werden immer höhere Bedarfsanforderungen von Seiten des Auftraggebers formuliert. Dabei ist zwingend erforderlich, dass dem Auftraggeber z. B. anhand von Kosten-Nutzen-Rechnungen aufgezeigt werden kann, welche Leistungen tatsächlich notwendig sind. Es findet somit vermehrt eine Projektsteuerung der Facility Management-Dienstleistungen statt. Verbunden mit den steigenden Bedarfsanforderungen ist auch eine Zunahme der Betreiberverantwortung. Daher ist darauf zu achten, dass sämtliche Dienstleistungen rechtskonform ausgeführt und entsprechend dokumentiert und kontrolliert werden. Dies gilt auch für die Gewährleistung, die gegebenenfalls durch Zusatzaufträge oder Leistungsänderungen anzupassen und ebenfalls genauestens zu kontrollieren und zu steuern ist.

---

[14] vgl. GEFMA/RealFM e. V. (2007), S. 20 ff.

2 Leistungsbild Gebäudemanagement

Entsprechend der GEFMA, dem deutschen Verband für Facility Management, wird Facility Management als ein unternehmerischer Prozess verstanden, der durch die Integration von Planung, Kontrolle und Bewirtschaftung bei Gebäuden, Anlagen und Einrichtungen sowie unter Berücksichtigung von Arbeitsplatz und Arbeitsumfeld eine verbesserte Nutzungsflexibilität, Arbeitsproduktivität und Kapitalrentabilität zum Ziel hat.[15]

Gebäudemanagement versteht sich hingegen als ein Teilbereich des Facility Managements und bezieht sich in seinen Leistungen alleinig auf die Nutzungsphase von Immobilien. Das Facility Management umfasst hingegen den gesamten Lebenszyklus von Immobilien, d. h. ausgehend von der Planung, über die bauliche Umsetzung, der Bewirtschaftung bis hin zur Umnutzung und eventuellem Abriss eines Gebäudes. Entsprechend DIN 32736 beinhaltet Gebäudemanagement die Gesamtheit aller Leistungen zum Betreiben und Bewirtschaften von Gebäuden einschließlich der baulichen und technischen Anlagen auf der Grundlage ganzheitlicher Strategien.[16] Dabei stehen die operativen Leistungen sowie die damit verbundene Arbeitsvorbereitung, Organisation und Verrichtung sämtlicher erforderlicher Maßnahmen im Vordergrund, mit dem Ziel eine möglichst effektive Nutzung von Immobilien sowie maximale Kostentransparenz und -optimierung zu gewährleisten. Untergliedert wird das Gebäudemanagement in technische, kaufmännische und infrastrukturelle Leistungsbereiche.

2.1 Technisches Gebäudemanagement

Die Aufgaben und Tätigkeiten im Rahmen des technischen Gebäudemanagements stellen den maßgebenden Teilbereich innerhalb des Gebäudemanagements dar, da durch sie die technische Funktion und Verfügbarkeit eines Gebäudes kontinuierlich und nachhaltig sichergestellt wird. Zudem wird durch das technische Gebäudemanagement innerhalb des Lebenszyklus von Immobilien, bei außer Acht lassen der Finanzierungs- und Medienverbrauchskosten, der maßgebende Kostenblock verursacht. Infolge der fortschreitenden Technisierung und der Forderung nach energieeffizienten technischen Anlagen sowie effizienten Betriebsabläufen und Instandhaltung erhöht sich der Stellenwert des technischen Gebäudemanagements fortlaufend.

Das technische Gebäudemanagement umfasst gemäß DIN 32736 sämtliche Leistungen, die zum Betreiben der baulichen und technischen Anlagen eines Gebäudes erforderlich sind. Die Teilleistungen des technischen Gebäudemanagements gliedern sich in Anlehnung an die GEFMA 100 sowie DIN 32736, Ziffer 3.1 wie folgt:[17]

---

[15] vgl. GEFMA 100 (2004)
[16] vgl. DIN 32736 (2000), S. 1
[17] vgl. DIN 32736 (2000)

© Springer Fachmedien Wiesbaden GmbH, ein Teil von Springer Nature 2018
J. Hirschner et al., *Facility Management im Hochbau*, Leitfaden des Baubetriebs und der Bauwirtschaft, https://doi.org/10.1007/978-3-658-21630-6_2

2.1.1 Betreiben

Zur wirtschaftlichen Nutzung der baulichen und technischen Anlagen sind folgende Leistungen erforderlich:

Implementierung und Übernahme

Im Zuge der Implementierung und Übernahme erfolgt die Aufnahme und Beurteilung der in einem Gebäude installierten Anlagen und Einrichtungen sowie die Einweisung des vor Ort eingesetzten Personals, wie z. B. Objektleiter und Haustechniker, in die örtlichen Gegebenheiten. Zudem werden sämtliche, für die Abwicklung eines Projektes erforderlichen betriebsorganisatorischen Ablaufprozesse des Dienstleisters, Einrichtung und Programmierung projektspezifischer, softwarebasierter Lösungen, wie z.B. Wartungsterminpläne im CAFM-System sowie Arbeitsabläufe, welche den Kunden und Dienstleister betreffen, strukturiert, abgestimmt und eingeführt.

Bedienung

Die Bedienung der baulichen und technischen Anlagen ist eine personenbezogene Leistung, welche in der Regel durch die Haustechniker, die innerhalb eines Gebäudes eingesetzt werden, durchgeführt wird. Sie umfasst die Leistungen der Überwachung, der Steuerung, der Regelung und der Messung sowie Nachjustierung der installierten technischen Anlagen und Einrichtungen.

Instandhaltung

Die Instandhaltung von technischen Systemen, Bauelementen, Geräten oder Betriebsmitteln soll sicherstellen, dass der funktionsfähige Zustand nachhaltig erhalten bleibt oder bei Ausfall wieder hergestellt wird. Die Ziele der Instandhaltung bestehen darin, die Lebensdauer von Gebäudeelementen zu optimieren und möglichst zu erhöhen, die Betriebssicherheit sowie die Verfügbarkeit von Anlagen zu verbessern, Störungsausfälle zu vermeiden und eine vorausschauende Kostenplanung zu ermöglichen. Aus strategischer Sicht können Instandhaltungsleistungen korrektiv, präventiv oder vorausschauend erbracht werden. Die korrektive Instandhaltung erfolgt ausfallbedingt und führt meist zu höheren Kosten infolge von Ausfallzeiten oder Ertragseinbußen (z. B. durch Mietminderung). Präventive Instandhaltung erfolgt vorbeugend, d. h. es werden Maßnahmen, wie z. B. der Austausch eines Bauteils zeitlich vor seinem Versagen, ergriffen, um eine Störung oder einen Ausfall zu verhindern.

Eine vorausschauende Instandhaltung beinhaltet eine kontinuierlich fortzuschreibende Planung, in welcher detaillierte Zeitpunkte zur Durchführung notwendiger Maßnahmen auf Basis vorliegender Informationen definiert werden. Allerdings erfordert diese Art der Instandhaltung einen sehr hohen administrativen bzw. planerischen Aufwand sowie umfassendes, fachliches Know-How und verursacht folglich hinsichtlich des Personaleinsatzes sowie in Folge vorgezogener baulicher Maßnahmen relativ hohe Kosten. Nach DIN 31051 wird die Instandhaltung in die vier Basismaßnahmen Inspektion, Wartung, Instandsetzung und Verbesserung untergliedert.[18] Die Untergliederung entsprechend DIN 31051 wird nachfolgend um die Maßnahmen Erneuerung, Sanierung, Modernisierung und Umbau erweitert.

Inspektion

Die Inspektion umfasst Maßnahmen zur Feststellung und Beurteilung des Ist-Zustandes einer Betrachtungseinheit einschließlich der Bestimmung der Ursachen der Abnutzung und dem Ableiten der notwendigen Konsequenzen für die zukünftige Nutzung. Eine Inspektion erfolgt anhand der Arbeitsschritte Begehung, Sichtkontrolle, Funktionskontrolle und Zustandsermittlung. Im Zuge der Begehung, welche auch zur Kontrolle der Verkehrssicherungspflicht dient, erfolgt während des laufenden Betriebs eine grobe Inaugenscheinnahme und Beurteilung des Gesamtzustandes der baulichen und technischen Anlagen.

Mittels Sichtkontrolle wird der Zustand betrieblicher Einrichtungen anhand visueller Begutachtung und Aufzeichnung einzelner Zustandsgrößen kontrolliert. Dabei werden offensichtliche Funktionsmängel erfasst. Die Funktionskontrolle dient dazu, bauliche und technische Anlagen dahingehend zu überprüfen, ob sie in der Lage sind, ihre geforderte Funktion zu erfüllen. Im Zuge der Zustandsermittlung erfolgt eine detaillierte Bewertung des Ist-Zustandes anhand objektivierbarer Kriterien sowie Ableitung eventuell erforderlicher Konsequenzen.

Wartung

Unter Wartungen werden Maßnahmen zur Verzögerung des Abnutzungsvorrates (vgl. Abbildung 2-1) unter Berücksichtigung der Einhaltung von Betreiberpflichten, von Richtlinien und Verordnungen sowie Herstellervorgaben verstanden. Der Abnutzungsvorrat ist der Vorrat der möglichen Funktionserfüllung unter definierten Rahmenbedingungen, den eine bauliche oder technische Anlage aufgrund ihrer Herstellungs- oder Instandsetzungsqualität inne hat. Wartungsleistungen werden in der Regel in wiederkehrenden Abständen auf Basis einer projektspezifischen Wartungsplanung von speziell ausgebildetem Fachpersonal durchgeführt und umfassen z. B. das Nachstellen der Einstellungen technischer Anlagen, Wiederauffüllen von Betriebsstoffen, Schmier- oder Verbrauchsmitteln oder den Austausch von Verschleißmaterialien (z. B. Filter oder Dichtungen). Neben den Wartungsleistungen ist es zudem erforderlich, dass prüfpflichtige Anlagen und Einrichtungen, wie z. B. Feuerlöscheinrichtungen, Rauchmelder oder Rauch- und Wärmeabzugsanlagen (RWA), zyklisch durch einen Sachkundigen oder Sachverständigen geprüft werden.

Der Ersatz von defekten Bauteilen wird der Instandsetzung zugeordnet, wobei kleinere Defekte meist im Zuge der Wartungsleistungen behoben werden (sog. kleine Instandsetzung). Zu beachten ist zudem, dass die Kosten kleiner Instandsetzungen entsprechend der Betriebskostenverordnung im Rahmen der Betriebskostenabrechnung vom Vermieter bzw. Eigentümer auf den Mieter einer Immobilie umgelegt wer-

---

[18] vgl. DIN 31051 (2012) und GEFMA 100 (2004)

den können.[19] Die Erbringung von Wartungsleistungen bei Gebäuden steht zudem in einem engen Zusammenhang mit Gewährleistungsfristen. Meist besteht seitens der Errichter und Hersteller baulicher und technischer Anlagen die Anforderung, dass eine Gewährleistungsverpflichtung nur dann eingegangen werden kann, wenn ein entsprechender Wartungsvertrag für das errichtete Werk abgeschlossen wird. Da der Ausfall von Betriebseinrichtungen oftmals mit einer fehlerhaften Wartung und Bedienung zusammenhängt, wird in der Praxis die Störungsbeseitigung meist in einem Paket, zusammen mit der Wartungsleistung beauftragt, da die eingesetzten Unternehmen in der Regel detaillierte Kenntnis über die baulichen und technischen Anlagen besitzen.

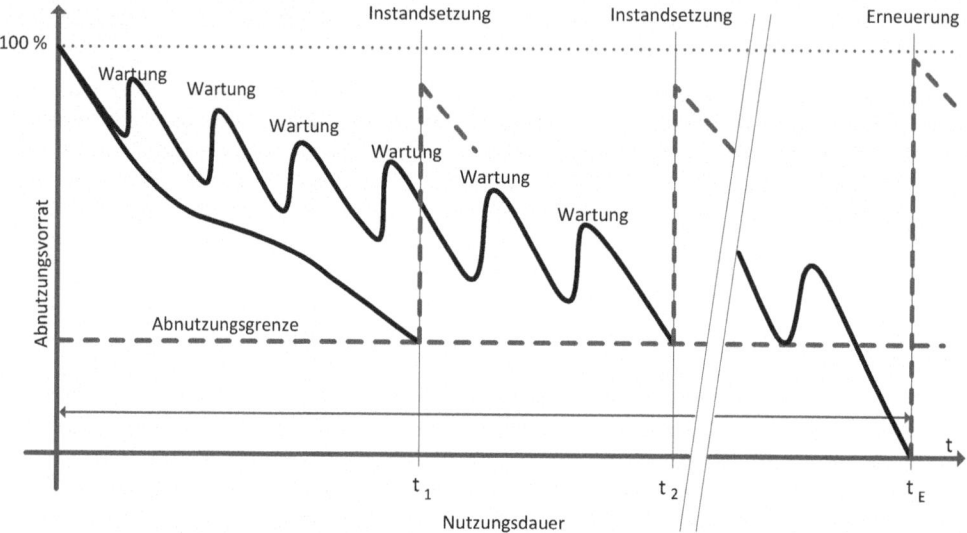

Abb. 2-1   Abnutzungsvorrat, Wartung, Instandsetzung und Erneuerung im Verlauf der Nutzungsdauer t

Instandsetzung

Unter sog. großen Instandsetzungen werden Maßnahmen zur Rückführung oder Wiederherstellung einer baulichen oder technischen Anlage in ihren ursprünglich definierten funktionsfähigen Zustand bzw. Soll-Zustand mittels Einbau von Ersatzteilen oder Ersatzanlagen verstanden. Die Kosten für große Instandsetzungen sind grundsätzlich vom Vermieter bzw. Eigentümer selbst zu tragen, wobei bei Gewerberaummietverträgen Verhandlungsfreiheit hinsichtlich der Kostentragung besteht. Instandsetzungen sind beispielsweise der Austausch von Heizkörperregelventilen, Reparaturen von Klingelanlagen, der Austausch eines Brennwertkessels oder die teilweise Ausbesserung von Bodenbelägen. In der Praxis wird in der Regel im Rah-

---

[19] vgl. Betriebskostenverordnung BetrKV (2003)

men von Verträgen des technischen Gebäudemanagements eine monetäre Wert-
grenze definiert (z. B. € 250,00 je Einzelmaßnahme), um eine eindeutige Abgrenzung kleiner von großen Instandsetzungen vornehmen zu können.

Erneuerung

Eine Erneuerung liegt vor, wenn eine bauliche oder technische Anlage nach der Abnutzung, d. h. nach Erreichen der technischen Lebensdauer, im Wesentlichen entsprechend dem vorliegenden Ausbauzustand wiederhergestellt wird, den sie unmittelbar nach der ersten oder einer weiteren Herstellung hatte. Unter der technischen
Lebensdauer wird der Zeitraum verstanden, in welchem ein Bauteil physisch zur
Verfügung steht und die geforderten Funktionen und Eigenschaften erfüllt. Die zum
Zeitpunkt der erreichten technischen Lebensdauer (d. h. vorliegender Abnutzungsvorrat von 0 % oder Unterschreiten einer definierten Abnutzungsschwelle) abgenutz-
te, bauliche oder technische Anlage muss durch eine neue Anlage mit gleichen technischen Eigenschaften entsprechend den, zum Zeitpunkt der Erneuerung geltenden
gesetzlichen Rahmenbedingungen ersetzt werden.

Die Erneuerung sollte möglichst erst zu dem Zeitpunkt erfolgen, der bei ordnungs-
gemäßer Nutzung und Unterhaltung bzw. Instandsetzung zu erwarten ist. In Abgrenzung zur Instandsetzung umfasst die Erneuerung wesentliche Teile einer Anlage, die
ersetzt und überarbeitet werden müssen. Die exakte Festlegung des Erneuerungszeitpunktes im Zuge der Instandhaltungsplanung gestaltet sich als schwierig, da

- errichtungsspezifische Einflussfaktoren, wie z. B. die handwerkliche Qualität der
  baulichen Ausführung,

- planungsspezifische Einflussfaktoren, wie z. B. die Fassadengestaltung oder
  Sonderbauteile mit Unikatcharakter,

- bauteil- und anlagenspezifische Einflussfaktoren, wie z.B. die Qualität von Baumaterialien und Komponenten technischer Anlagen,

- nutzungsspezifische Einflussfaktoren, wie z. B. Art und Intensität der Gebäudenutzung,

- umgebungsspezifische Einflussfaktoren, wie z. B. klimatische Einflüsse oder der
  Standort des Gebäudes und

- strategische Einflussfaktoren, wie z. B. die zugrunde gelegte Instandhaltungsstrategie

berücksichtigt werden müssen.

Verbesserung und Modernisierung

Unter einer Verbesserung wird die Kombination aller technischen und administrativen
Maßnahmen verstanden, welche zur Steigerung der Funktionssicherheit einer baulichen oder technischen Anlage führt, ohne die von ihr geforderte Funktion zu än-

dern.[20] Verbesserungsmaßnahmen sind Einzelmaßnahmen und fallen antizyklisch an. In der Regel sind Verbesserungsmaßnahmen eng mit Modernisierungen verbunden, welche vielfach aus Anforderungen des Marktes infolge gestiegener Anforderungen potenzieller Nutzer resultieren. Mittels Modernisierungen soll die Nutzungsqualität durch Anpassung an den Stand der Technik von Immobilien sowie die Wirtschaftlichkeit verbessert und somit eine nachhaltige Gebrauchswerterhöhung erzielt werden. Beispiele für Verbesserungen bzw. Modernisierungen sind der Einbau eines energieeffizienteren Heizungs- und Kühlungssystems, der Einbau höherwertiger Fenster oder der Einbau einer Außenfassade mit verbesserten Wärmedämmeigenschaften einhergehend mit dem Ziel einer zukünftigen Reduktion des Energieverbrauchs und der Energiekosten.

2.1.2 Sanierung und Umbau

Sanierungen werden definiert als Maßnahmen, in deren Zuge eine Wiederherstellung des geforderten Soll-Zustandes baulicher und technischer Anlagen in Abhängigkeit der technischen, wirtschaftlichen, ökologischen und gesetzlichen Anforderungen erfolgt.[21] Im Gegensatz zu Erneuerungsmaßnahmen, bei denen die bestehenden baulichen und technischen Anlagen im Mittelpunkt der Betrachtung stehen, zielen Sanierungen auf die Fortentwicklung des Bestandes ab. Hierbei werden umfassende bauliche Maßnahmenpakete geschnürt, um den Entwicklungen des Marktumfeldes bzw. der rechtlichen Rahmenbedingungen gerecht zu werden.

Umbauten erfolgen im Rahmen von Nutzungs- oder Funktionsänderungen eines Gebäudes, um dieses für Dritte oder erweitert nutzbar zu machen oder seinen Ursprungszweck komplett zu verändern. Umbauten beinhalten meist maßgebliche Eingriffe in die Gebäudesubstanz oder den Ausbau, meist verbunden mit umfassenden, baulichen brandschutztechnischen Maßnahmen.

2.1.3 Dokumentation und Informationsmanagement

Ein modernes Gebäudemanagement erfordert die fortlaufende Erfassung, Speicherung sowie Fortschreibung sämtlicher gebäudebezogener Daten, Informationen über den Gebäudebestand und Tätigkeiten der Betriebsführung. Die wachsende technische Komplexität von Immobilien sowie die steigenden Anforderungen der Kunden an ein durchgängiges Dokumentations- und Berichtswesen im Zuge der Betreiberverantwortung macht zunehmend den Einsatz von Informationstechnik in Form von Computeranwendungen (sog. CAFM-Systeme) oder Building Information Modeling (BIM) zur Unterstützung der Arbeitsprozesse erforderlich.

Im Zuge des technischen Gebäudemanagements sind beispielsweise folgende Sachverhalte bzw. Unterlagen zu beschaffen und zu dokumentieren:

- Revisionsunterlagen. Revisionsunterlagen enthalten z. B. Bestandspläne, Installationspläne, Strangschemata, Abnahme-, Mess- und Prüfprotokolle, Bedienungsanleitungen, Installationsvorschriften oder Konformitätserklärungen der baulichen und technischen Anlagen. Sie dienen dazu, eine Übersicht über ein

---

[20] vgl. DIN 31051 (2012)
[21] vgl. DIN 32736 (2000)

Projekt zu verschaffen, den Aufbau einer Anlage zu erkennen, eventuell auftretende Fehler zu lokalisieren oder zur Unterstützung erforderlicher Umbau- oder Erweiterungsmaßnahmen. Revisionsunterlagen sind innerhalb der Betriebsphase von Immobilien kontinuierlich entsprechend der erfolgten baulichen Veränderungen oder Anpassungen fortzuschreiben.

- Betriebsprotokolle und Dokumentationen im Betriebstagebuch. Ein Betriebsprotokoll beinhaltet z. B. die arbeitstäglichen Tätigkeiten der Haustechniker oder eingehende Störungen und damit in Zusammenhang stehende Behebungszeiträume.
- Einführung von Betriebsanweisungen und deren Einhaltung.
- Abnahmeprotokolle.
- Wartungsprotokolle oder
- Verbrauchsdaten (Heizung, Kühlung, Wasser- und Abwasser).

Unter Informationsmanagement wird die Erfassung, Auswertung, Weiterleitung sowie Verknüpfung von Informationen und Meldungen für den Betrieb von Gebäuden oder Liegenschaften verstanden. Voraussetzung hierfür ist der Einsatz von Informations-, Kommunikations- und Automationssystemen wie beispielsweise:

- Gebäudeautomation als die Gesamtheit aller Einrichtungen zur Überwachung, Steuerung, Regelung und Optimierung sowie für die Bedienung und das Management zum energieeffizienten, wirtschaftlichen und sicheren Betrieb der technischen Gebäudeausrüstung in Gebäuden,
- Computer Aided Facility Management als Computeranwendung, welche die Informationen eines Gebäudes bündelt und zur Unterstützung und Optimierung der in der Immobilie ablaufenden Arbeitsprozesse bereitstellt,
- Brandmeldeanlagen als Gefahrenmeldeanlage und Bestandteil des vorbeugenden Brandschutzes oder Einbruchmeldeanlagen, welche dem Objekt- und Personenschutz dienen.

2.1.4 Gewährleistungsverfolgung

Ziel der Gewährleistungsverfolgung ist die Sicherstellung der zugesagten Eigenschaften von baulichen und technischen Anlagen innerhalb der vertraglich vereinbarten beziehungsweise gesetzlich geregelten Gewährleistungsfrist. Hierzu gehören Leistungen wie z. B.

- Durchführung von Abnahmebegehungen und Übergaben sowie Feststellung und Erfassung von Mangelpunkten.
- Geltend machen und Durchsetzung von Gewährleistungsansprüchen.
- Verfolgung der Mängelbeseitigung.

- Begleiten und Abnahme der beseitigten Mängel.
- Unterstützung bei der Beweissicherung, im Falle abweichender Sichtweisen von Vertragsparteien, ob ein Mangel vorliegt oder nicht.

2.1.5 Energiemanagement

Die Kosten für Verbrauchsmedien, d. h. für Wärme- und Kälteenergie, Strom, Wasser- und Abwasser, stellen bei den gebäudebezogenen Kosten einen der maßgebenden Kostentreiber dar. Das Energiemanagement entsprechend Abbildung 2-2 beinhaltet sämtliche Vorkehrungen und Tätigkeiten, welche sich mit der kostengünstigen Beschaffung, der betriebssicheren Bereitstellung in bedarfsgerechter Form sowie der rationellen und umweltschonenden Nutzung von Energie bei Immobilien oder Immobilienportfolien befassen, ohne hierbei den Nutzerkomfort oder die hygienischen Vorgaben einzuschränken. Innerhalb der Betriebsphase von Immobilien ist das Energiemanagement als ein kontinuierlicher Verbesserungsprozess zu verstehen. Im Einzelnen sind folgende maßgeblichen Arbeitsschritte, Tätigkeiten und Maßnahmen Inhalt eines Energiemanagements, welche wiederholt in regelmäßigen Abständen ablaufen: [22]

- Einbindung in den Planungsprozess zur Konzeption der technischen Anlagen zur Energieversorgung von Immobilien unter dem Fokus der Nachhaltigkeit, d. h. Integrieren eines Zähler- und Messkonzeptes in Verbindung mit der zu installierenden Gebäudeautomationstechnik zur optimierten Erfassung der Verbrauchsdaten und Auswahl eines Energiekonzeptes, welches eine möglichst hohe Energieeffizienz, einen hohen Eigenversorgungsanteil (z. B. Einsatz eines Blockheizkraftwerkes BHKW oder einer Brennstoffzelle), umfassenden Einsatz regenerativer Energien und Verzicht auf den Einsatz fossiler Brennstoffe als Primärenergieträger verspricht.

- Energierechnungsprüfung und Reduzierung der Energiekosten durch Optimierung der Einkaufskonditionen von Medien (z. B. mittels der Neuauschreibung von Strom, Gas oder Öl) auf dem Energiemarkt.

- Laufende, sich wiederholende, idealerweise softwaregestützte Erfassung, Auswertung und Analyse gebäudebezogener Energieverbrauchsdaten (sog. Energiemonitoring), wie z. B. Energieverbrauch zur Wärmeerzeugung oder Stromverbrauch einschließlich Soll-/Ist-Vergleich zeitbezogener Verbrauchswerte. Ermittlung energietechnischer Kennzahlen (z. B. jährlicher Stromverbrauch in kWh/m^2 BGF oder jährlicher Verbrauch an Wärmeenergie, witterungsbereinigt in kWh/m^2 BGF) und energetische Gebäudeanalyse mit Ausweisung immobilien- bzw. portfoliobezogener, energetischer Schwachstellen.

- Ableiten und Erarbeiten von Optimierungsmaßnahmen zur Reduktion des Energieverbrauchs, der Energiekosten sowie deren Umsetzung und Nachweis der erzielten Optimierung. Unterschieden wird hierbei zwischen non-investiven Maßnahmen, wie z. B. der Herabsetzung der Einstellwerte der einzuhaltenden Raumlufttemperatur oder dem Einwirken auf das Nutzerverhalten in Form des bewuss-

---

[22] vgl. GEFMA 124-1 (2009)

ten Umgangs mit künstlicher Beleuchtung und investiven Maßnahmen, die bezüglich ihrer Höhe stark schwanken können.

Beispielsweise kann der Stromverbrauch durch den Einsatz von Energiesparlampen (z. B. LED-Technik) anstatt konventioneller Leuchtstoffröhren mit vertretbaren Investitionskosten reduziert werden. Im Gegensatz dazu ist eine energetische Sanierung, in deren Zuge die gesamte Fassade wärmedämmtechnisch ertüchtigt sowie die gesamte Heizanlage erneuert wird (z. B. Einbau eines neuen Brennwertkessels), in der Regel mit einem hohen monetären Aufwand verbunden. Bei investiven Maßnahmen ist es zudem erforderlich, dass im Vorfeld der Umsetzung eine Wirtschaftlichkeitsbetrachtung durchgeführt wird, bei der die Investition sowie deren Amortisationszeit infolge damit verbundener Einsparungen im Detail bewertet werden.

- Sicherstellung der Versorgungssicherheit innerhalb einer Immobilie, beispielsweise durch Vorsehen eines redundanten Systems zur Strom- und Wärmeversorgungversorgung.

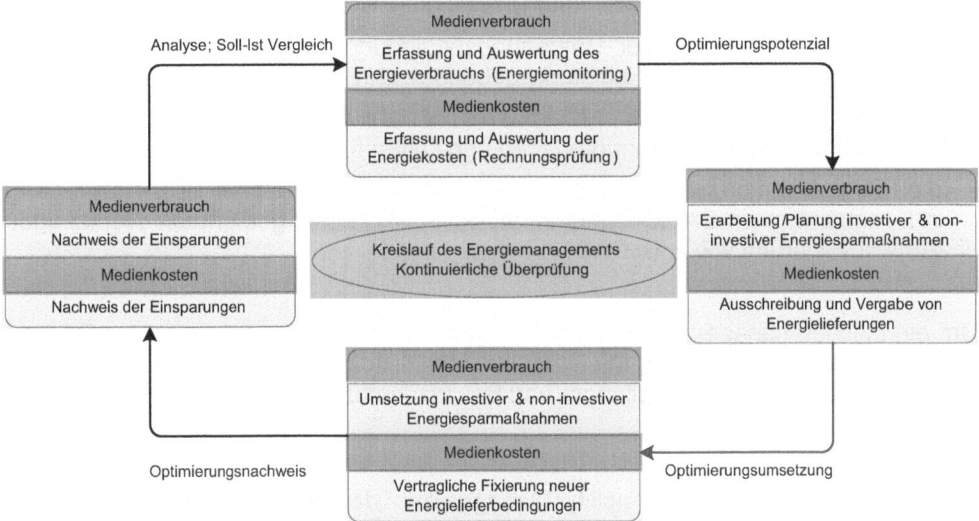

Abb. 2-2   Kreislauf des Energiemanagements

2.1.6 Flächenmanagement

Aus Sicht eines Eigentümers beziehungsweise Vermieters besteht das Ziel des Flächenmanagements darin, Allgemeinflächen auf ein Minimum zu begrenzen und somit die vermietbare Fläche zu maximieren. Zudem sollen dem Mieter Flächen in Größe und Beschaffenheit zur Verfügung gestellt werden, die es ihm ermöglichen, seine Arbeitsprozesse zu unterstützen und möglichst die Leistungsfähigkeit der von ihm belegten Flächen zu steigern. Ziel hiervon ist eine maximale Produktivität und Wertschöpfung. Das Leistungsbild eines Dienstleisters bei der Erbringung eines Flächenmanagements umfasst enstprechend GEFMA 130[23] sowie DIN 32736[24] insbesondere

- die räumliche Organisation von Arbeitsprozessen sowie Arbeitsplätzen und somit die Erhöhung der Produktivität bei gleichbleibender Fläche.

- die Flächenverringerung bei gleichbleibender Produktivität beispielsweise durch Flächenverdichtung (sog. Flächenoptimierung). Im Zuge einer Flächenoptimierung werden die bisherige Flächennutzung analysiert und neue, für eine effizientere Flächennutzung geeignete Lösungsmöglichkeiten entwickelt.

- die Mitwirkung bei der Flächenoptimierung, d. h. bei der Flächenplanung z. B. im Rahmen eines Umzugs.

- die Erstellung von Flächenstandards in Form der Festlegung von Größe, Gestalt und Ausstattung von Standardarbeitsplätzen (z. B. Büroform, Bürogröße, Büroausstattung).

- die Bewertung von Nutzeranforderungen und Einarbeitung in bestehende Flächenstandards oder als Basis für zu entwickelnde Flächenstandards.

- die Flächenlayout-, Belegungs- und Umbelegungsplanung.

- die Verknüpfung räumlicher Umgebungsbedingungen mit raumbezogenen Nutzeranforderungen und der Leistung gebäudetechnischer Anlagen (z. B. raumbezogenen Sollwerte für Lufttemperatur und Luftfeuchte).

- die Dokumentation von Planunterlagen und Daten für das Flächenmanagement.

- die Pflege und Fortschreibung der Dokumentation mittels einer EDV-Anwendung z. B. anhand eines CAFM-Systems unter Nutzung eines geeigneten Werkzeuges zur Visualisierung wie z. B. CAD.

Um ein Flächenmanagement umsetzen zu können, sind Bestandsdaten der Flächen (z. B. Raumtiefen, Achsraster, Mietflächenaufschlüsselung), Mietvertragsdaten sowie Flächenkosten (z. B. Bereitstellungs- und Bewirtschaftungskosten) erforderlich.

2.1.7 Benchmarking

Als Benchmarking kann im Facility Management „der kontinuierliche Prozess der Ermittlung und des Vergleichens von Kennwerten bezüglich der Baunutzungskosten von verschiedenen, jedoch in sich homogenen Immobilien"[25] definiert werden und ist hier somit ein Instrument der Nutzungskostenanalyse. Eine Benchmark stellt dabei den zu erreichenden idealen Kennwert dar, der als Zielgröße unter Anwendung des Benchmarking erreicht werden soll.[26]

Das übergeordnete Ziel eines kontinuierlichen Benchmarking ist die Identifikation von Optimierungspotentialen durch den Vergleich mit einem jeweils als Optimum ange-

---

[23] vgl. GEFMA 130-1 (2016)
[24] vgl. DIN 32736 (2000)
[25] vgl. Feldmann et al. (2016), S. 363 ff.
[26] vgl. Neumann, Günther (2000), S. 329 ff.

gebenen Wert. Dabei kann zwischen einem internen und einem externen Benchmarking differenziert werden.

Bei einem internen Benchmarking werden die Nutzungskosten eigener Objekte untereinander verglichen. Die Vorteile liegen dabei in der einheitlichen, bekannten Kostenstruktur für die zu betrachtenden Objekte und der Kenntnis über die in den unterschiedlichen Kosten enthaltenen Leistungen. Des Weiteren ist ein internes Benchmarking weniger aufwändig, da keine externen Daten bezogen oder externe Benchmarking-Partner beauftragt werden müssen. In dem fehlenden Vergleich mit externen Daten liegt jedoch auch der Nachteil des internen Benchmarkings, da z. B. strukturelle Fehler im Unternehmen selber nicht aufgedeckt werden, jedoch ist die Informationsgewinnung hinsichtlich interner Defizite und Optimierungspotentiale mit Hilfe des internen Benchmarking Voraussetzung für die Implementierung eines externen Benchmarking.

Das externe Benchmarking stellt einen Vergleich mit Objekten außerhalb der eigenen Organisation an, die im Idealfall zu den „Besten am Markt" gehören. Durch einen umfangreichen Datenpool wird eine gute Vergleichsbasis erzielt, auf deren Grundlage Rückschlüsse für eigene Optimierungspotentiale gezogen werden können. Die Nachteile des externen Benchmarking liegen jedoch in der aufwändigen Informationsbeschaffung sowie einer oftmals mangelnden Vergleichbarkeit der angegebenen Benchmarks.

Als Grundvoraussetzungen für ein funktionsfähiges Benchmarking sind eine einheitliche Kostengliederung und die Verwendung einheitlicher Bezugsgrößen (Kosten pro Einheit x, z. B. Kosten pro m² BGF) zwingend erforderlich. Bei der Verwendung externer Daten kann das Benchmarking durch eine nicht einheitliche Abgrenzung der Kosten verfälscht werden. Dies ist z. B. gegeben, wenn keine eindeutige Zuordnung der Kosten zu einem Bezugsjahr möglich ist oder einzelne Kosten mehrere Leistungen zusammenfassen, die jedoch im Einzelnen nicht erkennbar sind, da sie nicht explizit angegeben werden. Des Weiteren können bei der Verwendung einer zu geringen Datenbasis Fehler aufgrund einer mangelnden Vergleichbarkeit der Immobilien entstehen. Daher ist bei einem externen Benchmarking darauf zu achten, dass möglichst nur Gebäude mit gleicher Nutzungsart, ähnlichen Nutzeranforderungen und ähnlichen Ausstattungsstandards verglichen werden. Ebenfalls zu berücksichtigen ist, dass manche Kostenarten starke regionale Abhängigkeiten aufweisen, wie es z. B. bei den Tariflöhnen der Fall ist.

Als mögliche externe Benchmarks können unterschiedliche Quellen herangezogen werden. Dazu gehören unter anderem der Office Service Charge Analysis Report (OSCAR)[27], der fm.benchmarking Bericht[28] sowie die Publikationen des AMEV[29] und der Kommunalen Gemeinschaftsstelle für Verwaltungsmanagement (KGSt)[30]. Im Folgenden werden beispielhaft der OSCAR-Report sowie die AMEV-Daten kurz erläutert.

---

[27] vgl. Jones Lang Lasalle (2015)
[28] vgl. Rotermund (2016)
[29] vgl. AMEV (2013)
[30] vgl. KGSt (2009)

Der jährlich erscheinende OSCAR-Report analysiert die Voll- und Nebenkosten von Büroimmobilien des jeweiligen Vorjahres, wobei die Nebenkosten alle auf den Mieter umlegbaren Kosten, und die Vollkosten darüber hinaus die beim Eigentümer verbleibenden Bewirtschaftungskosten enthalten. Die untersuchten Objekte werden nach Klimatisierung, Gebäudequalität, Standort und Gebäudegröße differenziert. Als Bezugsfläche wird die Nettogrundfläche (NGF) gemäß DIN 277 verwendet.[31]

Die AMEV errechnet die Betriebskosten der Technischen Gebäudeausrüstung auf Basis des Produktes aus Wiederbeschaffungswert, Jahreskosten- sowie Korrekturfaktor. Der Wiederbeschaffungswert enthält hierbei die Bruttokosten, welche sich zum Ermittlungszeitpunkt ergeben würden, wenn die Anlagen mit gleicher Leistungsfähigkeit neu beschafft werden müssten. In Abhängigkeit des Wiederbeschaffungswertes werden die Jahreskostenfaktoren als prozentualer Anteil hiervon ausgewiesen. Mittels des Korrekturfaktors werden gebäude- und anlagenspezifische Besonderheiten, wie z.B. Gebäudenutzungsart, Gebäudehöhe oder Anlagenalter berücksichtigt.. Bei der Kostenermittlung geht die AMEV von Gebäuden mit einer Hauptnutzfläche (HNF) größer als 1.000 m², einem normalen Dienstbetrieb, dem Betrieb der technischen Anlagen innerhalb ihrer rechnerischen Nutzungsdauer sowie einer sachgerechten Aufbau- und Ablauforganisation für die Durchführung der Aufgaben aus. Hierbei werden jedoch keine gesonderten Energiekonzepte berücksichtigt, über die eine detaillierte Betrachtung anzustellen wäre.

Der Vorteil der AMEV-Methodik liegt in der kurzfristig möglichen Kostenschätzung getrennt nach den jeweiligen Leistungen des Technischen Gebäudemanagements (Kostengruppe 400 und 500 der DIN 276).[32] Nachteilig ist, dass das Berechnungsverfahren Benchmarks generiert, welche keine Wartungs- oder Instandhaltungsstrategien berücksichtigen.

2.2 Fallbeispiele Kalkulation von Instandhaltung und Erneuerung

Nachfolgend wird anhand eines Beispielprojektes die Kalkulation der Wartungs-, Instandsetzungs- sowie Erneuerungskosten für ausgewählte bauliche und technische Anlagen aufgezeigt. Bei dem Beispielprojekt handelt es sich um ein Bürogebäude. Im Rahmen der Lebenszykluskostenermittlung wird ein Betrachtungszeitraum von 25 Jahren zugrunde gelegt.

2.2.1 Kalkulation der Wartungskosten

Um eine fundierte Kalkulation der Wartungskosten zu ermöglichen, ist eine detaillierte Kenntnis der baulichen und technischen Anlagen eines Gebäudes erforderlich. Idealerweise liegen sämtliche Angaben in der 4. Ebene nach DIN 276 vor, d. h. Stückzahlen (z. B. Anzahl Brandschutzklappen oder Anzahl an Datenpunkten in der Gebäudeautomation) und Mengen (z. B. m² Dachfläche), vor. Darüber hinaus fließen

---

[31] vgl. DIN 277 (2016)
[32] vgl. DIN 276 (2008)

neben der detaillierten Anlagenerfassung folgende Parameter in die Kalkulation der Wartung ein:

- Zyklus der Wartungsleistung, d. h. Anzahl der erforderlichen Wartungen pro Jahr. Der Zyklus wird entweder im Rahmen der Ausschreibung vom Auftraggeber projektspezifisch definiert, oder es wird auf gängige Richtlinien, gesetzliche Regelungen oder Regelwerke wie z. B. die AMEV Wartung 2014[33] oder VDMA 24186[34] abgestellt, in welchen anlagenspezifisch Wartungszyklen sowie die damit erforderlichen Tätigkeiten definiert sind.

- Aufwandswert zur Umsetzung der Wartungsleistung. Die Angabe erfolgt in der Regel anhand von „Minuten-Ansätzen" je durchzuführendem Wartungsgang.

- Stundenverrechnungssatz des eingesetzten Personals. Hierbei ist darauf zu achten, dass die anzusetzenden Stundenverrechnungssätze je nach Gewerk stark differieren. Beispielsweise sind im Bereich der MSR-Technik weitaus höhere Ansätze zu tätigen als im Bereich Heizung, Lüftung, Sanitär.

- Materialkosten je durchzuführender Wartung (z. B. Filter, Keilriemen, Batterien).

- Fahrtkosten (An- und Abfahrt)

- Je nach vertraglicher Regelung ist ein Ansatz für kleine Instandsetzungen, welche im Zuge der Wartung oftmals mit erbracht werden müssen, zu tätigen. Meist erfolgt die Berücksichtigung mittels einer vertraglich fixierten monetären Obergrenze je Wartungsgang (z. B. 25,00 € netto je Einzelmaßnahme).

In der nachfolgenden Abbildung 2-3 wird die Kalkulation der Einzelkosten der Teilleistung (EKdT) für die Wartung anhand des Beispiels einer Wärmeerzeugungsanlage (Kostengruppe KGR 421 nach DIN 276) aufgezeigt. Hierbei werden folgende Eingangsparameter zugrunde gelegt:

- Wartungszyklus einmal jährlich,

- Wartung der Gas-Absorptions-Wärmepumpe sowie der Brennwert Heiztherme durch externe Unternehmen (E),

- Stundenverrechnungssatz für Techniker aus dem Bereich Heizung / Lüftung / Sanitär (HLS): 50,00 €/h netto.

---

[33] vgl. AMEV (2014)
[34] vgl. VDMA 24186-0 (2007)

KGR DIN 276	Baukonstruktion/ Technische Anlage Beschreibung der Position, für die Kosten kalkuliert werden	Tätigkeit Tätigkeit, die im Rahmen der Wartung zu erbringen ist	Menge Anzahl je Position [ME]	I/E Intern Extern	Zyklus pro Jahr 1= 1*, p.a.	Preis [€] Beschaffu ng Preis je ME	Zeitansatz [min] Zeitansatz pro ME	SVS [€/h] Arbeitsk osten je Std.	Material [€] Kosten je ME	EkdT [€] je ME	Kosten p.a. [€]
421	Wärmeerzeugungsanlagen									Gesamt	2.770,50
421.1	Gas-Absorptions-Wärmepumpe	durch Hersteller	2,0	E	1,0	725,00			45,75	770,75	1.541,50
421.2	Abgasanlage für Gas-Wärmepumpe	in 421.1 enthalten	1,0	E							
421.3	Brennwert-Heiztherme	durch Hersteller	1,0	E	1,0	625,00			55,00	680,00	680,00
421.4	Abgasanlage für Brennwerttherme	in 421.3 enthalten	1,0	E							
421.5	Pufferspeicher für WP/KM	Wartung	2,0	I	1,0		45	50,00	50,00	87,50	175,00
421.6	Wärmetauscher TBKA inkl. Armaturen	Wartung	1,0	I	1,0		45	50,00	23,00	60,50	60,50
421.7	Regelgruppe Erzeugerkreis	Wartung	3,0	I	1,0	24,50				24,50	73,50
421.8	Kombinierter Verteiler Heizung	Wartung	1,0	I	1,0		60	50,00		50,00	50,00
421.9	Ausdehnungsgefässe für Heizung	Wartung	1,0	I	1,0		30	50,00	17,50	42,50	42,50
421.10	Nachspeiseeinheit mit Systemtrenner	Wartung	1,0	I	1,0	112,00	12	50,00	25,50	147,50	147,50

Abb. 2-3   Beispiel Kalkulation Wartung – Wärmeerzeugungsanlagen, netto

2.2.2 Kalkulation der Instandsetzungskosten

Die Ermittlung der Instandsetzungskosten erfolgt in der Praxis meist anhand prozentualer Ansätze in Abhängigkeit der kalkulierten jährlichen Wartungskosten. Eine derartige Kostenermittlung ist jedoch zu ungenau und erfasst beispielsweise bei Bestandsgebäuden das Alter und folglich den Zustand der baulichen und technischen Anlagen in unzureichendem Maße. Während die Instandsetzungskosten bei Neubauten in den ersten Betriebsjahren gering ausfallen, so nehmen sie in der Regel mit zunehmendem Alter der baulichen und technischen Anlagen aufgrund des fortschreitenden Verschleißes ebenso wie die Wartungskosten zu.

2.2.3 Kalkulation von Erneuerungsmaßnahmen

Wie bereits erläutert, ist bei der Kalkulation erforderlicher Erneuerungsmaßnahmen eine Reihe an äußeren Rahmenbedingungen zu berücksichtigen, welche einen Einfluss auf die Festlegung des Zeitpunktes der Erneuerung einer baulichen oder technischen Anlage besitzen. Zudem besteht bei Bestandsimmobilien im Gegensatz zu Neubauten die Schwierigkeit, den zum Zeitpunkt der Bewertung bestehenden Zustand baulicher und technischer Anlagen exakt zu fixieren und hieraus eine Restnutzungsdauer abzuleiten, da die Qualität der Instandhaltung und Instandhaltungsstrategie in der Vergangenheit meist nicht im Detail bekannt ist. Im Zuge der Kalkulation von Erneuerungsmaßnahmen sind folgende Einflussgrößen zu berücksichtigen:

▪ Unterstellung eines Abnutzungsverlaufes sowie Festlegung einer, der Betrachtung zugrunde gelegten Instandhaltungsstrategie zur Ermittlung der Lebensdauer bzw. Restlebensdauer einer baulichen und technischen Anlage (siehe Abbildung 2-4). Grundsätzlich kann zwischen einem linearen, degressiven oder progressiven Abnutzungsverlauf unterschieden werden. Während bei einer linearen Betrachtung die Abnutzung proportional zum Alter einer baulichen und technischen Anlage abnimmt, steigt bei der progressiven Abnutzung der Verschleiß mit zunehmendem Alter überproportional an. Bei degressivem Verlauf nimmt der Verschleiß mit zunehmendem Alter unterproportional ab.

Darüber hinaus existieren Bauteile, wie z. B. Beleuchtungskörper, bei denen im zeitlichen Verlauf keinerlei Abnutzungserscheinungen festgestellt werden können und die zu einem fixen Zeitpunkt komplett versagen. Um die Ermittlungen der Erneuerungszeitpunkte baulicher und technischer Anlagen nicht zu einem zu komplexen Prozess werden zu lassen, wird in der Praxis meist ein linearer Abnutzungsverlauf unterstellt. Neben dem Abnutzungsverlauf spielt bei der Definition des Erneuerungszeitpunktes zudem die unterstellte Instandhaltungsstrategie eine maßgebende Rolle. In Abhängigkeit dieser Strategie wird festgelegt, bei welchem relativen Wert des Abnutzungsvorrates eine Erneuerungsmaßnahme erfolgt.

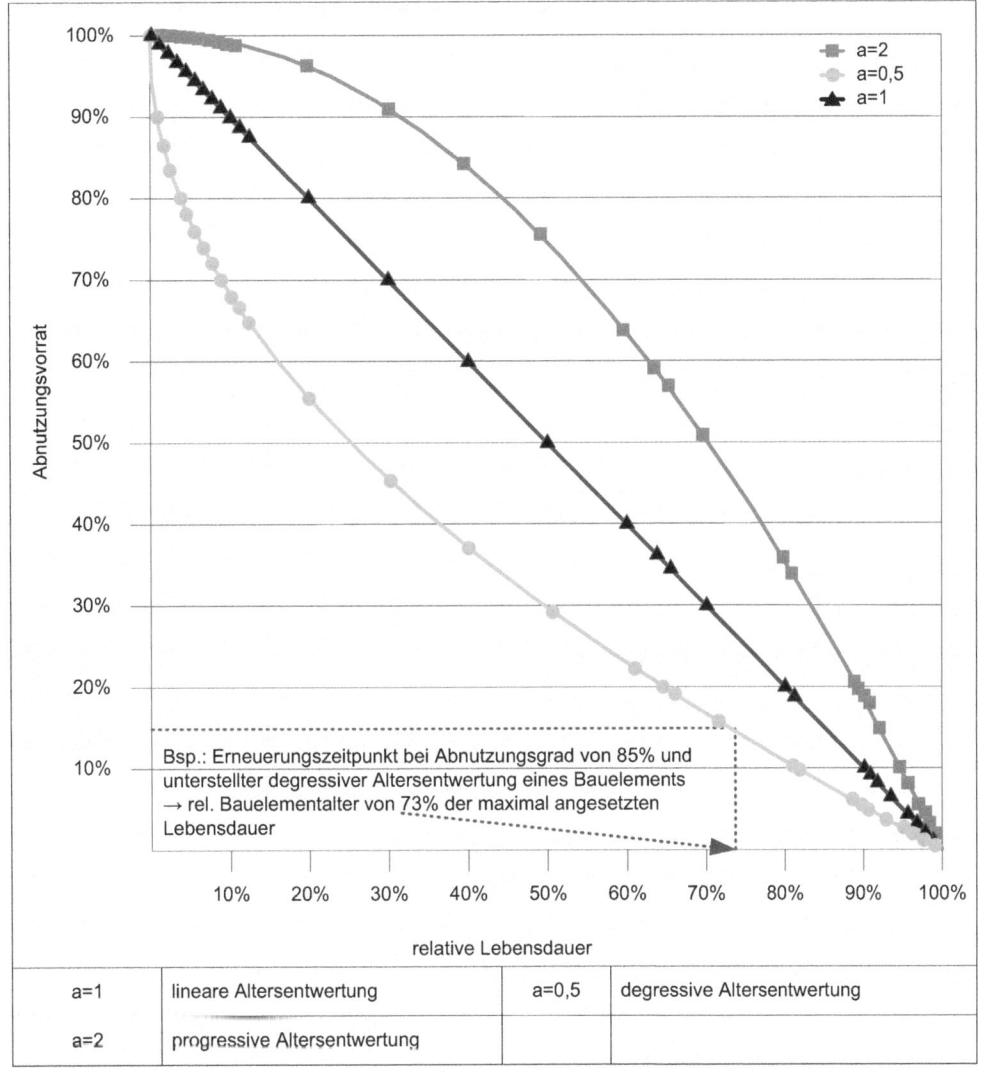

Abb. 2-4   Altersentwertungskurven und Erneuerungszeitpunkt

- Ein weiterer zu berücksichtigender Aspekt bei der Definition des Zeitpunktes der Erneuerung einer baulichen oder technischen Anlage ist die Qualität der baulichen Erstellung. Diese ist vorrangig abhängig von der fachgerechten und möglichst exakten baulichen Umsetzung durch das Bau- und Montagepersonal (Faktor Mensch als mögliche Fehlerquelle), der Bauüberwachung und Qualitätskontrolle durch leitendes Personal sowie der Qualität der eingesetzten Materialien und Komponenten. Um dieser Einflussgröße bei der Ermittlung des Erneuerungszeitpunktes Rechnung zu tragen, ist der Startwert des Abnutzungsvorrates W kleiner als 100 % zu setzen und folglich eine verringerte maximale Lebensdauer einer technischen oder baulichen Anlage als Basis der Betrachtung zugrunde zu legen. In Abbildung 2-5 wird dargestellt, zu welchem Zeitpunkt ein Bauteil einer Erneuerungsmaßnahme in Abhängigkeit

- eines zugrunde gelegten Abnutzungsverlaufes (hier linear, d.h. a=0,5)

- eines definierten realtiven Abnutzungsvorrates (z. B. 2 %, 5 %, 10 %, 19 % oder 20 %)

- einer unterstellten baulichen Qualität zum Zeitpunkt der Erstellung, d. h. Startwert W ≤ 100 %

unterzogen werden muss.

So liefert die Tabelle für ein Bauteil mit einer unterstellten Lebensdauer von 20 Jahren, einem Startwert W von 90 % und einem relativen Abnutzungsvorrat von 5 % einen rechnerisch erforderlichen Erneuerungszeitpunkt nach 18,06 Jahren.

Startwert Abnutzungsvorrat												relativer Abnutzungsvorrat		
		Erneuerungszeitpunkt [Lebensjahr] bei einem relativen Wert des Bauteils von:												
		20 %			19 %			10 %			5 %			2 %		
Vorschlag Lebensdauer	Verlauf a=1/0,5/2	W=100 bei t=0	W=90 bei t=0	W=95 bei t=0	W=100 bei t=0	W=90 bei t=0	W=95 bei t=0	W=100 bei t=0	W=90 bei t=0	W=95 bei t=0	W=100 bei t=0	W=90 bei t=0	W=95 bei t=0	W=100 bei t=0	W=90 bei t=0	W=95 bei t=0
45	0,5	28,80	29,00	28,89	29,52	29,70	29,61	36,45	36,50	36,47	40,61	40,63	40,62	43,22	43,22	43,22
20	0,5	12,80	12,89	12,84	13,12	13,20	13,16	16,20	16,22	16,21	18,05	18,06	18,05	19,21	19,21	19,21
20	0,5	12,80	12,89	12,84	13,12	13,20	13,16	16,20	16,22	16,21	18,05	18,06	18,05	19,21	19,21	19,21
20	0,5	12,80	12,89	12,84	13,12	13,20	13,16	16,20	16,22	16,21	18,05	18,06	18,05	19,21	19,21	19,21
25	0,5	16,00	16,11	16,05	16,40	16,50	16,45	20,25	20,28	20,26	22,56	22,57	22,57	24,01	24,01	24,01
20	0,5	12,80	12,89	12,84	13,12	13,20	13,16	16,20	16,22	16,21	18,05	18,06	18,05	19,21	19,21	19,21

Erneuerungszeitpunkt, rechnerisch

Abb. 2-5   Erneuerungszeitpunkt, Abnutzungsvorrat und Instandhaltungsstrategie

- Lebensdauer von baulichen oder technischen Anlagen, als dem maximalen Zeitraum zwischen Errichtung bzw. Herstellung und dem Eintreten des Versagensfalles. Zu den einzelnen Lebensdauern baulicher und technischer Anlagen liegen in der Literatur abweichende Angaben vor.[35,36,37] Deshalb ist dieser Komponente bei der Kalkulation der Kosten von Erneuerungsmaßnahmen ein großer Stellenwert beizumessen. Zudem ist die Lebensdauer in hohem Maße von der Instandhaltungsqualität (Wartung, Inspektion und Instandsetzung) abhängig. Aus nachfolgender Abbildung sind die Bandbreiten der Lebensdauern einzelner Bauelemente anhand der Betrachtung unterschiedlicher Datenquellen ersichtlich, wobei jeder Spalte eine andere Datenquelle zugrunde liegt. Für den Brenner einer Heizungsanlage liegen entsprechend Abbildung 2-6 beispielsweise neun Datenquellen vor, welche unterschiedlichste Lebensdauern zwischen 10 und 20 Jahren ausweisen.

DIN 276	Ausgewählte Quellen der Lebensdauer baulicher und technischer Anlagen [Jahre]										
Heizungsanlagen							45				
Zentrale Wassererwärmer, Heizkessel	20-25	20-25	20-25						15-25	20	
Stahl (Warmwasser)	15-25	15-25	10-15		15	20		15-20			15
Gusseisen, Gliederkessel (Warmwasser)					15	25		15-25			20
Brennwertkessel (mit Wärmerückgewinnungsanlage, Dampf und Heißwasser)								20-25			
Brennwertkessel (mit Wärmerückgewinnungsanlage) / Tieftemp.-Heizkessel								15-20			20
Wasserrohrkessel (Dampf & Heißwasser)								25-30			
Wasserrohrkessel (Warmwasser)								15-20			
Brennwertkessel (Warmwasser)								15-20			
Elektrodenkessel (Dampf & Heißwasser)								15-20			25
Elektro-Zentralspeicher											
Speichermedium Wasser											25
Speichermedium Feststoff											25
Brenner	10-20	10-20	10-15	12-20	10	15		15-20	10-20	12	
Gasbrenner ohne Gebläse											20

Abb. 2-6   Auszug aus Datenbank Lebensdauer baulicher und technischer Anlagen

- Rückbaukosten als den Kosten für das Personal, die Bereitstellung der erforderlichen Baugeräte sowie die Vorbereitung der Örtlichkeit für den Wiedereinbau von baulichen und technischen Anlagen (z. B. Kosten für den Ausbau eines textilen Bodenbelags sowie Abschleifen des Untergrundes als Vorbereitung für den Wiedereinbau).

- Entsorgungskosten als den Kosten für die Sammlung rückgebauter Materialien, Bauteile oder technischer Anlagen und deren Abtransport und Entsorgung.

---

[35] vgl. IP Bau (1994)
[36] vgl. CIBSE (2000)
[37] vgl. VDI 2067 (2012)

- Sicherungskosten bei baulichen Maßnahmen im laufenden Betrieb, wie z. B. Vorkehrungen für Staubschutz oder Stellen eines Sicherheitsdienstes zur Beaufsichtigung der umzusetzenden baulichen Maßnahmen im laufenden Betrieb.

- Weitere Sonderkosten, wie z. B. erhöhte Personalkosten infolge der aufgrund betrieblicher Zwänge erforderlichen Umsetzung von baulichen Maßnahmen außerhalb der gewöhnlichen Arbeitszeiten an Wochenenden, Feiertagen oder Werktags zwischen 22:00 Uhr abends und 6:00 Uhr am Folgetag.

Beispiel Erneuerungsinvestitionen und Wirtschaftlichkeitsvergleich

Nachfolgend wird die Ermittlung der Kosten für Erneuerungsmaßnahmen anhand des Beispiels von Bodenbelägen aufgezeigt. Zusätzlich zur Berechnung der Kosten für Erneuerungsmaßnahmen erfolgt zudem ein Variantenvergleich, welcher verschiedene Bodenbeläge über einen Betrachtungszeitraum von 30 Jahren untersucht. Zu beachten ist, dass eine solitäre Untersuchung des jeweiligen Bodenbelags an sich für eine abschließende Aussage bezüglich der Wirtschaftlichkeit nicht ausreichend ist. Vielmehr müssen sämtliche Kostenarten erfasst werden, welche innerhalb des Lebenszyklus anfallen und in direktem Zusammenhang mit den Eigenschaften einer baulichen oder technischen Anlage stehen. Im Fall der Untersuchung von Bodenbelägen kommt der Reinigungsdienstleistung eine entscheidende Rolle zu. In Abhängigkeit des gewählten Bodenbelags bestehen große Unterschiede hinsichtlich der erforderlichen Einzelmaßnahmen und somit des Aufwandes für Reinigung. So differieren beispielsweise die Leistungswerte[38] und der Umfang erforderlicher Pflegefilmsanierungen oder Fleckentfernungen und führen zu unterschiedlich hohen Kosten im Lebenszyklus.

Aus dem Wirtschaftlichkeitsvergleich geht hervor, welcher Bodenbelag aus monetärer Sicht der wirtschaftlichste ist. Um eine monetäre Vergleichbarkeit der einzelnen Bodenbeläge gewährleisten zu können, wird sich im vorliegenden Beispiel der dynamischen Investitionsrechnung, hierbei im Speziellen der Kapitalwertmethode, bedient. Hierbei werden sämtliche innerhalb eines Betrachtungszeitraumes (hier: 30 Jahre) anfallenden Kosten erfasst, dem jeweiligen Jahr des Anfalls zugeordnet und mit einem festgelegten Kalkulationszinssatz auf den Betrachtungszeitpunkt (t=0, d. h. heute) abgezinst. Ergebnis dieser Berechnungsmethodik ist der sog. Kapitalwert. Der Bodenbelag mit dem geringsten Kapitalwert ist unter den der Berechnung zugrunde liegenden Ansätzen und Annahmen die wirtschaftlichste, baulich zu realisierende Variante.

Angaben zum betrachteten Gebäude

Nutzungsart: Büroimmobilie

Untersuchte Bodenbeläge:

---

[38] Ein Leistungswert gibt in Abhängigkeit einer vorliegenden Oberfläche (Bodenbelagsart oder Fassade) an, welchen Quadratmeterumfang eine Reinigungskraft pro Stunde in der Lage ist zu reinigen. Somit ist der Leistungswert nichts anderes als die Arbeitsgeschwindigkeit.

- Variante 1: Parkett
- Variante 2: Teppichboden
- Variante 3: Linoleum
- Variante 4: Naturstein, weich, geschliffen
- Variante 5: Betonwerkstein, geschliffen

Schritt 1

In einem ersten Arbeitsschritt sind die Lebensdauern, Investitions- sowie Instandhaltungskosten als Basis der Wirtschaftlichkeitsbetrachtung sowie die Kosten innerhalb des 30-jährigen Betrachtungszeitraumes zu bestimmen. Abbildung 2-7 liefert die Basiswerte für die fünf zu betrachtenden Varianten des vorliegenden Beispiels.

Stand: 04/2015 (Preis netto)			Investitionskosten		Instandhaltungskosten					
Bodenbelag	Art des Bodenbelags	Lebens-dauer [Jahre]	Material inkl. Verlegung [€/m²]	Sockelleisten/ Edelstahltrenn-schienen inkl. Verlegung [€/lfm]	Reini-gungs-kosten (Gesamt): [€/m², a]	Schleifen/ Versiegeln/ Imprägnieren [€/m²]	Nach-imprägnieren [€/m²]	Rückbau-kosten [€/m²]	Erneuerung/IS Bodenbelag inkl. Verlegung [€/m²]	Erneue-rung/IS Sockelleisten [€/m²]
					alle 10-15 a					IS 10%
Parkett		50	62,92	9,00	8,2275	13,50	/	/	/	0,90
										Erneuern 25%
Teppich		10	26,75	5,00	7,9272	/	/	4,70	26,75	1,25
										Erneuern
Linoleum		15-20	25,00	4,00	8,2275	/	/	4,70	25,00	4,00
										IS 1,5%
Naturstein	weich (geschliffen)	70	120,00	15,00	6,8574	/	8,00	/	1,80	0,00
										IS 1,5%
Betonwerk-stein	geschliffen, strukturiert	70	65,00	12,00	6,8574	/	6,00	/	0,98	0,00

Abb. 2-7   Lebensdauern, Investitions- und Folgekosten Bodenbeläge

Schritt 2

Nachfolgend sind in Arbeitsschritt 2 die jeweils anfallenden Reinigungskosten der jeweiligen Bodenbelagsart zu ermitteln. Der vorliegenden Betrachtung wird ein Stundenverrechnungssatz von 16,00 €/h netto,[39] ein Reinigungsintervall von 2,5 Mal pro Woche, eine Leistungserbringung an 50 Wochen pro Jahr, eine einmalige Pflegefilmsanierung pro Monat sowie eine geringe Überstellung der zu reinigenden Flächen zugrunde gelegt. Die Berechnung der Gesamtkosten pro Jahr und Quadratmeter Bodenbelagsfläche wird in den folgenden Abbildungen beispielhaft für Linoleum, Parkett und Teppichbelag dargestellt.

---

[39] Der angegebene Stundenverrechnungssatz dient lediglich zu Beispielzwecken und bildet keinen tarifgebundenen Marktpreis ab. Er versteht sich zudem exklusive Verbrauchsmaterialien sowie unternehmensspezifischer Zuschläge wie z. B. Allgemeine Geschäftskosten (AGK) oder Gewinn (G) und Mehrwertsteuer (MwSt.).

Lino, Parkett	geringe Überstellung	
Leistungsart	Einstufiges Nasswischen	Pflegefilmsanierungen
Intervall pro Woche [-]	2,5	0,25
Intervall pro Jahr [-]	125,0	12,00
Leistung [m²/h]	330,00	200,00
Zeit pro 100 m² [h]	0,30	0,50
Jährliche Zeit pro 100 m² [h]	37,88	6,00
Gesamtzeit p.a. [h]	37,88	6,00
Verrechnungssatz [€/h]	16,00	16,00
Jährliche Kosten/100 m²	606,06	96,00
Gesamtkosten €/m², a	6,06	0,96
Grundreinigung alle 5 Jahre [€]	0,80	

Abb. 2-8   Reinigungskosten für Linoleum und Parkett, netto

Textile Fußbodenbeläge	geringe Überstellung
Leistungsart	Saugen & Fleckentfernung
Intervall pro Woche [-]	2,5
Intervall pro Jahr [-]	125,0
Leistung [m²/h]	350,00
Zeit pro 100 m² [h]	0,29
Jährliche Zeit pro 100 m² [h]	35,71
Verrechnungssatz [€/h]	16,00
Jährliche Kosten pro m²	571,43
Kosten pro 1 m² / Jahr	5,71
Fleckenentfernung je 1 m²/a	1,50
Grundreinigung €/m², a	1,40
Unterhaltsreinigung €/m², a	7,21

Abb. 2-9   Reinigungskosten für textile Bodenbeläge, netto

Für die in Betracht gezogenen Bodenbelagsarten ergeben sich bei einem unterstellten mittleren Qualitätsstandard die in Abbildung 2-8 und 2-9 aufgeführten Gesamtkosten für Unterhalts- und Grundreinigung je Quadratmeter und Jahr. In der nachfol-

genden Abbildung 2-10 sind die einzelnen Kosten der Unterhaltsreinigung der unterschiedlichen Bodenbelagsarten zusammengefasst und gegenübergestellt.

Überstellung mit Mobiliar	Mittlerer Qualitätsstandard; Stand 2016 (Preise netto, ohne AGK & G sowie MWSt.)					Mittlerer Standard
	Unterhaltsreinigung				Grundreinigung	Gesamtkosten [€/m²,a]
	gering z.B. Flure, Eingangsbereiche, Hallen [€/m²,a]	mittel, z.B. normal überstellte Büroflächen, Klassenzimmer [€/m²,a]	hoch, z.B. dicht überstellte Büros, Speiseräume [€/m,a]	Mittelwert Unterhaltsreinigung [€/m² je Intervall]	Mittelwert Grundreinigung [€/m²]	Gesamtkosten Unterhalts- und Grundreinigung; €/m²,a
Parkett	7,02	8,21	8,97	0,06	0,80	8,2275
Teppich	7,21	7,56	8,17	0,06	1,40	7,9272
Linoleum	7,02	8,21	8,97	0,06	0,80	8,2275
Naturstein	5,97	6,98	7,63	0,06	0,00	6,8574
Betonwerkstein	5,97	6,98	7,63	0,06	0,00	6,8574

Abb. 2-10   Gesamtkosten Unterhalts- und Grundreinigung Bodenbeläge, netto

Schritt 3

Mit den in den Arbeitsschritten 1 und 2 ermittelten Eingangsdaten wird nun die Wirtschaftlichkeitsbetrachtung durchgeführt. Hierfür wird für jede Variante der Kapitalwert zum Betrachtungszeitpunkt t=0 bezogen auf den zugrunde gelegten Betrachtungszeitraum von 30 Jahren ermittelt. Als Kalkulationszinssatz zur Berechnung des Kapitalwertes wird bei vorliegendem Beispiel ein Wert von 4,00 % unterstellt. Zudem wird aus Vereinfachungsgründen keine Teuerungsrate zur Berücksichtigung der Preissteigerung innerhalb des 30-jährigen Betrachtungszeitraums berücksichtigt. Für die Erneuerungszeitpunkte ist ein minimaler Abnutzungsvorrat von 20 % definiert, welcher nicht unterschritten werden darf.

Das Ergebnis dieses Arbeitsschrittes ist in nachfolgender Abbildung 2-11 auszugsweise für die Variante des Parkettbelages dargestellt. Ausgewiesen werden jahresscheibenweise die Kosten für Instandhaltung (hier nur Instandsetzung, da die Lebensdauer des Parkettbelages den Betrachtungszeitraum überschreitet) und Reinigung, die innerhalb des Betrachtungszeitraumes auflaufenden nominalen, kumulierten Kosten je m² Raumfläche sowie der sich aus der Summe der Abzinsung der jeweiligen jährlichen Kosten auf den Betrachtungszeitpunkt resultierende Kapitalwert bezogen auf einen m² Raumfläche.

Basisinformationen										
Vertragslaufzeit		30 Jahre								
Kalkulationszinssatz		4,00%								
Finanzierungszinssatz										

V1 Parkett			Jahr	1	2		27	28	29	30
Bauinvestition netto			66,52	2,22	2,22		2,22	2,22	2,22	2,22
Verbrauchsgebundene Kosten	Wertsicherung [%]	Kosten [€/Jahr]	Intervall [Jahre]	0,00	0,00		0,00	0,00	0,00	0,00
				0,00	0,00		0,00	0,00	0,00	0,00
				0,00	0,00		0,00	0,00	0,00	0,00
				0,00	0,00		0,00	0,00	0,00	0,00
Betriebsgebundene Kosten	Wertsicherung [%]	Kosten [€/Jahr]	Intervall [Jahre]	8,23	8,23		8,23	8,23	8,23	8,23
Schleifen/ Versiegeln/ Imprägnieren		13,50	12	0,00	0,00		0,00	0,00	0,00	0,00
Unterhalts- und Grundreinigung		8,23	1	8,23	8,23		8,23	8,23	8,23	8,23
				0,00	0,00	...	0,00	0,00	0,00	0,00
Erneuern		0,90	12	0,00	0,00		0,00	0,00	0,00	0,00
				0,00	0,00		0,00	0,00	0,00	0,00
				0,00	0,00		0,00	0,00	0,00	0,00
Erlöse	Wertsicherung [%]	Kosten [€/Jahr]	Intervall [Jahre]	0,00	0,00		0,00	0,00	0,00	0,00
				0,00	0,00		0,00	0,00	0,00	0,00
				0,00	0,00		0,00	0,00	0,00	0,00
				0,00	0,00		0,00	0,00	0,00	0,00
Nominale Kosten				10,45	10,45		10,45	10,45	10,45	10,45
Nominale Kosten kumuliert				10,45	20,89		310,90	321,30	331,80	342,20
Abzinsungsfaktor				0,96	0,92		0,35	0,33	0,32	0,31
Kapitalwert			195,27	10,05	9,66		3,62	3,48	3,35	3,22

Abb. 2-11   Lebenszykluskosten, nominal und Kapitalwert Parkettbelag, netto

Schritt 4

Als Ergebnis des Variantenvergleichs geht hervor, dass der Betonwerkstein innerhalb des Betrachtungszeitraumes die geringesten Kosten verursacht und somit die wirtschaftlichste Variante ist. Nicht in die vorliegende, rein monetär gefasste Beurteilung fließen Faktoren wie z. B. die Eignung in definierten Gebäudebereichen (Foyer- oder Bürobereich) oder die Eigenschaften hinsichtlich der Trittschalldämmung ein. Die Ergebnisse des Wirtschaftlichkeitsvergleiches der Lebenszykluskosten lauten im Einzelnen (alle Zahlenangaben sind rein netto):

Variante 1: Parkett

Nominale Kosten (30 Jahre): 342,22 €/m^2; Kapitalwert (t=0): 195,27 €/m^2

Variante 2: Teppichboden

Nominale Kosten (30 Jahre): 367,00 €/m^2; Kapitalwert (t=0): 201,87 €/m^2

Variante 3: Linoleum

Nominale Kosten (30 Jahre): 307,20 €/m^2; Kapitalwert (t=0): 174,28 €/m^2

Variante 4: Naturstein, weich, geschliffen

Nominale Kosten (30 Jahre): 385,80 €/m^2; Kapitalwert (t=0): 222,38 €/m^2

Variante 5: Betonwerkstein, geschliffen

Nominale Kosten (30 Jahre): 277,23 €/m^2; Kapitalwert (t=0): 159,36 €/m^2

Die nachfolgende Abbildung 2-12 verdeutlicht nochmals das Ergebnis in graphischer Form. Die Kapitalwerte sind hierbei als Balken, die kumulierten nominalen Kosten als Linie dargestellt.

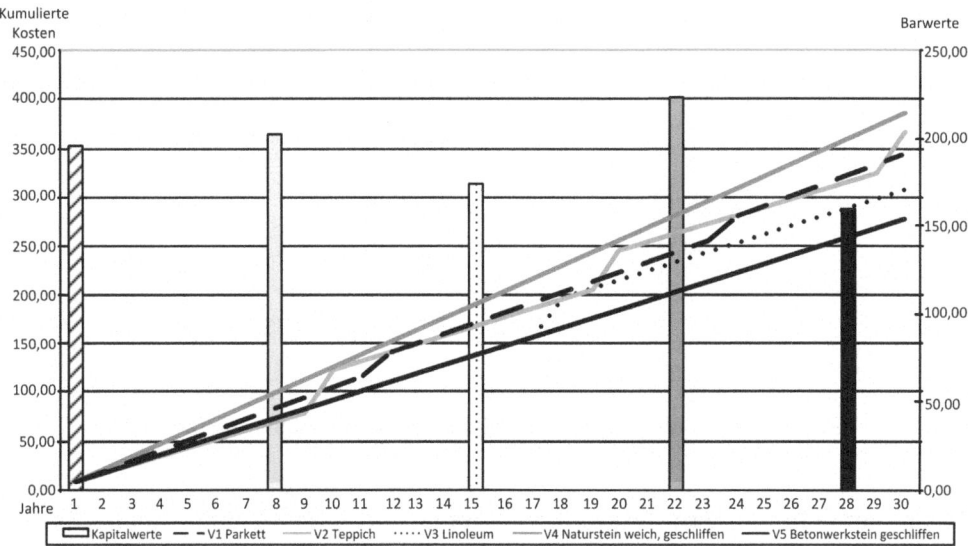

Abb. 2-12   Wirtschaftlichkeitsvergleich Varianten Bodenbelag

Die monetäre Tragweite der Wahl eines Bodenbelages bzw. der Kombination mehrerer Bodenbelagsarten innerhalb einer Immobilie wird anhand der Betrachtung einer Büroimmobilie mit einer Raumfläche von 6.500 m^2 verdeutlicht. Unterschieden wird zwischen 2 Fällen. Im Fall A erfolgt die Ausstattung der Flure mit Linoleumbelag, der Büroflächen mit Teppichboden und des Foyers mit Betonwerksteinbelag. Im Fall B sind sowohl für die Büro- als auch die Verkehrsflächen Teppichboden und für das Foyer Naturstein vorgesehen. Auf Basis der im vorangehenden Variantenvergleich ermittelten, nominalen Kosten innerhalb des 30-jährigen Betrachtungszeitraumes geht hervor, dass Fall B monetär zu einer Mehrbelastung des Immobilieneigentümers in Höhe von 3.965,40 € pro Jahr führt. Hervorzuheben ist, dass es sich bei dem vorliegenden Variantenvergleich lediglich um ein einzelnes Gewerk einer Immobilie handelt. Im Zuge des Planungsprozesses von Immobilien ist es erforderlich, dass meist eine Vielzahl an Entscheidungen getroffen werden müssen, die oftmals zu ähnlichen langfristigen Mehrkosten beim Immobilieneigentümer führen, sich über die Anzahl an Gewerken aufsummieren und zu einer nicht unerheblichen Belastung führen. Die Ergebnisse der Gegenüberstellung von Fall A und Fall B sind in der nachfolgenden Abbildung 2-13 dargestellt.

Büroimmobilie	Gesamtfläche: 6.500 m²	Foyer	Büroflächen	Verkehrsflächen	Lager- und Technikflächen	
Fall A: Büroflächen: Teppichbelag; Flure: Linoleum; Foyer: Betonwerkstein		m²	m²	m²	m²	
Bodenbelag	Kosten, nominal 30 a (€/m²)	600,00	4500,00	900,00	500,00	
Linoleum	307,20			276.480,00 €	entfällt in Betrachtung	
Teppich	367,00		1.651.500,00 €		entfällt in Betrachtung	
Betonwerkstein	277,23	166.338,00 €			entfällt in Betrachtung	
Naturstein	385,80				entfällt in Betrachtung	**Gesamt Fall A**
Lebenszykluskosten (30 a)	gesamt, nominal	**166.338,00 €**	**1.651.500,00 €**	**276.480,00 €**		**2.094.318,00 €**

Büroimmobilie	Gesamtfläche: 6.500 m²	Foyer	Büroflächen	Verkehrsflächen	Lager- und Technikflächen	
Fall B: Büroflächen und Flure: Teppichbelag; Foyer: Naturstein		m²	m²	m²	m²	
Bodenbelag	Kosten, nominal 30 a (€/m²)	600,00	4500,00	900,00	500,00	
Linoleum	307,20				entfällt in Betrachtung	
Teppich	367,00		1.651.500,00 €	330.300,00 €	entfällt in Betrachtung	
Betonwerkstein	277,23				entfällt in Betrachtung	
Naturstein	385,80	231.480,00 €			entfällt in Betrachtung	**Gesamt Fall B**
Lebenszykluskosten (30 a)		**231.480,00 €**	**1.651.500,00 €**	**330.300,00 €**		**2.213.280,00 €**
Mehrkosten Fall B ggü. Fall A	gesamt, nominal					**118.962,00 €**
Mehrkosten Fall B ggü. Fall A	pro Jahr, nominal					**3.965,40 €**

Abb. 2-13   Gegenüberstellung unterschiedlicher Realisierungsvarianten, netto

Gesamtbetrachtung (Erst-)Investitionskosten und immobilienbezogene Folgekosten

Die Gesamtbetrachtung immobilienbezogener Kosten innerhalb eines definierten Betrachtungszeitraumes (z. B. 20 Jahre) sollte sowohl die (Erst-)Investitionskosten als auch die Folgekosten (z. B. Kosten für Instandhaltung und Erneuerung, Medienverbrauchskosten, Kosten für infrastrukturelle Dienstleistungen) umfassen. Hierdurch kann der monetäre Effekt einer nachhaltigen bzw. weniger nachhaltigen Gebäudeplanung und -konzeption auf den Immobilienbetrieb in Verbindung mit den erforderlichen Erstinvestitionskosten ausgewiesen, beurteilt und visuell dargestellt werden. In der nachfolgenden Abbildung sind für eine Bildungsimmobilie die Erstinvestitionskosten des Neubaus sowie die kumulierten Folgekosten für Wartung, Instandsetzung, Erneuerung, anlagenspezifischen Medienverbrauch und Reinigung über einen Betrachtungszeitraum von 20 Jahren dargestellt.

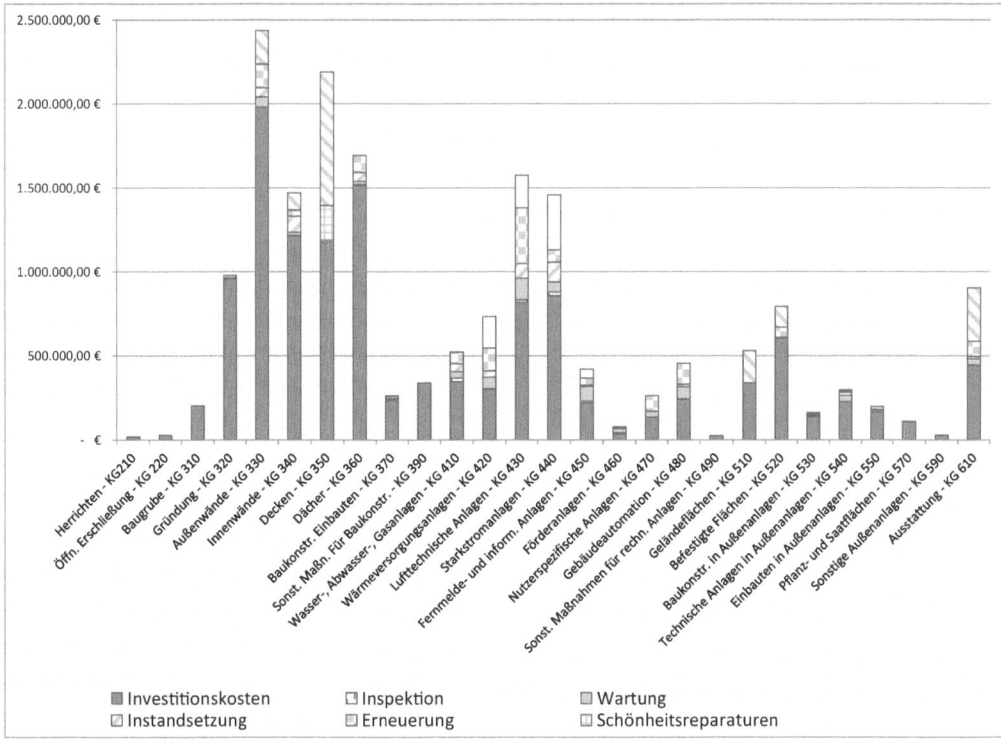

Abb. 2-14   Erstinvestitionskosten und kumulierte Folgekosten Bildungsimmobilie

Aus der vorangehenden Abbildung ist beispielsweise ersichtlich, dass bezogen auf den Betrachtungszeitraum die Außen- und Innenwände, Decken, Dächer sowie luft-technische und Starkstromanlagen bei der betrachteten Immobilie die maßgebenden Kostentreiber darstellen. Während Decken, Dächer und Innenwände in der Regel den maßgebenden Kostentreibern zugeordnet werden können, so trifft dies für die Außenwände normalerweise nicht zu. Bei dem vorliegenenden Objekt beruhen die hohen investiven Kosten der Außenwände darauf, dass eine Holzfassade zur Aus-führung kommen soll, welche weitaus höhere Kosten hervorruft, als z. B. die Ausfüh-rung in Form eines Wärmedämmverbundsystems. Ebenfalls unüblich für eine Bil-dungsimmobilie ist die Kostenrelevanz der lufttechnischen Anlagen und Starkstrom-anlagen. Ursächlich hierfür ist das gewählte energetische Konzept zur Heizung und Lüftung der Immobilie. Sämtliche Räume werden maschinell be- und entlüftet sowie mittels thermoaktiver Decken unter Einsatz von Geothermie und Wärmepumpen geheizt und gekühlt. Ein derartig technisch aufwändiges energetisches System er-fordert höhere Investitons- und Folgekosten, da die Anlagen instandgehalten und erneuert werden müssen und zudem für ihren Betrieb anlagenspezifischen Strom benötigen. Nicht ausgewiesen ist in Abbildung 2-14 der Medienverbrauch für Wärme oder Strom, welcher belegen könnte, dass sich bspw. eine höhere Investition aus ökologischer und wirtschaftlicher Sicht durch einen geringeren Medienverbrauch innerhalb der Betriebsphase der Immobilie als vorteilhaft erweist.

2.3 Kaufmännisches Gebäudemanagement

2.3.1 Definition und Leistungsspektrum

Im Rahmen des kaufmännischen Gebäudemanagements erfolgt die Vorbereitung, Abbildung sowie Auswertung sämtlicher Tätigkeiten aus den Bereichen des technischen und infrastrukturellen Managements unter Beachtung der Immobilienökonomie. Somit erfasst das kaufmännische Gebäudemanagement im Wesentlichen die Leistungen, die traditionell in der Haus- und Mietverwaltung getätigt werden. Dabei dient es vorrangig der transparenten Darstellung finanzieller Vorgänge sowie der verursachungsgerechten Zuordnung von Kosten und Erlösen im Zusammenhang mit einer Immobilie oder einem Immobilienportfolio. Die grundsätzliche primäre Anforderung jeglichen betrieblichen Handelns besteht in der Wirtschaftlichkeit. Bezogen auf die Immobilie besteht das Ziel der Wirtschaftlichkeit darin, die Relation zwischen dem durch die Immobilie generierten Nutzen zu maximieren und gleichzeitig die durch eine Immobilie verursachten Kosten zu minimieren (siehe Abbildung 2-15).

Fläche	Beginn	m^2	Stellpl. (Stck.)	Miete, netto (EUR)	Miete/m^2 (EUR)	Miete Stp. (EUR)	Miete / Stp. (EUR/Stp)	Nebenkosten, netto (EUR)	(EUR/m^2)	MwSt. (19%) (EUR)	Brutto (EUR)	Vertrag Ende
EG KAA 108	01.01.2009	665,63	12	8.320,38	12,50	900,00	75,00	2.562,68	3,85		11.783,05	31.12.2018
1. OG KAA 108	01.01.2009	1.489,76	22	18.622,00	12,50	1.650,00	75,00	5.735,58	3,85		26.007,58	31.12.2018
2. OG KAA 108	01.01.2009	1.370,90	22	15.340,37	11,19	1.650,00	75,00	5.277,97	3,85		22.268,34	31.12.2018
3. OG KAA 108	01.01.2009	1.370,88	22	17.136,00	12,50	1.650,00	75,00	5.277,89	3,85		24.063,89	31.12.2018
4. OG KAA 108	01.05.2012	1.370,85	15	15.422,06	11,25	1.275,00	85,00	5.689,03	4,15		22.386,09	30.04.2017
5. OG KAA 108	01.04.2009	1.370,79	15	14.873,07	10,85	720,00	48,00	5.277,54	3,85		20.870,61	31.03.2018
6. OG KAA 108	01.01.2011	984,56	10	11.322,44	11,50	655,00	65,50	4.135,15	4,20		16.112,59	31.12.2015
7. OG KAA 108	01.07.2010	785,49	4	10.368,47	13,20	262,00	65,50	3.024,14	3,85		13.654,60	30.06.2015
		9.408,86	122	111.404,79	11,84	8.762,00	71,82	36.979,96	3,93		157.146,75	
					Nutzenmaximierung			Kostenminimierung				

Abb. 2-15 Optimierung der Mieteinnahmen mittels Kostenminimierung und Nutzenmaximierung (Auszug Mieterbestandsliste)

Das Leistungsspektrum des kaufmännischen Gebäudemanagements geht aus der nachfolgenden Abbildung 2-16 hervor.

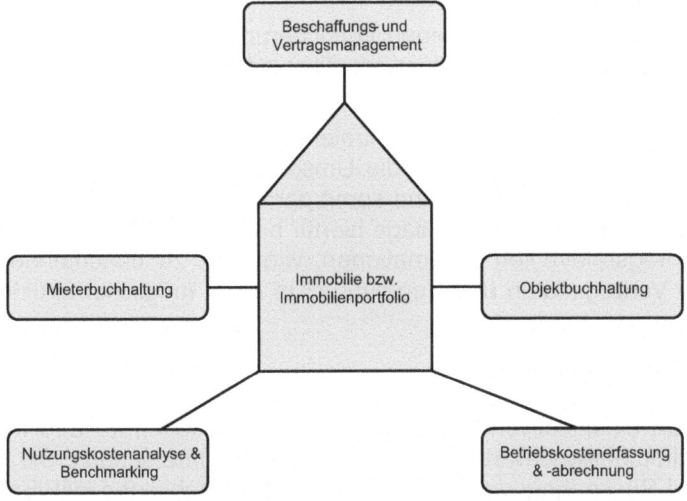

Abb. 2-16   Leistungsspektrum des Kaufmännischen Gebäudemanagements[40]

2.3.2 Beschaffungs- und Vertragsmanagement

Das Beschaffungs- und Vertragsmanagement beinhaltet die Vorbereitung, Planung, Betreuung sowie Organisation von vertraglichen Verhandlungen zwischen Auftraggeber und Auftragnehmer, welche in einem Vertragsabschluss münden sollen. Nach dem Vertragsabschluss besteht die Aufgabe eines aktiven Vertragsmanagements darin, die Abwicklung und Verwaltung von Verträgen mittels Vertragscontrolling sowie Vornahme von Vertragsanpassungen aus technischen, terminlichen, personellen oder finanziellen Gründen vorzunehmen. Im Zuge der Bewirtschaftung von Immobilien sind insbesondere folgende Leistungen zu beschaffen und vertraglich zu definieren bzw. zu regeln:

▪ Organisation und Abschluss von Mietverträgen einschließlich der Mieterauswahl, Anmietungsorganisation und Bonitätsprüfung.

▪ Ausschreibung und Vergabe sämtlicher, kontinuierlich fortlaufender, technischer und infrastruktureller Dienstleistungen, wie z. B. Wartungs- oder Reinigungsleistungen, wobei die Erstellung der Ausschreibungsunterlagen i. d. R. mittels Zuarbeit aus einer technischen Stabsstelle oder aus dem operativen Bereich erfolgt.

▪ Ausschreibung und Vergabe sämtlicher, diskontinuierlich anfallender, technischer und infrastruktureller Leistungen, wie z. B. umfassende bauliche Modernisie-

---

[40] vgl. GEFMA 200 (2004)

rungs- und Erneuerungsmaßnahmen oder einmalig anfallende Außenanlagenar-
beiten.

- Abschluss von Rahmenverträgen mit Lieferanten oder Dienstleistern.
- Abschluss von gebäudebezogenen Versicherungen, wie z. B. Haftpflichtversiche-
  rungen, Haus- und Grundbesitzerhaftpflicht oder Versicherungen für Elementarschäden.

Mittels eines Vertragscontrolling als zentralem Element im Rahmen des Vertragsmanagements ist sicherzustellen, dass die Umsetzung der Verträge ganzheitlich, kos-
ten- und qualitätsorientiert erfolgt und somit permanent einer Risikobetrachtung und
-bewertung unterzogen wird. Grundlage hierfür bildet die Vertragsverwaltung, welche
sämtliche vertragsrelevanten Informationen, wie z. B. zu beachtende Fristen oder
maßgebende Vertragsdaten und -regelungen in einer möglichst strukturierten Form
zusammenführt und archiviert.

2.3.3 Mieterbetreuung

Der Stellenwert einer aktiven Mieterbetreuung als Baustein für den wirtschaftlichen
Erfolg in der Immobilienbewirtschaftung wird oftmals unterschätzt. Sie beinhaltet die
Übergabe und Rücknahme von Mieteinheiten und Mietobjekten inkl. Erstellung eines
Übergabeprotokolls sowie die dauerhafte Kommunikation zwischen Eigentümer und
Mieter mittels eines zentralen Ansprechpartners innerhalb der Vertragslaufzeit. Durch
die kontinuierliche Kommunikation wird sichergestellt, dass Befindlichkeiten und Anliegen von Mietern frühzeitig erkannt, eine höhere Mieterzufriedenheit erzielt und
somit eine Intensivierung und möglichst langfristige vertragliche Bindung zwischen
den Vertragsparteien erreicht werden kann.

2.3.4 Objektbuchhaltung

Im Rahmen der Objektbuchhaltung erfolgt die Erfassung und Pflege sämtlicher Ver-
trags- und Bestandsdaten sowie Überwachung der Zahlungsvorgänge. Sie umfasst
im Einzelnen:

- Korrespondenz, Rechnungsbearbeitung, Regelung des Zahlungsverkehrs sowie
  Mahnwesen und Forderungsmanagement (Überwachung von Fristen und Verbindlichkeiten)

Nachfolgende Abbildung 2-17 liefert einen Auszug aus der Objektbuchhaltung in Form einer offenen Posten-Liste. Hieraus geht hervor, bei welchen Mietern (hier z.B. die Firma Karat) geschuldete Zahlungsbeträge (z. B. Kaltmiete (KM) oder Nebenkosten (NK)) offen und zu welchem Zeitpunkt diese fällig sind.

OP-Liste Debitoren Projekt Kaiser Carre GmbH & Co. KG
Buchwährung: EUR

| Von Debitor | | | 1102201 | | Sortierung nach Debitoren-Nummer, Belegdatum | | | | | |
| Bis Debitor | | | 9999901 | | | | | | | | |

Beleg-Nr.	Bel. Datum	Buchungstext	Whrg	Re.Betrag	Zahlbetrag	Restbetrag	Net.-Dat.	MS	KZ	fällig
2102701	Fa. Karat, Schneiderweg 12, 84325 Bergsee									
368305	03.10.2014	ZE Karat 10.2014	EUR	0,00	44,63	-44,63	03.10.2016	1		70
467031	10.10.2016	Mahngebühr MS 1	EUR	3,00	0,00	3,00	10.10.2016	1	1	63
368322	30.10.2016	ZE Karat 11.2016 o. Angabe	EUR	0,00	11,78	-11,78	30.10.2016	1		43
270100100	01.11.2016	Soll KM 11/2016 / S 6.1	EUR	2439,50	0,00	2439,50	01.11.2016	1	1	8
270100100	01.11.2016	Soll NK 11/2016 / S 6.1	EUR	195,16	0,00	195,16	01.11.2016	1	1	8
3701041	04.12.2016	ZE Karat 12/2016 o. Angabe	EUR	0,00	17,78	-17,78	04.12.2016	1		8
477003	05.12.2016	Mahngebühr MS 1	EUR	3,00	0,00	3,00	05.12.2016		1	7
		Summe Debitor:	EUR	2640,66	74,19	2566,47				

Abb. 2-17   Auszug Objektbuchhaltung: Offene Posten Liste

- Liquiditätsmanagement in Form der Erbringung sämtlicher Aufgaben und Maßnahmen zur Sicherung der Liquidität bezogen auf ein Objekt, ein Portfolio oder ein Unternehmen. Maßgebendes Ziel ist die Sicherstellung und Aufrechterhaltung der Zahlungsfähigkeit, d. h. jederzeit den bestehenden Zahlungsverpflichtungen fristgerecht nachzukommen.

- Entgegennahme und Verwaltung von Mietsicherheiten oder vertraglich geforderten Sicherheiten zur Absicherung der aus einem Vertragsverhältnis herrührenden Forderungen in Form von z. B. einer Bürgschaft, einer Barkaution, Verpfändung oder einer Sicherungsabtretung. Im Falle einer Bürgschaft verpflichtet sich ein Dritter, für die Verbindlichkeiten des Mieters bzw. Vertragspartners bis zu einer definierten Höhe einzustehen. Üblicherweise erfolgt die Stellung einer Bürgschaft durch eine Bank, so dass es für den Bürgschaftsberechtigten leicht ist, die Bonität des Bürgen zu beurteilen. Grundsätzlich ist es möglich, dass jedermann eine Bürgschaft zur Absicherung von Forderungen stellen kann. Bei Wohnungs- und Gewerberaummietverträgen ist es üblich, dass die Bürgschaft auf erstes Anfordern fällig wird, d. h. der Vermieter muss nicht nachweisen, dass der Mieter bspw. mit Miet- oder Nebenkostenzahlungen im Rückstand ist. Bei Vereinbarung einer Barkaution wird ein definierter Geldbetrag an den Vermieter übergeben oder auf ein Konto des Vermieters bzw. Auftraggebers eingezahlt. Im Gegensatz hierzu erfolgt die Einzahlung im Zuge der Verpfändung eines Sparguthabens auf ein auf den Mieter lautendes Konto. Nachfolgend wird das Recht auf die Spareinlage an den Vermieter verpfändet bzw. sicherungsabgetreten.

- Kontenführung (Sachkonten, Debitoren- und Kreditorenkonten), Kostenstellen- und Kostenträgerrechnung. Während Kostenstellen mit dem Ort der Kostenentstehung organisatorische Strukturen abbilden (z. B. Immobilienobjekt A), sind Kostenträger projekt- bzw. produktbezogen und bilden ab, wofür Kosten angefallen sind, wie z. B. umlagefähige Instandhaltungskosten.

- Erlös- und Kostenplanung (Budgetierung z. B. von erforderlichen Instandhaltungsmaßnahmen im Folgejahr oder Aufwendungen für das Objektmanagement), Kostenkontrolle sowie Erstellen von Abschlüssen.

- Erstellung eines kaufmännischen Berichtswesens.

- Abrechnung von Kapitalkosten, wie z. B. laufende Finanzierungskosten der Eigentümer (Fremd- oder Eigenkapitalkosten).

- Inventarisierung und Abrechnung von Abschreibungen.

- Bearbeitung von Versicherungsfällen, z. B. im Zuge der Beseitigung von Vandalismusschäden.

Nachfolgende Abbildung 2-18 liefert einen Einblick in die Kostenzuordnung und Mietsollstellung. Hierbei werden die wesentlichen Mietkosten, Nebenkostenvorauszahlungen sowie die jeweils anfallende Mehrwertsteuerhöhe mieterweise erfasst, definierten Konten (z. B. Kaltmiete Retail, Kaltmiete Office) zugeordnet und aufsummiert.

Mieter Sollstellungen, Details pro Liegenschaft
300 Projekt Kaiser Carre GmbH & Co. KG   **zu buchende Sollstellung**   04.12.2016

Datum von	Datum bis	Datum Beleg	Kto.	Bezeichnung	Nebenkost. Vorauszahl.	Miete p. Monat	MWSt. (19%)	Gesamt p. Monat
03002100201 FM 4, FM 23 Maier					EURO	EURO	EURO	EURO
1002 - FM 4; 2463,0 qm								
01.12.2016	31.12.2016	01.12.2016	402011	Kaltmiete Retail		33.486,80	6.362,49	39.849,29
				19%				
01.12.2016	31.12.2016	01.12.2016	403011	Nebenkosten VZ	11.083,50		2.105,87	13.189,37
				19%				
1600 - Sozialräume Maier, 148 qm								
01.12.2016	31.12.2016	01.12.2016	402011	Kaltmiete Retail		2.012,80	382,43	2.395,23
				19%				
01.12.2016	31.12.2016	01.12.2016	403011	Nebenkosten VZ	666,00		126,54	792,54
				19%				
Summe 03002100201 - FM 4, FM 23 Maier					**11.749,50**	**35.499,60**	**8.977,33**	**56.226,43**
03003320201 - Fa. Berger								
3202 - Berger; 1.060,00 qm								
01.12.2016	31.12.2016	01.12.2016	402021	Kaltmiete Office		11.925,00	2.265,75	14.190,75
				19%				
01.12.2016	31.12.2016	01.12.2016	403011	Nebenkosten - VZ	2.968,00		563,92	3.531,92
				19%				
Summe 03003320201 Fa. Berger					**2.968,00**	**11.925,00**	**2.829,67**	**17.722,67**
03004400101 - Praxis Dr. Rittner								
4001 - Praxis Dr. Rittner 110,00 qm								
01.12.2016	31.12.2016	01.12.2016	402020	Kaltmiete Office		1.375,00		1.375,00
				0%				
01.12.2016	31.12.2016	01.12.2016	403010	Nebenkosten - VZ	330,00			330,00
				0%				
Summe 03004400101 - Praxis Dr. Rittner					**330,00**	**1.375,00**		**1.705,00**
Summe Konten				402011 Kaltmiete Retail 19%		35.499,60	6.744,92	
				402020 Kaltmiete Office 0%		1.375,00		
				402021 Kaltmiete Office 19%		11.925,00	2.265,75	
				402211 Kaltmiete Stellpl. 19%				
				403010 Nebenkosten-VZ 0%	330,00			
				403011 Nebenkosten-VZ 19%	14.717,50		2.669,79	
					15.047,50	**48.799,60**	**11.680,46**	

Abb. 2-18   Auszug Objektbuchhaltung: Kontenzuordnung und Mietersollstellung

2.3.5 Bewirtschaftungskosten, Betriebskostenerfassung und -abrechnung

Unter Bewirtschaftungskosten werden die für eine ordnungsgemäße laufende Bewirtschaftung und zulässige Nutzung einer Immobilie entstehenden jährlichen Aufwendungen verstanden. Sie setzen sich zusammen aus den Bestandteilen:[41]

- Betriebskosten: Laufende Kosten, die dem Eigentümer oder Erbbauberechtigten durch das Eigentum oder Erbbaurecht am Grundstück oder durch den bestimmungsmäßigen Gebrauch des Grundstücks sowie seiner baulichen Anlagen laufend entstehen.[42] Betriebskostenarten entsprechend § 2 BetrKV sind:[43]

   1. Laufende öffentliche Lasten des Grundstücks, wie z. B. Grundsteuer,
   2. Wasserversorgung, wie z. B. Wasserverbrauchskosten oder Grundgebühren,
   3. Entwässerung, wie z. B. Gebühren für die Haus- und Grundstücksentwässerung,
   4. Heizungskosten, wie z. B. Kosten der verbrauchten Brennstoffe, der Bedienung und Pflege der Heizungsanlage,
   5. Warmwasserkosten, wie z. B. die Kosten des Betriebs der zentralen Warmwasserversorgungsanlage,
   6. Aufzug, wie z. B. Kosten für Betriebsstrom, Beaufsichtigung, Notrufbereitschaft, Wartung oder Bedienung der Aufzugsanlagen,
   7. Straßenreinigung, wie z. B. Gebühren der öffentlichen Straßenreinigung oder des Winterdienstes,
   8. Müllabfuhr, wie z. B. Gebühren der Müllentsorgung,
   9. Hausreinigung und Ungezieferbekämpfung, wie z. B. Säuberung der von den Mietern gemeinsam genutzten Gebäudeteile einschließlich der Reinigungsmittel und Reinigungsgeräte,
   10. Gartenpflege, wie z. B. Kosten der Pflege und Erneuerung der Außenanlagen,
   11. Schornsteinreinigung,
   12. Allgemeinbeleuchtung als den Kosten für Außenbeleuchtung sowie die Beleuchtung von Gemeinschaftsflächen, wie z. B. Treppenhäuser o. ä.,
   13. Sach- und Haftpflichtversicherung, wie z. B. Kosten zur Versicherung des Gebäudes gegen Feuer, Sturm, Wasser sowie Elementarschäden,
   14. Hauswartkosten, wie z. B. Vergütung, Sozialabgaben und geldwerte Leistungen des Eigentümers für den Hauswart,
   15. Gemeinschaftsantenne bzw. Breitbandkabel,
   16. Maschinelle Wascheinrichtungen, wie z. B. Kosten für Betriebsstrom, Überwachung, Reinigung oder Pflege vorhandener Waschmaschinen oder Wäschetrockner,
   17. Sonstige Betriebskosten.

---

[41] vgl. § 19 ImmoWertV (2010), § 19; II. BV (2007)
[42] vgl. § 1 BetrKV (2003)
[43] vgl. § 2 BetrKV (2003)

- Instandhaltungskosten: Kosten, die infolge der Abnutzung, Alterung und Witterung zur Erhaltung des bestimmungsgemäßen Gebrauchs der baulichen Anlagen während ihrer Restnutzungsdauer aufgewendet werden müssen.

- Verwaltungskosten: Kosten der zur Verwaltung des Grundstücks erforderlichen Arbeitskräfte und Einrichtungen, Kosten der Aufsicht, Kosten der Eigenleistung des Eigentümers sowie für die gesetzlichen oder freiwilligen Prüfungen des Jahresabschlusses und der Geschäftsführung. Die Höhe der Verwaltungskosten ist vorrangig abhängig von dem zwischen Auftragnehmer und Auftraggeber vertraglich vereinbarten Leistungsumfang. Weitere maßgebende Einflussparameter der entstehenden Kosten bestehen in der vorliegenden Nutzungsart, der Anzahl und Größe der Mieteinheiten sowie im vorliegenden Mietpreisniveau.

- Mietausfallwagnis: Wagnis von Ertragsminderungen, die durch uneinbringliche Miet-, Pachtrückstände oder Flächenleerstand, der zur Vermietung bestimmt ist, entsteht sowie zur Kostendeckung des Risikos einer Rechtsverfolgung auf Zahlung, Aufhebung eines Mietverhältnisses oder Räumung.

- Abschreibung: Kalkulatorische Kosten des auf jedes Jahr der Nutzung einer Immobilie entfallenden Anteils der verbrauchsbedingten Wertminderung der Gebäude, Anlagen und Einrichtungen. Die Abschreibung ist nach der mutmaßlichen Nutzungsdauer zu errechnen.[44] Hierbei wird davon ausgegangen, dass sich ein Gebäude mit der Zeit abnutzt und am Ende der Nutzungszeit wertlos ist. Immobilieneigentümer können deshalb die Anschaffungs- und Herstellungskosten im Laufe vieler Jahre von der Steuer linear absetzen (sog. AfA – Absetzung für Abnutzung), wobei anzumerken ist, dass nur das Gebäude und nicht das Grundstück abgeschrieben werden kann, da das Grundstück in der Regel keiner Abnutzung unterliegt.

Die Umlage der Bewirtschaftungskosten auf den Mieter ist vertraglich zu regeln und unterliegt in ihrer Ausgestaltung der jeweiligen Mietvertragsart. Je nach Art des Mietvertrages (Wohnraum- oder Gewerberaummietvertrag) erfolgt eine Unterscheidung nach umlagefähigen und nicht umlagefähigen Bewirtschaftungskosten. Während umlagefähige Bewirtschaftungskosten dem Mieter in Rechnung gestellt werden können und somit für den Vermieter einen durchlaufenden Posten darstellen, können nicht umlagefähige Bewirtschaftungskosten dem Mieter nicht in Rechnung gestellt werden.

Bei Wohnraummietverhältnissen kann aufgrund der starren Begrenzungen des Wohnraummietrechts nach § 556 BGB[45] lediglich eine Übertragung der Betriebskosten entsprechend den Regelungen der Betriebskosten- (BetrKV)[46] und Heizkostenverordnung (HeizkostenV)[47] erfolgen, d. h. weder Verwaltungs- und Instandhaltungskosten noch Risiken des Eigentümers unterliegen der Umlagefähigkeit. Im Gewerberaummietvertrag ist hingegen die Übertragung nahezu aller Kostenarten unter der

---

[44] vgl. § 25 II. BV (2007)
[45] vgl. BGB (2016)
[46] vgl. BetrKV (2003)
[47] vgl. HeizkostenV (2009)

Voraussetzung einer eindeutigen vertraglichen Regelung zwischen den Vertragsparteien frei wählbar. Hinsichtlich der Auflistung der Betriebskostenarten nach § 2 BetrKV ist zu beachten, dass diese nicht abschließend ist und weitere Betriebskosten entsprechend Ziffer 17 „Sonstige Betriebskosten" umlagefähig sind. Zu nennen sind hier Kosten für Sicherheitstechnik, Brandmeldeanlagen, Feuerlöscher oder Lüftungsanlagen. Damit die Umlagefähigkeit gewährt ist, ist entscheidend, dass die Kosten, welche außerhalb der Ziffern 1 bis 16 von § 2 BetrKV umgelegt werden sollen, ausdrücklich im Vertrag vereinbart sein müssen. Die Umlage erhöhter oder neu entstehender Bewirtschaftskosten ist ohne vertragliche Abrede zwischen den Parteien hinsichtlich möglicher Erhöhungen und der damit verbundenen monetären Mehrbelastung des Mieters problematisch. Im Fall einer nicht vorhandenen Abrede sind beide Parteien an die Regelungen im Mietvertrag gebunden. Des Weiteren ist die Zahlungsweise der umgelegten Bewirtschaftskosten, d. h. ob Vorauszahlungen oder Pauschalen geleistet werden, unter Bezug auf den im Vertrag definierten Bewirtschaftskostenkatalog vertraglich zu vereinbaren. Um die Abrechnung der Bewirtschaftskosten gerecht zu gestalten sowie eine gleichmäßige Verteilung unter den Mietern zu ermöglichen, ist zudem ein Umlage- bzw. Verteilerschlüssel, beispielsweise über die jeweiligen Flächenanteile zu definieren.

Die Abrechnung der Bewirtschaftskosten muss innerhalb einer Frist erstellt und vorgelegt werden und unterliegt dem Wirtschaftlichkeitsgrundsatz. Dieser bezieht sich darauf, dass dem Mieter nur solche Kosten belastet werden, die dem Grunde und der Höhe nach wirtschaftlich angemessen sind. Vergibt der Vermieter zum Beispiel gebäudebezogene Leistungen an Drittunternehmen, so hat er hierfür Vergleichsangebote einzuholen, welche den Nachweis erbringen, dass der Leistungsvergabe ein gutes Kosten-Nutzen-Verhältnis unterliegt. I. d. R. erfolgt die Abrechnung über die Vorauszahlungen, welche ein positives (Guthaben) oder negatives Saldo (Nachzahlung) aufweisen kann, in einer definierten Abrechnungsfrist (z. B. in einem jährlichem Turnus bis zum Ablauf des 12. Monats nach Ende eines definierten Abrechnungszeitraums) und verjährt innerhalb einer regelmäßigen Verjährungsfrist von drei Jahren ab Zugang der ordnungsgemäßen Abrechnung beim Mieter. Grundsätzlich besteht die Möglichkeit einer vertraglichen Vereinbarung über eine Einwendungsfrist des Mieters. Während im Wohnraummietrecht Einwendungen des Mieters gegen die Abrechnung innerhalb von 12 Monaten nach Zugang der Abrechnung erfolgen müssen, ist dies im gewerblichen Mietrecht vertraglich frei vereinbar, beispielsweise durch eine Klausel, dass die Abrechnung als anerkannt gilt, wenn keine Einwendungen innerhalb einer bestimmten Frist erfolgen (sog. Ausschlussfrist).

Die Rechtsfolge nicht rechtzeitiger Einwendungen besteht darin, dass Einwendungen im Nachgang nicht mehr geltend gemacht werden können und die Abrechnung als ordnungsgemäß und verbindlich anerkannt ist. Rechnet der Vermieter mit Ablauf der Abrechnungsfrist nicht ab und wurde keine Ausschlussfrist vereinbart, kann der Vermieter noch Jahre später Nachforderungen geltend machen. In Abhängigkeit des Abrechnungssaldos erfolgt sinnvollerweise direkt die Anpassung des Vorauszahlungsbetrages. Nachfolgende Abbildung 2-19 liefert einen Auszug aus der Betriebskostenabrechnung einer Mieteinheit in einer Gewerbeimmobile, in deren Zuge die angefallenen, vertraglich umzulegenden Betriebskosten entsprechen Flächenschlüssel auf den Mieter umgelegt werden.

Betriebskostenabrechnung für den Zeitraum vom 01.01. bis 31.12.2016	
Mieter:	Firmy XYZ
Debitor-Nummer:	104104
Mietobjekt-Nr:	0149/T002
Gesamtnutzfläche des Hauses:	6101,38
Mietfläche qm:	330,63
Mietzeit:	01.01.2016 - 31.12.2016
Monate:	12
Aufzug qm:	6101,38

Konto	Betrag netto	Anteil Mieter
Grundsteuer	65.134,89 €	3.529,62 €
Müll	39.159,00 €	2.122,00 €
Niederschlagswasser	1.922,72 €	104,19 €
Abwasser	16.189,42 €	877,29 €
Wasser	25.601,38 €	1.387,32 €
Strom	13.658,74 €	740,16 €
Aufzug	4.848,85 €	262,76 €
Wartung+Inspektion Techniken	10.161,74 €	550,66 €
Haftpflichtversicherung	2.277,93 €	123,44 €
Gebäudeversicherung	8.409,23 €	455,69 €
Hauswart/Winterdienst	14.733,06 €	798,38 €
Reinigung Außenanlage	11.657,63 €	631,72 €
Unterhaltsreinigung	25.437,51 €	1.378,44 €
Schließdienst	4.357,60 €	236,14 €
Verwaltungskosten 4 % von der Jahresnettomiete	39.674,40 €	1.586,98 €
Heizkosten gem. Einzelabrechnung	35.752,10 €	2.835,46 €

Gesamtsumme (netto)	17.620,25 €
zzgl. 19 % MwSt.	3.347,85 €
Bruttonebenkostenanteil	20.968,09 €
abzgl. der fälligen Vorauszahlungen	11.505,48 €
zzgl. 19 % MwSt.	2.186,04 €
Bruttovorauszahlung	13.691,52 €
Summe (netto) abzgl. Vorauszahlungen	6.114,77 €
zzgl. 19 % Mw3t	1.161,81 €
Nachzahlung	7.276,57 €

Abb. 2-19   Auszug Betriebskostenabrechnung

2.3.6 Nutzungskostenanalyse und Benchmarking

Die Qualität erbrachter immobilienbezogener Leistungen ist eine subjektive Einschätzung und erschwert in der Regel einen Vergleich zwischen verschiedenen Objekten oder ganzen Portfolien. Meist lässt sich die Leistungsqualität nur mit hohem Aufwand messen und bewerten (z. B. mittels umfassender Dokumentationen oder Vor-Ort-Messungen). Wesentlich einfacher ist die Optimierung immobilienbezogener Leistungen mittels einer Analyse der Nutzungskosten. Nutzungskosten sind einfacher zu erfassen und stehen meist ohnehin im Fokus der Beteiligten (Zahlen, Daten, Fakten).

Eine Analyse der Nutzungskosten je Kostenart (z.B. Wartungskosten je m² Bruttogeschossfläche) auf Portfolio- bzw. Objektebene liefert die Möglichkeit, Optimierungspotenziale aufzuzeigen. Aus den ermittelten Potenzialen werden Optimierungsmaßnahmen abgeleitet und priorisiert, um die höchsten Einsparpotenziale vorrangig zu realisieren oder Leistungsinhalte neu zu definieren, was für einzelne Leistungsbereiche auch mit Kostenerhöhungen verbunden sein kann. Ein Instrument der Analyse ist das sogenannte Benchmarking als eine vergleichende Analyse von Ergebnissen oder Prozessen mit einem festgelegten Bezugswert oder Vergleichsprozess. Ein Benchmarking legt vor allem einheitliche Kennzahlen für internes Benchmarking sowie zur Beurteilung externer Leistungen ein externes Benchmarking zu Grunde, erfordert zur Umsetzung aber bestimmte Grundvoraussetzungen.

Dies ist zum einen eine einheitliche Form der Kostenerfassung bzw. Kostengliederung und zum anderen die Festlegung einheitlich definierter Bezugsgrößen (z. B. Kosten pro m² BGF, Kosten pro m² vermietbare Fläche VMF, Kosten pro m² Mietfläche MF-G nach gif oder Kosten pro Einheit x).[48] Bei der Berechnung von Vergleichskennzahlen ist besonders zu beachten, dass die Bezugsgröße Fläche bzw. Einheit immer den direkten Bezug zu den jeweils erfassten Kosten besitzt. Beispielsweise beziehen sich bei einer internen Kostenanalyse eines Bankgebäudes die Reinigungskosten bei angemieteten Geschäftsstellenflächen nur auf die bankspezifisch genutzte Fläche und nicht auf die gesamte Fläche des Gebäudes, wenn sich im Gebäude zusätzlich noch weitere Büroflächen, Allgemeinflächen oder Wohnungen befinden. Zudem ist einer Nutzungskostenanalyse für die Vergleichbarkeit der ausgewählten Benchmarkingobjekte eine gleichartige Bezugsflächenermittlung, gleiche Kostenzuordnung, Vergleichbarkeit des Buchungsverhaltens und ein vergleichbares Kostenartensystem zugrunde zu legen.

Die Nutzungskostenerfassung und -analyse kann durch vielfältige Umstände erschwert und in der Folge die Kosten verfälscht werden. Dies sind insbesondere folgende Sachverhalte:

- Häufig sind die Kosten je Kostenart nicht einheitlich abgegrenzt. Somit ist keine eindeutige Zuordnung der Kosten zu einem Bezugsjahr möglich.

- Bei angemieteten Flächen besteht die Möglichkeit, dass die Nebenkostenabrechnung des Vermieters unregelmäßig erfolgt (Nebenkosten eines Jahres sind entweder überhaupt nicht enthalten bzw. die Abrechnung von zwei Jahren ist im Bezugsjahr enthalten).

---

[48] vgl. gif (2012)

- Die Unterscheidung von „Wartungsleistung", „Hausmeisterleistung" und „Instandsetzungsleistung" findet nicht durchgängig und einheitlich statt. Häufig werden Kosten für Wartungs- und Instandsetzungsleistungen vom Dienstleister gebündelt in Rechnung gestellt und fälschlicherweise insgesamt als Wartung oder insgesamt als Instandsetzung gebucht. Das gleiche gilt für den Hausmeister, der in der Regel eine Vielzahl von Leistungen sowohl im technischen als auch im infrastrukturellen Bereich, wie z. B. Kleinreparaturen oder Winterdienst, erbringt.

- Eine Untergliederung der Instandsetzung in technische und bauliche Anlagen (Kostengruppen 300 und 400 nach DIN 276) ist nicht immer möglich. Als Folge dessen werden anfallende Kosten für beide Kostengruppen häufig auf ein gemeinsames Konto gebucht.

- Kosten, die in der Buchhaltung einem Objekt zugeordnet werden, beziehen sich auf mehrere Objekte.

- Die Kosten für die Allgemeinflächen lassen sich nicht aufteilen, verursachungsgerecht zuordnen und sind in den Kosten je vermietbare Fläche mitenthalten.

- Zu analysierende Immobilien sind in der Regel nur bedingt miteinander vergleichbar, da sie sich hinsichtlich Nutzungsart, Flächenmix, vereinbartem Service Level, Nutzungsintensität, Größe, Alter, Instandhaltungszustand, regionalem Standort oder installiertem Technikstandard und Technikumfang unterscheiden. Folglich ist eine Plausibilitätsprüfung zur Beurteilung der Analyse- und Auswertungsergebnisse von Kostentreibern oder auffälligen Kosten zwingend erforderlich, wobei es meist sinnvoll ist, qualifiziertes Personal aus den jeweiligen Fachbereichen hinzuzuziehen.

Bezogen auf die Nutzungskostenanalyse sind grundsätzlich zwei Benchmarking-Grundtypen geeignet. Das interne und das wettbewerbsbezogene (externe) Benchmarking.[49] Während das interne Benchmarking innerhalb der eigenen Organisation abläuft, wird beim externen Benchmarking auf Zahlen, Organisationen, Objekte oder Portfolien aus dem Marktumfeld zurückgegriffen. Die Vorteile des internen Benchmarking liegen darin, dass

- die interne Kostenstruktur im Detail bekannt ist und der Analyse der zu betrachtenden Objekte oder Portfolien somit eine homogene Struktur zugrunde liegt,

- die in den analysierten Kosten enthaltenen Leistungen im Detail bekannt und somit transparent sind,

- die betrachteten Objekte und deren Besonderheiten bekannt sind,

- der Aufwand für ein internes Benchmarking weitaus geringer ist als für ein externes, da die erforderlichen Daten intern vorhanden sind und nicht mit großem Aufwand über Partner oder Kooperationen extern beschafft werden müssen. Zudem verhindert die Wettbewerbsorientierung in der Regel die Offenheit bei der zur Verfügungstellung der Daten.

---

[49] Benchmarkingpools sind z. B. Jones Lang Lasalle (2015) oder Rotermund (2016)

Die Vorteile eines externen Benchmarking liegen darin, dass ein Vergleich mit Objekten außerhalb der eigenen Organisation und folglich ein „Vergleich mit den Besten
am Markt" und deren Arbeitsprozesse und Abläufe erfolgen kann. Hierdurch ist es
möglich, klare Erkenntnisse hinsichtlich der Positionierung der eigenen Organisation
oder der Objekte im Markt zu gewinnen. Zudem besteht in der Regel ein weitaus
umfangreicherer Datenpool zur Bildung von Kennzahlen und somit eine verbesserte
Vergleichsmöglichkeit.

2.4 Infrastrukturelles Gebäudemanagement

Das infrastrukturelle Gebäudemanagement umfasst sämtliche Dienstleistungen,
welche die allgemeine und organisatorische Betreuung eines Gebäudes gewährleisten sowie sämtliche geschäfts- und wertschöpfungsunterstützenden Dienstleistungen, die für die Nutzung eines Gebäudes erforderlich sind. Ziel ist es, die Nutzung
von Gebäuden zu verbessern, beziehungsweise die darin stattfindenden Prozesse
zu optimieren und zu vereinfachen und dem Kunden die Möglichkeit zu verschaffen,
sich auf sein Kerngeschäft konzentrieren zu können.[50]

Im infrastrukturellen Gebäudemanagement tritt der Dienstleistungscharakter im Speziellen hervor, da die Arbeitprozesse und Tätigkeiten des Dienstleisters in der Regel
in Abhängigkeit der Interessen und Anforderungen des Kunden und des Nutzer pro-
jekt- und kundenspezifisch entwickelt und umgesetzt werden. Ein weiteres Merkmal
des infrastrukurellen Gebäudemanagement besteht darin, dass den handelnden
Personen an sich ein sehr hoher Stellenwert beigemessen wird, da die Kundenzufriedenheit maßgeblich durch die Beziehung zwischen den handelnden Personen auf
Dienstleisterseite sowie Kunden- bzw. Nutzerseite beeinflusst wird. Zudem zeichnet
sich das infrastrukturelle Gebäudemanagement durch eine sehr hohe Personalinten-
sität in der Leistungserbringung aus.

Die Leistungen des infrastrukturellen Gebäudemanagements sind sehr vielfältig und
sollen idealerweise sämtliche vom Kunden bzw. Nutzer gewünschten Dienstleistungen abdecken. Nachfolgend sind die maßgebenden Leistungsfelder des infrastrukturellen Gebäudemanagement aufgeführt:[51]

- Reinigungsdienste als die Gesamtheit der Leistungen zur Reinigung und Pflege
  von Liegenschaften, Gebäuden und Außenanlagen. Leistungsarten der Reinigungsdienste sind die Unterhaltsreinigung (wiederholende Reinigungsarbeiten
  nach fest definierten Abständen), Grundreinigung (z. B. jährlich oder nach Umzügen), Glas- und Fassadenreinigung, Reinigung von Verkehrsflächen und Grünflä-
  chen, Winterdienst (Streu- und Räumdienst) sowie Graffitientfernung. In Abhängigkeit der Immobilien- bzw. Nutzungsart weichen die Anforderungen an den Rei-
  nigungsdienst stark voneinander ab. Während bspw. im Bildungsbereich (Schulen
  oder Universitäten) meist keine speziellen Anforderungen an das Personal und
  die Leistungserbringung bestehen, liegen der Krankenhausreinigung (z. B. Hygi-
  eneanforderungen) oder der Industriereinigung (z. B. Reinraumtechnik) sehr hohe

---

[50] vgl. Hellerforth (2006), S. 185 ff.
[51] vgl. DIN 32736 (2000), S. 4 ff.

Anforderungen an die fachliche Qualifikation und die Arbeitsprozesse bei der Leistungserbringung zugrunde.

- Sicherheitsdienste als die Gesamtheit aller Leistungen zur Sicherung der Gebäude/Liegenschaft oder Nutzer vor dem Eingriff oder Zugriff Dritter durch Täuschung oder Gewalt. Leistungen der Sicherheitsdienste sind insbesondere Pforten- und Zugangskontrolle, Zeiterfassung, Wachdienst, Objektschutz, Personenschutz, Alarm und Notrufdienste (z. B. mittels einer 24 Stunden und 7 Tage die Woche durchgängig besetzten Notrufzentrale), Geld- und Wertdienste, Werksfeuerwehr und vorbeugender Brandschutz.

- Hausmeisterdienste als die Gesamtheit aller Leistungen zur Sicherstellung der Gebäudefunktion. Leistungen der Hausmeisterdienste sind insbesondere die Bedienung technischer und baulicher Anlagen, Durchführung kleinerer Reparaturarbeiten, Kontrolle von Nachunternehmern (z. B. Reinigungs- oder Wartungsunternehmen), Unterstützung bei Umzugs- und Umräumarbeiten oder die Dokumentation der Tätigkeiten im Objekt. Grundsätzlich ist es sinnvoll, zwischen den vorgenannten klassischen Hausmeisterdiensten und Haustechnikerdiensten zu unterscheiden. Haustechniker zeichnen sich durch eine höhere technische Qualifikation, wie z. B. Elektromeister oder Meister aus dem Bereich Heizung, Lüftung, Sanitär, aus und können hierdurch weitaus höherwertige Tätigkeiten innerhalb einer Liegenschaft / eines Gebäudes ausführen (z. B. Wartungsarbeiten an techn. Anlagen, Bedienung der Gebäudeautomation).

- Verpflegungsdienste als die Gesamtheit für Sozial- und Gemeinschaftsverpflegung vor den Grundsätzen der Lebensmittelsicherheit, Hygiene und Speisenqualität. Leistungen der Verpflegungsdienste sind insbesondere die Beschaffung und Zubereitung der Haupt- und Zwischenverpflegung, Ausstattung, Einrichtung und Unterhaltung von Kantinen, Restaurants, Cafeterien oder Pausenräumen sowie Veranstaltungscatering. Ebenso wie bei den Reinigungsdiensten ist es bei den Verpflegungsdiensten notwendig, auf die Befindlichkeiten und Anforderungen unterschiedlichster Nutzergruppen, wie z. B. Wirtschaft und Industrie, Pflege und Krankenhaussektor, Bildung oder Justiz und Verteidigung, mit unterschiedlichen Konzeptionen einzugehen.

- Parkraumbetreiberdienste als die Gesamtheit aller Leistungen für eine optimale Nutzung und Vermarktung von Parkierungsflächen. Leistungen der Parkraumbetreiberdienste sind Verwaltung und Abrechnung von Einzel- und Dauerparkern, Vermarktung der Parkierungsflächen (z. B. Parkhauswerbung), Valetparken und Gepäcktransport (z. B. an Flughäfen). In der Regel umfasst der Parkraumbetrieb weitere Leistungen aus dem technischen Gebäudemanagement (wie z. B. Betrieb der Abfertigungsanlagen, der Kassenautomaten oder die Instandhaltung von Dach und Fach), so dass keine eindeutige Zuordnung zum infrastrukturellen Gebäudemenagament erfolgen kann.

- Umzugsdienste als die Gesamtheit aller Leistungen zur Planung, Organisation und Leistungserbringung von Umzügen (Demontage, Transport, Aufbau und Inbetriebnahme).

- Gärtnereidienste als die Gesamtheit aller Leistungen zur Instandhaltung und Pflege der Außenanlagen (Vegetationsflächen, Garten- und Spielplatzbereiche) sowie der Bauwerksbegrünung (Dachbegrünung, Innenraumbegrünung).

- Zentrale Kommunikationsdienste als die Gesamtheit aller Leistungen, welche die Kommunikation von einer zentralen Stelle ausgehend organisieren. Leistungen hierfür sind beispielsweise Empfangsdienste/Einrichten einer Telefonzentrale, das Verwalten und Führen eines Intranets mit Bestelldiensten, Poststelle mit internem Postdienst, Kopier oder Druckereidienste und Schreibdienste.

2.5 Kalkulation ausgesuchter infrastruktureller Dienstleistungen

2.5.1 Reinigungsdienstleistungen

Der Kalkulation von Reinigungsdienstleistungen liegen verschiedene maßgebende Einflussparameter zugrunde, welche nachfolgend aufgeführt sind:

- Art der Reinigungsleistung, wie z. B. Baureinigung, Gebäudeinnenreinigung (Unterhalts- und Grundreinigung), Glas- und Fassadenreinigung, Industriereinigung, Krankenhausreinigung oder Schädlingsbekämpfung. Unterhaltsreinigung definiert sich als sich wiederholende Reinigungsarbeiten nach festgelegten Zeitabständen. Grundreinigung ist eine intensive, sehr umfangreiche Reinigung, welche in der Regel jährlich, in Einzelfällen auch monatlich erbracht wird. Jede Reinigungsart unterscheidet sich bezüglich der Anforderungen an die Qualifikation der jeweils eingesetzten Fachkräfte oder der gesetzlichen Vorgaben zu Hygiene, wie beispielsweise in Krankenhäusern.

- Reinigungszyklen, d. h. wie oft je Woche bzw. je definierten Zeitraum werden Raumflächen in welcher Intensität gereinigt.

- Leistungswerte, d. h. in welchem Reinigungstempo werden Raumflächen unterschiedlichen Bodenbelags und unterschiedlicher Nutzung gereinigt.

In folgender Abbildung 2-20 ist eine Übersicht über Richtleistungen in Abhängigkeit der Immobiliennutzung sowie der Bodenbelagsart dargestellt.

Nr	Immobilienart	Boden/Decke	Flächenart / Raumnutzung	Bodenbelag	Richtleistung [m²/h]
1	Büro/Verwaltung	B	Büro	Linoleum	250-280
2	Büro/Verwaltung	B	Besprechung	Teppich	230-300
3	Büro/Verwaltung	B	Sitzung	Kautschuk	200-350
4	Büro/Verwaltung	B	Foyer	Naturstein	240-450
5	Büro/Verwaltung	B	Lager	Industrieestrich	400-450
6	Büro/Verwaltung	B	Sanitärräume	Fliesen	100-110
7	Büro/Verwaltung	B	Treppenhäuser	Naturstein	180-220
8	Büro/Verwaltung	B	Lager/Technikräume	Epoxidharz	200-300
9	Büro/Verwaltung	B	Lager	Linoleum	280-500
10	Büro/Verwaltung	B	Putzräume	Linoleum	300-425
11	Büro/Verwaltung	B	Flure, maschinell	Linoleum	450-500
12	Büro/Verwaltung	B	Tiefgarage	Epoxidharz	400-800
13	Büro/Verwaltung	B	Archivräume	Industrieestrich	300-500
14	Büro/Verwaltung	B	Kasino/Speiseräume	Kautschuk	150-180
15	Büro/Verwaltung	B	Müllraum	Industrieestrich	250-350

Abb. 2-20   Auszug Richtleistungswerte für Büro- und Verwaltungsgebäude

- Tarifvertragliche Regelungen und Stundenverrechnungssätze. Grundlage zur Berechnung von Stundenverrechnungssätzen von Beschäftigten im Gebäudereiniger-Handwerk sind tarifvertragliche Regelungen, welche sich im Mindestlohntarifvertrag, Lohntarifvertrag sowie dem Tarifvertrag über ein zusätzliches Urlaubsgeld abbilden. Zurückzuführen ist dies auf die Aufnahme des Gebäudereinigerhandwerks in die Regelungen des Arbeitnehmer-Entsendegesetzes (AentG) zum 01.07.2007.

Der Mindestlohntarifvertrag legt die Mindestlöhne in zwei der insgesamt neun Lohngruppen des Gebäudereinigerhandwerks fest. Im Detail sind dies die Lohngruppen 1 (Unterhaltsreinigung) und 6 (Glasreinigung), da dies die beschäftigungsintensivsten und somit auch die umsatzstärksten Sparten der Branche sind. Während der Lohntarifvertrag die tariflichen Löhne und Ausbildungsvergütungen in den restlichen Lohngruppen für die jeweiligen Bundesländer der Bundesrepublik Deutschland regelt, enthalten die Regelungen zum Urlaubsgeld Festlegungen bezüglich der zu entrichtenden Höhe.

Zur Ermittlung des Stundenverrechnungssatzes sind ausgehend von einem einer Lohngruppe zugeordneten Mindestlohn Zuschläge für Kosten der Sozialversiche-

rung (Kranken-, Renten, Arbeitslosen, Pflegeversicherung), Feiertage, Urlaubsgeld, Ausfalltage, Lohnfortzahlung, Beiträge zur Berufsgenossenschaft oder Be-
rufsorganisationen (z. B. Innung) und Folgekosten (Verbrauchsmaterialien, Maschinen, kaufmännische und technische Angestellte, Transport, Versicherungen,
Schwerbehindertenabgabe, Gewerbesteuer, Verwaltungskosten, Gewinn) anzu-
setzen. I. d. R. beläuft sich die Höhe des Zuschlags auf den angesetzten Lohn
auf einen Gesamtbetrag von 80 % - 85 %. Des Weiteren sind bei der Kalkulation
Zuschläge für Mehrarbeit, Samstags-, Sonn- und Feiertagsarbeit oder Nachtarbeit
zu berücksichtigen.

Nachfolgend wird die Ermittlung der Kosten für die Unterhaltsreinigung von Büroflächen anhand eines kurzen Beispiels erläutert.

Ein Auftraggeber besitzt eine Büroimmobilie mit 5.500 m^2 Bruttogrundfläche und
möchte lediglich die Büroflächen mit einem Umfang von 5.000 m^2 von einem externen Unternehmen reinigen lassen. Alle weiteren Flächen werden vom hausinternen
Personal gereinigt.

Folgende Vorgaben liegen der Kalkualtion zugrunde

- Angeboten werden soll ausschließlich die Unterhaltsreinigung
- Zu reinigende Bürofläche: 5.000 m^2, textiler Bodenbelag
- Reinigungszyklus: 5 mal wöchentlich, dies entspricht 251 Reinigungen pro
  Jahr
- Leistungswert: 280 m^2/h
- Stundenverrechnungssatz SVS: 20,00 €/h, netto
- Leistungszeitraum: jeweils zwischen 17:00 Uhr und 21:00 Uhr (zuschlags-
  freie Zeit)

Die Kalkulation des Anbieters stellt sich nun wie in Abbildung 2-21 aufgezeigt dar.

Unterhaltsreinigung			
Lohngruppe 1 (Baden-Württemberg)		Reinigungszyklus	5* wöchentlich
Produktivlohn	100%	Reinigungen p.a.	251
Summe Gesamtfolgekosten	180,00%	Leistungswert	280 m^2/h
Stundenverrechnungssatz SVS	**20,00**		

Kosten Unterhaltsreinigung	Gesamtfläche (m^2)	(m^2/h)	Arbeitszeit (h)
Arbeitszeit pro Reinigungsturnus	5.000,00	280	17,86
	Reinigungen p.a. (-)	Arbeitszeit/Zyklus	Arbeitszeit p.a.
Arbeitszeit p.a.	251	17,86	**4.482,14**
	Arbeitszeit p.a. (h)	SVS (€/h)	Gesamt (€/a)
Kosten p.a.	4.482,14	20,00	**89.642,86**
Kosten je m^2 Bürofläche und Jahr	17,93		
erforderlicher Personaleinsatz	4,46	Vollzeitarbeitskräfte, jeweils 17-21 Uhr	

Abb. 2-21   Kalkulation Unterhaltsreinigung, netto

2.5.2 Sicherheitsdienstleistungen

Ebenso wie Reinigungsdienstleistungen sind Sicherheitsdienstleistungen sehr personalkostenintensiv. Während bei Reinigungsdienstleistungen Verbrauchsmaterialien, Geräte und Maschinen für die Leistungserbringung erforderlich sind, ist der Einsatz von Gerätschaften bei Sicherheitsdienstleistungen außer in speziellen Einsatzgebieten (z. B. in Flughäfen, wo der Einsatz von Gepäck-Röntgenanlagen oder Handsonden im Zuge von Personen- und Gepäckkontrollen erforderlich ist) sehr begrenzt. Somit besitzen die Personalkosten einen noch höheren Einfluss auf die Kalkulation.

Um die Kalkulation von Sicherheitsdienstleistungen durchführen zu können, sind verschiedene maßgebende Einflussparameter zu beachten, welche nachfolgend aufgeführt sind:

- Tarifvertragliche Regelungen und daraus hervorgehende Stundenverrechnungssätze. Grundlage zur Ermittlung von Stundenverrechnungssätzen sind die für die jeweiligen Bundesländer geltenden Manteltarif- und Entgelttarifverträge. Diese regeln beispielsweise die regelmäßigen monatlichen Arbeitszeiten, Lohnzuschläge für Mehr-, Sonntags-, Feiertags- und Nachtarbeit, Urlaubstage, Urlaubs- und Weihnachtsgeld sowie die Mindestlöhne unterschiedlicher Entgeltgruppen.

  Die Entgeltgruppen unterscheiden sich nach der Art des Einsatzbereiches und der Qualifikation des eingesetzten Personals, wie z. D. Objektschutz / Separatwachdienst, Revierwachdienste, Veranstaltungsdienste, Geld- und Wertdienste, Einsatz in militärischen Anlagen, Flugsicherung oder Einsatz als Fachkraft für Schutz und Sicherheit.

- Geforderte Einsatz- und Anwesenheitszeiten sowie erforderlicher Personalumfang.

Nachfolgend wird die Ermittlung der jährlichen Kosten für Objektschutz für ein Bürogebäude anhand eines vereinfachten Beispiels aufgezeigt.[52]

- Qualifikation des Personals: Objektschutz / Separatwachdienst
- Zugrunde gelegter Lohnansatz: 10,50 €/h
- Zuschläge Gesamtfolgekosten: 75 %
- Lohnzuschläge: Sonntagsarbeit: 25 %

                     Feiertagsarbeit: 50 %

                     Nachtarbeit (23:00 Uhr - 06:00 Uhr): 10 %

Das Anforderungsprofil an die Dienstzeiten und Anwesenheitstage im Objekt, erforderliche Anzahl an Sicherheitsmitarbeitern sowie die jeweilige Aufgabenstellung bzw. Auftragsposition sind der nachfolgenden Abbildung 2-22 zu entnehmen. Aus dem Anforderungsprofil lassen sich die jährlich zu leistenden Arbeitsstunden unterschieden nach zuschlagsfreier Arbeitszeit (Mo - Sa 06:00 Uhr - 23:00 Uhr) und mit Lohnzuschlägen versehene Arbeitszeiten (Mo - Sa. 23:00 Uhr - 06:00 Uhr; Sonntags- und Feiertagsarbeit) berechnen. Beispielsweise errechnen sich die Arbeitsstunden der, zu leistenden Pforten- und Empfangsdienste folgendermaßen:

- Anzahl geforderter Sicherheitsmitarbeiter SMA: 2 Personen
- Anwesenheit: 24 h täglich an 365 Tagen pro Jahr
- Anzahl Feiertage: 9 Tage pro Jahr
- Anzahl Sonntage: 52 Tage pro Jahr
- Verbleibende Arbeitstage Mo-Sa: 304 Tage pro Jahr
- Arbeitsstunden Mo - Sa, 06:00 Uhr - 23:00 Uhr: 17 h/Tag * 304 Tage * 2 SMA = 10.336 h
- Arbeitsstunden Mo - Sa: 23:00 Uhr - 06:00 Uhr: 7h/Tag * 304 Tage * 2 SMA = 4.256 h
- Sonntage: 24h/Tag * 52 Tage * 2 SMA = 2.496 h
- Feiertage: 24h/Tag * 9 Tage * 2 SMA = 432 h

Die jährlich zu leistenden Arbeitsstunden der jeweiligen Auftragspositionen sind Abbildung 2-22 zu entnehmen.

---

[52] Die zugrunde gelegten Lohnansätze dienen lediglich zu Beispielzwecken und bilden keinen tarifgebundenen Marktpreis inklusive unternehmensspezifischer Zuschläge für z. B. Allgemeine Geschäftskosten oder Gewinn ab.

Anzahl SMA (-)	Auftragsposition Dienstleistung	Dienstzeiten Uhrzeit	Dienst- tage	Auftrags- stunden	Tage im Jahr	Mo-So 6:00 - 23:00 (h)	Mo-So 23:00 - 6:00 (h)	Sonn- tag (h)	Feier- tag (h)
2	Pforten- und Empfangsdienst	00:00 - 24:00	Mo-So	24	365	10.336	4.256	2.496	432
1	Objektbestreifung	3 x 1 Std.	Mo-So	3	365	-	912	156	27
1	Zutrittskontrolle Abgeordnete	07:00 - 20:30	Mo-Do	13,5	164	2.214	-	-	-
1	Zutrittskontrolle Abgeordnete	07:00 - 18:30	Fr	9,5	41	389,5	-	-	-
1	Zutrittskontrolle Presse	07:00 - 20:30	Mo-Do	13,5	164	2.214	-	-	-
1	Zutrittskontrolle Presse	07:00 - 18:30	Fr	9,5	41	389,5	-	-	-
1	Zutrittskontrolle Besucher	07:00 - 20:30	Mo-Do	13,5	164	2.214	-	-	-
1	Zutrittskontrolle Besucher	07:00 - 18:30	Fr	9,5	41	389,5	-	-	-
1	Zutrittskontrolle Portal	08:00 - 11:00	Mo-Do	3	164	492	-	-	-
1	Zutrittskontrolle Portal	08:00 - 11:00	Fr	3	41	123	-	-	-
1	Springer	07:00 - 20:30	Mo-Fr	13,5	205	2.767,5	-	-	-
	Gesamt(Stunden p.a.)					21.529	5.168	2.652	459

Abb. 2-22   Anforderungsprofil Sicherheitsdienstleistungen

Um nun die Pauschalen der jeweiligen Angebotspositionen ermitteln zu können, werden die erforderlichen Stundenverrechnungssätze SVS ermittelt. In der zuschlagsfreien Zeit (Mo – Sa 06:00 Uhr - 23:00 Uhr) ergibt sich unter Zugrundelegung des oben genannten Mindestlohnes sowie der Gesamtfolgekosten in Höhe von 75 % des Mindestlohnes folgender Stundenverrechnungssatz, netto:

$$SVS = 10,50 \ €/h * 1,75 = 18,38 \ €/h$$

Die weiteren Verrechnungssätze für Zeiten, welche eines Lohnzuschlages bedürfen sowie der durchschnittliche Verrechnungssatz über sämtliche erforderlichen Leistungen gehen aus der nachfolgenden Abbildung 2-23 hervor.

Pos.	Sicherheitsdienst	Tag	Uhrzeit	Schicht	Zuschlag	SVS/Betrag
1.	Stundenverrechnungssatz	Mo-Sa	06:00 - 23:00	Tag	0%	18,38 €
2.	Stundenverrechnungssatz	Mo-Sa	23:00 - 06:00	Nacht	10%	20,22 €
3.	Stundenverrechnungssatz	Sonntag	00:00 - 24:00	Tag	25%	22,98 €
3.	Stundenverrechnungssatz	Sonntag	00:00 - 24:00	Nacht	25%	22,98 €
4.	Stundenverrechnungssatz	Feiertag	00:00 - 24:00	Tag	50%	27,57 €
4.	Stundenverrechnungssatz	Feiertag	00:00 - 24:00	Nacht	50%	27,57 €
					Durchschnitt	19,25 €

Abb. 2-23   Stundenverrechnungssätze Sicherheitsdienst, netto

Durch Multiplikation der jeweiligen Stundenverrechnungssätze mit den zugehörigen, jährlich abzuleistenden Arbeitsstunden lassen sich die jährlichen Kosten, monatlichen Kosten sowie die Kosten der Sicherheitsdienstleistungen für einen Betrachtungszeitraum von 5 Jahren ermitteln. Die Ergebnisse sind nachfolgender Abbildung 2-24 zu entnehmen.

Pos.	Bezeichnung	Std. p.M.	Summe p.M.	Std. p.a.	Summe p.a.	Summe 5 Jahre
1.	Mo-Sa. 06:00 - 23:00	1.794	32.975,25 €	21.529	395.703,02 €	1.978.515,10 €
2.	Mo-Sa 23:00 - 06:00	431	8.707,22 €	5.168	104.486,62 €	522.433,12 €
3.	Sonntag	221	5.077,48 €	2.652	60.929,70 €	304.648,50 €
4.	Feiertag	38	1.054,55 €	459	12.654,63 €	63.273,15 €
			47.814,50 €		573.773,97 €	2.868.869,87 €

Abb. 2-24   Kosten Sicherheitsdienstleistungen, netto

2.5.3 Verpflegungsdienstleistungen

Zur Ermittlung der Kosten für Verpflegungsdienstleistungen ist eine Vielzahl unterschiedlichster Einflussparamter zu berücksichtigen. Dies sind im Einzelnen:

- Volumen des zu kalkulierenden Auftrags, d. h. Festlegung der Anzahl an täglichen und jährlichen Kaufimpulsen.

- Definition der Qualität bzw. des Produktionsverfahrens der Verpflegung, wie z. B.

  - Frischküche als die traditionelle Variante mit Zubereitung und direktem Servieren der Speisen.

  - Cook and Chill als räumlich getrennte Zubereitung und Ausgabe der Speisen. Frisch zubereitete Speisen werden innerhalb von 90 Minuten durch Schockkühlen auf ca 3° C abgekühlt und bei Ausgabe zum Verzehr wieder erwärmt. Die Produkte können dadurch bis zu 5 Tage gelagert werden. Vorteil bei diesem Produktionsverfahren ist die Möglichkeit, zeitliche und räumliche Distanzen zwischen Speisenproduktion und Verzehr zu überbrücken, ohne dass dabei Nährstoffe und Vitamine verloren gehen.

  - Cook and Freeze: Nach der Zubereitung werden die Speisen bei ca. -40° C schockgefrostet. Sie können so bei Temperaturen bis -18° C bis zu neun Monate gelagert werden. Kurz vor dem Verzehr erfolgt die Regeneration durch Auftauen und Erhitzen. Mit diesem Produktionsverfahren kann die Speisenproduktion zeitlich und räumlich vom Verzehr entkoppelt werden, hygienische Risiken sind bei dieser Variante sehr gering.

Das jeweilige Produktionsverfahren beeinflusst in hohem Maße die Wirtschaftlichkeit der Verpflegung. So kann die Produktivität durch die Verfahren des Cook and Chill und des Cook and Freeze im Vergleich zum Verfahren der Frischküche deutlich gesteigert werden, wodurch Einsparungen von Personal und Energie möglich sind. Zudem werden die Fähigkeiten augebildeter Fachkräfte optimal genutzt.

- Kosten des Wareneinsatzes, welche sich aus dem Zusammenspiel der Parameter Verpflegungsqualität, unternehmensspezifische Einkaufskonditionen sowie der Effizienz hinsichtlich der Essensportionierung ergeben.

- Personalkosten: Die anfallenden Personalkosten sind beispielsweise abhängig vom Produktionsverfahren sowie der Küchenplanung als eine der maßgebenden Komponenten für die Umsetzung eines effizienten Arbeitsablaufes in der Speisenzubereitung und -verteilung.

- Gemeinkosten, wie z. B. Verbrauchsmaterialien (z. B. Servietten), Wäschekosten, Strom, Müll, Wasser und Abwasser, Ersatzbeschaffungen oder Büromaterial.

- Eventuell erforderliche Investitonen in die Küchenausstattung, Kleininventar (Besteck etc.) oder Einrichtung (Tische, Stühle), welche mittels der Abschreibung, umgelegt auf das einzelne Essen Einfluss auf die Kostenermittlung ausüben.

- Unternehmensspezifischer Ansatz für Allgemeine Geschäftskosten und Gewinn.

- Subventionierung der Verpflegung beispielsweise bei Vorgaben, dass ein Zielpreis eingehalten werden muss, der sich aber in der Praxis nicht realisieren lässt.

Nachfolgend wird die Kalkulation der Kosten für den Betrieb einer Gemeinschaftsverpflegung vereinfacht dargestellt. Kalkuliert werden sollen die Vollkosten je ausgegebenem Essen bei einer Anzahl von 400 Kaufimpulsen täglich und 250 Öffnungstagen pro Jahr, d. h. gesamt 100.000 Kaufimpulsen pro Jahr. Voraussetzung für den Küchenbetrieb ist die Bereitschaft des Betreibers, in die Kücheneinrichtung, das Kleininventar (Geschirr, Besteck, Tabletts) sowie die Einrichtung (Tische und Stühle) des zu betreibenden Restaurants zu investieren.

Im Zuge der Kalkulation wird für die Kücheneinrichtung ein Abschreibungszeitraum von 7 Jahren, für das Mobiliar ein Abschreibungszeitraum von 5 Jahren und für das Kleininventar ein Abschreibungszeitraum von 3 Jahren festgelegt. Da der Betreiber die Investiton als internen Kredit aus der eigenen Liquidität heraus tätigt, setzt er eine Verzinsung des eingesetzten Kapitals in Höhe von 4 % sowie eine 100 %-ige Tilgung bis zum Ende des jeweiligen Abschreibungszeitraumes an. Hieraus ergibt sich das in Abbildung 2-25 dargestellte Ergebnis.

Investition	Investitons-summe	Abschrei-schrei-bungs-zeitraum 5 Jahre	Kosten pro Jahr	Kosten pro Kaufimpuls
Kücheneinrichtung und Ausgabe	450.000,00 €	7	74.475,00 €	0,74 €
Einrichtung (Tische, Bestuhlung)	100.000,00 €	5	23.000,00 €	0,23 €
Kleininventar (Geschirr, Besteck etc.)	100.000,00 €	3	35.500,00 €	0,36 €
Gesamt			132.975,00 €	1,33 €

Abb. 2-25   Abschreibung Investition Küche und Kosten je Kaufimpuls, netto

Die zu tragenden Investitionen belasten den Preis je Kaufimpuls mit 1,33 € netto. Da der Auftraggeber im Sinne seiner Angestellten einen maximalen Verkaufspreis je Essen von 4,30 € netto erzielen will, entscheidet er sich für die Subventionierung der Abschreibungskosten der Kücheninvestition.

In einem weiteren Schritt sind die projektbezogenen Gemeinkosten zu ermitteln, welche der nachfolgenden Abbildung 2-26 zu entnehmen sind. Von den Gemeinkosten subventioniert der Auftraggeber die Wäschekosten, die Kosten der Ersatzbeschaffung und der laufenden Wartung, Nassmüll, Trockenmüll, Entleerung des Fettabscheiders sowie Strom-, Wasser- und Abwasserkosten.

Kostenarten	Gesamt im Monat (€)	Gesamt im Jahr (€)	Subvention AG
Verbrauchsmaterial (Servietten etc.)	295,00 €	3.540,00 €	nein
Reinigungsmittel	895,50 €	10.746,00 €	ja
Wäschekosten	987,50 €	11.850,00 €	nein
Fahrtkosten Schulung	25,50 €	306,00 €	nein
Fahrtkosten Bank/sonstiges	25,00 €	300,00 €	nein
Jahresaktionen	65,00 €	780,00 €	nein
Büromaterial (Tischaufst./Speisekart. etc.)	41,65 €	499,80 €	nein
EDV-Kosten	285,00 €	3.420,00 €	nein
Ersatzbeschaffung und Wartung	1.350,00 €	16.200,00 €	ja
Nassmüll	147,00 €	1.764,00 €	ja
Trockenmüll	170,00 €	2.040,00 €	ja
Fettabschneider	188,00 €	2.256,00 €	ja
Arbeitssicherheit (ASI)	40,50 €	486,00 €	nein
Hygiene Untersuchung	12,10 €	145,20 €	nein
Steuern und Versicherungen	100,87 €	1.210,44 €	nein
Strom	2.600,00 €	31.200,00 €	ja
Wasser / Abwasser	1.850,00 €	22.200,00 €	ja
Gesamt	9.078,62 €	108.943,44 €	

Alle Angaben in EUR, netto exkl. Ust.

Abb. 2-26   Gemeinkosten und Subventionen, netto

Der Betreiber ermittelt Wareneinsatzkosten je Kaufimpuls in Höhe von 1,90 € netto und Personalkosten in Höhe von 1,85 € netto. Unter Berücksichtigung der Unternehmensvorgaben für Allgemeine Geschäftskosten von 6,38 % und Gewinn von 5,26 % bezogen auf die Herstellkosten und ohne Berücksichtigung der vereinbarten Subventionen ergeben sich folgende, in Abbildung 2-27 nachzuvollziehende, Gesamtkosten, netto je Kaufimpuls:

Kostenstelle		Restaurant
Kaufimpulse täglich (Anzahl Essen)		400
Kaufimpulse pro Jahr (Anzahl Essen)		100.000
Maximale Anzahl Öffnungstage pro Jahr		250
1. Kosten Wareneinsatz	je Kaufimpuls	1,90 €
Gesamtkosten p.a.		190.000,00 €
2. Personalkosten	je Kaufimpuls	1,85 €
gesamt p.a.		185.000,00 €
3. Gemeinkosten	je Kaufimpuls	1,09 €
gesamt p.a.		108.943,44 €
4. AfA für Investitionen	je Kaufimpuls	1,33 €
gesamt p.a.		132.975,00 €
5. Herstellkosten (Summe 1. - 4.)	**je Kaufimpuls**	**6,17 €**
gesamt p.a.		616.918,44 €
6. Allgemeine Geschäftskosten (6,38 % von 5.)	**je Kaufimpuls**	**0,39 €**
gesamt p.a.		39.359,40 €
7. Gewinn (5,26 % von 5.)	**je Kaufimpuls**	**0,32 €**
gesamt p.a.		32.449,91 €
8. Gesamtkosten (Summe 5. - 7.)	**je Kaufimpuls**	**6,89 €**
gesamt p.a.		688.727,75 €

Abb. 2-27   Gesamtkosten je Kaufimpuls, netto

Da die ermittelten Gesamtkosten je Kaufimpuls weit über dem definierten Zielpreis von 4,30 € je Kaufimpuls liegen, erfolgt nun die Berücksichtigung der vereinbarten Subventionen, wodurch sich die Gesamtkosten je Kaufimpuls reduzieren. Die einzelnen Subventionen und deren Höhe je Kaufimpuls zeigt Abbildung 2-28.

Vereinbarte Subventionen mit AG		
Investition Küche (AfA)	je Kaufimpuls	1,33 €
Wäschekosten	je Kaufimpuls	0,12 €
Wartung & Ersatzbeschaffung	je Kaufimpuls	0,16 €
Nassmüll	je Kaufimpuls	0,02 €
Trockenmüll	je Kaufimpuls	0,02 €
Fettabscheider	je Kaufimpuls	0,02 €
Strom	je Kaufimpuls	0,31 €
Wasser / Abwasser	je Kaufimpuls	0,22 €
9. Subventionen durch AG gesamt	**je Kaufimpuls**	**2,20 €**

Abb. 2-28   Subventionen gesamt je Kaufimpuls, netto

Auch mit den vereinbarten Subventionen ist der gewünschte Zielpreis nicht erzielbar, so dass eine Ausweitung der zu leistenden Subvention um weitere 0,38 € netto je Kaufimpuls erforderlich ist. Dies führt zu einer kalkulierten jährlichen Subvention des Restaurantbetriebes in Höhe von 258.727,75 € netto.

10.	erzielbarer Verkaufspreis	je Kaufimpuls	4,68 €
11.	mit AG vereinbarter Verkaufspreis	je Kaufimpuls	4,30 €
12.	zusätzlich erforderliche Subventionen	je Kaufimpuls	0,38 €
	gesamt p.a.		38.242,75 €
13.	Erforderliche Subvention, gesamt p.a.		258.727,75 €

Abb. 2-29   Zielpreis und Ausweitung Subvention, netto

3 Betreiberverantwortung

Grundsätzlich ist die Betreiberverantwortung keine Verpflichtung, welche sich erst in den letzten Jahren etabliert hat. Bereits bei der Einführung des Bürgerlichen Gesetzbuches Anfang des zwanzigsten Jahrhunderts waren Vorschriften zur Betreiberverantwortung enthalten. Der Stellenwert dieser Thematik war jedoch bis in die jüngste Vergangenheit gering und die pflichtgemäße Erfüllung eher von untergeordneter Bedeutung in der Bewirtschaftung von Immobilien. Dies hat sich in den letzten Jahren grundlegend geändert. Die Anforderungen aus der Gesetzgebung sowie den technischen Regelwerken wurden zunehmend verschärft. Infolge der Harmonisierung der europäischen Gesetzgebung wurde eine Vielzahl an Vorschriften angeglichen, aktualisiert und in nationales Recht übergeführt. Darüber hinaus erfolgte im Zuge der Deregulierung eine Aufgabenübertragung, weg von den Überwachungsorganisationen wie z. B. TÜV oder Dekra, hin zu den Unternehmen oder juristischen Personen, welche die Betreiberverantwortung innehaben. Ein weiterer maßgeblicher Sachverhalt, der zur fortwährenden Steigerung des Stellenwertes der Betreiberverantwortung führt, ist der immer weiter steigende Technisierungsgrad von Gebäuden. Die Vielzahl an in einem Gebäude installierten komplexen technischen Anlagen und Einrichtungen, welche meist mittels Daten- und Netzwerktechnik verbunden sind und gesteuert werden wie z. B. Gebäudeleittechnik, Mess-Steuer-Regeltechnik, brandschutztechnische oder sicherheitstechnische Einrichtungen erfordern umfassende technische Qualifikationen, um ein Gebäude reibungslos und ohne Gefährdung der Nutzer sowie der Umwelt zu betreiben. Untermauert wurde die Erfordernis zur Intensivierung der Wahrnehmung der Betreiberverantwortung und Erfüllung der daraus resultierenden Verpflichtungen und Maßnahmen durch eine Vielzahl, teilweise spektakulärer Unfälle in der jüngsten Vergangenheit, wie z. B. massive brandschutztechnische Mängel auf dem Düsseldorfer Flughafen mit Todesfolge oder dem Einsturz des Hallendaches der Eislaufbahn in Bad Reichenhall aufgrund nicht gewährleisteter Standsicherheit. Dies hat die Öffentlichkeit und Rechtsorgane für die, aus unterlassener Erfüllung der Betreiberpflichten resultierenden Gefahren weiter sensibilisiert und zu notwendigen Konsequenzen im Umgang mit dieser Thematik geführt.

3.1 Begriff der Betreiberverantwortung

Kern der Erbringung von Facility Management Dienstleistungen ist das Betreiben und Instandhalten von technischen Anlagen und Gebäuden. Hierbei hat der verantwortliche Facility Manager sämtliche gesetzlichen und vertraglichen Pflichten zu beachten, um einen sicheren Betrieb von technischen Anlagen zu gewährleisten, da sich aus dem Betrieb von Gebäuden und Anlagen Gefahren oder Nachteile für Leib und Leben, Gesundheit, Freiheit oder für die Umwelt ergeben können.[53] Gefahren sind beispielsweise Personenschäden infolge unterlassener Wartungsleistungen an

---

[53] vgl. GEFMA 190 (2004), S.3

© Springer Fachmedien Wiesbaden GmbH, ein Teil von Springer Nature 2018
J. Hirschner et al., *Facility Management im Hochbau*, Leitfaden des Baubetriebs und der Bauwirtschaft, https://doi.org/10.1007/978-3-658-21630-6_3

elektrisch betätigten Türen und Toren (Verletzung von Personen durch Einklemmen), an Aufzugsanlagen (eingeschlossene Personen) oder hinsichtlich der Einhaltung von Hygienevorschriften in der Trinkwasserverteilung eines Gebäudes (Legionellenbildung). Diese vorab genannten Pflichten werden unter dem Begriff der Betreiberverantwortung zusammengefasst. Die Betreiberverantwortung beinhaltet sachlich die Betreiberpflichten und subjektiv den Betreiber als Adressaten dieser Pflichten.[54] Verletzt der Verantwortliche seine Betreiberpflichten schuldhaft, so kann er für den eintretenden Schaden gegenüber seinem Vertragspartner (vertraglich) oder gegenüber Dritten (gesetzlich) haften, strafrechtlich sanktioniert werden oder Adressat belastender öffentlich-rechtlicher Anordnungen und Verfügungen sein. Mögliche zivil-, ordnungs-, straf-, und öffentlich-rechtliche Rechtsfolgen können z. B. Schadensersatzforderungen gegenüber geschädigten Dritten, Erhebung von Bußgeldern, Nutzungsverbot oder Stilllegung von Anlagen oder der Verlust des Versicherungsschutzes sein.

Betreiberpflichten sind grundsätzlich objektbezogen und bestimmen sich nach den konkreten Rahmenbedingungen des Einzelfalls.

Zur Erfüllung des sachlichen Umfangs der gesetzlichen (z. B. Brandschutz, Standsicherheit, Hygiene) und nicht gesetzlich geforderten Betreiberverantwortung (z. B. Schutz gegen Naturgewalten, Kriminalität) muss der Betreiber alle anzuwendenden Betriebsvorschriften (vorgeschriebene Prüfungen, Prüfungs- und Wartungszyklen, erforderliche Sachkundigenprüfungen) kennen und einhalten sowie einschlägige Bauvorschriften (z. B. ordnungsgemäße bauliche Errichtung sicherheitstechnischer Anlagen in einem Gebäude) überprüfen. Zu beachten ist, dass sich die Betreiberverantwortung nicht nur auf das Gebäude an sich bezieht, sondern das gesamte Grundstück einschließlich außenliegender Flächen und die damit verbundene Verkehrssicherungspflicht umfasst.

3.2 Träger der Betreiberverantwortung

Als Betreiber und damit als Träger der Betreiberverantwortung ist grundsätzlich jede natürliche oder juristische Person, die für den sicheren Betrieb einer Anlage oder eines Gebäudes verantwortlich ist zu verstehen.[55] Basis der Verantwortlichkeit des Betreibers ist das Eigentum am betreffenden Grundstück bzw. Gebäude („Eigentum verpflichtet"). Die Betreiberverantwortung kann durch den Gebäudeeigentümer prinzipiell auf einen Dritten übertragen werden, wodurch er sich somit weitestgehend entlastet. Beispiele für eine Übertragung der Betreiberverantwortung ist die vertragliche Bindung eines Facility Managers zur Erbringung von Gebäudemanagementleistungen. Grundsätzlich kann von folgenden, in der nachfolgenden Abbildung 3-1 aufgeführten Betreiberverantwortungen ausgegangen werden.

---

[54] vgl. Diete (2016); ZfIR 14/2016, S. 486
[55] vgl. VDI 3810 (2014)

Immobilienart	Betreiber
Gebäude von Bund, Land oder Gemeinde	jeweils baufachlich zuständige Dienststelle
Gebäude eines städtischen Eigenbetriebes	städtischer Eigenbetrieb
Gebäude einer städtischen GmbH	städtische GmbH
Krankenhaus	Träger des Krankenhauses
Flughafengebäude	Flughafen-GmbH oder -AG
Messegebäude	Messe-GmbH oder -AG
Kaufhaus, Einkaufszentrum	Gebäudeeigentümer
Firmengäude einer Kapitalgesellschaft	betreffende Kapitalgesellschaft
Firmengebäude einer GbR	natürliche Person des Eigentümers

Abb. 3-1   Beispiele für Gebäude und deren Betreiber[56]

3.3 Entlastung und Risikovermeidung bei Pflichtverletzung

In der Rechtswissenschaft wird unter der Entlastung (Exkulpation) die Möglichkeit zur Darlegung und Beweisführung mit dem Ziel der Abwehr des vermuteten Verschuldens verstanden. Sie kann erfolgen mittels des Nachweises, alle erforderlichen Pflichten ordnungsgemäß erfüllt zu haben, alle für den Beschuldigten möglichen und zumutbaren Maßnahmen ergriffen zu haben oder dass ein erfolgter Schaden ohnehin eingetreten wäre. Entlastungsmöglichkeiten für Unternehmen und Personen mit Betreiberverantwortung bestehen durch den Nachweis einer strukturierten Aufbauorganisation innerhalb eines Unternehmens mit eindeutigen Zuständigkeiten und Verantwortlichkeiten, der eindeutigen Delegation von Aufgaben an Mitarbeiter und Fremdfirmen, der ausreichenden Qualifikation eingesetzter Mitarbeiter und Fremdfirmen oder der ausreichenden Einweisung und Überwachung der Aufgabenumsetzung. Um die vorab genannten Zuständigkeiten, Arbeitsabläufe und daraus resultierende Ergebnisse und Erkenntnisse nachhaltig und möglichst rechtssicher zu belegen, ist es sinnvoll eine entsprechende Dokumentation zu installieren. Im Zuge der Erbringung von Facility Management Dienstleistungen gewinnt der Stellenwert der Dokumentation des Gebäudebetriebes zunehmend an Bedeutung und ist im Zuge eines professionellen Gebäudebetriebes mittlerweile Standard. Darüber hinaus ist es zudem sinnvoll, Arbeits- und Ablaufprozesse über Managementsysteme wie z. B. Qualitätsmanagementsysteme oder Umweltmanagementsysteme abzubilden.

Mittels des Abschlusses geeigneter Versicherungen können Belastungen aus Pflichtverstößen bzgl. der Betreiberverantwortung reduziert bzw. vermieden werden, sofern

---

[56] vgl. GEFMA 190 (2004), S. 3

nicht vorsätzlich gehandelt wird oder strafrechtliche Delikte und Bußgelder vorliegen. Unterschieden wird hierbei zwischen unternehmensbezogenen Versicherungen des Eigentümers bzw. Dienstleisters, wie z. B. Betriebshaftpflichtversicherungen, Vermögensschadensversicherungen oder Umwelthaftpflichtversicherungen, objektbezogenen Versicherungen, wie z. B. Gebäudesachversicherungen gegen Feuer, Leitungswasser und Elementarschäden oder personenbezogenen Versicherungen wie z. B. Organhaftpflichtversicherungen (sog. D&O-Versicherungen) für Vorstände, Aufsichtsrat oder Geschäftsführer, wenn diese der Sorgfalt eines ordentlichen Geschäftsleiters nicht nachkommen und hierdurch Schadensersatzforderungen ausgesetzt sind.

4 Facility Managementverträge

4.1 Vorbemerkungen

Ohne Anwälte kein Vertrag. Dies ist heute gängige Praxis in sämtlichen Wirtschaftszweigen, da die Annahme besteht, ohne juristische Beratung keinen „wasserdichten" Vertrag formulieren zu können. Bei Bauverträgen und Facility-Managementverträgen (FM-Verträgen) steht jedoch nicht nur die juristische Prüfung des Vertrages im Vordergrund; zentraler Bestandteil ist vielmehr die vollständige und widerspruchsfreie Beschreibung der zu erbringenden Leistung. Da für die Erstellung einer solchen Leistungsbeschreibung ein umfangreiches, fachspezifisches Wissen erforderlich ist, müssen diese Formulierungen durch fachliche Experten der beiden Vertragsparteien erbracht werden. Die Einbindung eines juristischen Beraters ist zunächst nachrangig.

Neben der exakten Definition der zu erbringenden Leistungen gibt es noch weitere allgemeingültige Voraussetzungen, die bei einer Vertragserstellung zu beachten sind. Wichtig ist, dass im Vertrag keine Widersprüche existieren, wie z. B. zwischen der Leistungsbeschreibung, den beigefügten Plänen oder der Betriebskonzeption, welche die Umsetzung der geforderten Dienstleistungen im Detail beschreibt. Zur Sicherheit sollte dennoch immer eine Rangfolgeregelung für den Fall von Widersprüchen definiert werden. Das heißt, dass eine eindeutige Geltungsreihenfolge der Vertragsbestandteile über eine Rangfolgeklausel festzulegen ist. Sämtliche Vertragsbestandteile müssen eindeutig benannt und ihrer Rangfolge nach nummeriert werden. Nicht verzeichnete Unterlagen sollten nicht Bestandteil des Ursprungsvertrages sein. Die Unterlagen und darin vorgenommene Änderungen müssen paraphiert und als Ursprungsvertrag für beide Vertragsparteien fest verbunden werden, sodass stets nachvollzogen werden kann, welche Inhalte die ursprünglichen Vertragsbestandteile darstellen.

Ferner sind die textlichen Formulierungen eines Vertrages so zu wählen, dass auch ein Außenstehender den Vertrag vollständig verstehen könnte. Dies ist insbesondere bei langen Vertragslaufzeiten notwendig, da sich die Personalien in den beteiligten Unternehmen verändern können und jederzeit eine einfache Einarbeitung für neue Mitarbeiter gewährleistet sein sollte. Verweise auf Absprachen, mündliche Erklärungen oder „bekannte Ergebnisse" sind zu vermeiden. Zur Verständlichkeit trägt der Verzicht von Kaskadenformulierungen bei, mit denen z. B. von Anlage x auf Anlage y verwiesen wird, die dann wiederum einen Verweis auf Anlage z enthält.

Neben diesen Grundsätzen für die Anfertigung eines Vertrages spielt auch ein effizientes Vertragsmanagement während der Leistungsausführung eine wesentliche Rolle (vgl. 2.3 Kaufmännisches Gebäudemanagement). Dieses beinhaltet zum Beispiel die Erstellung einer Zusammenfassung mit sämtlichen Verträgen, die zu einem Objekt geschlossen wurden und welche die jeweiligen Auftragnehmer, den Leistungsgegenstand und gegebenenfalls die Auftragssumme der Verträge darstellt. So können sich Personen, die nicht an der Erstellung der Verträge mitgewirkt haben, schnell einen Überblick über das Objekt verschaffen. Neben den übergeordneten Vertragsarten im Lebenszyklus einer Immobilie, die auszugsweise in Abbildung 4-1 dargestellt sind, werden in einer solchen Übersicht auch Vollmachten, Versicherungen und Bürgschaften erfasst.

Im Folgenden werden die FM-Verträge als Verträge zur Bewirtschaftung einer Immobilie erläutert. Davon abzugrenzen sind Projektmanagementverträge, die Projektmanagementleistungen während der Bauausführung oder die Beratung bei der Vergabe von Facility-Managementleistungen zum Gegenstand haben.

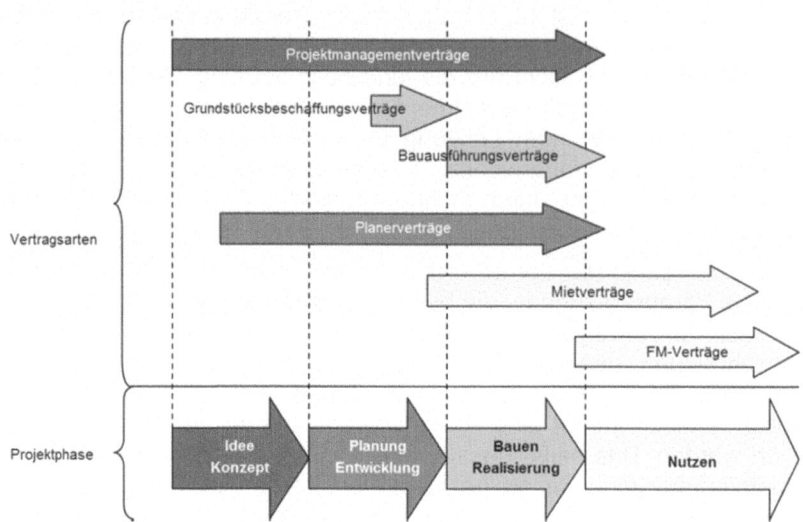

Abb. 4-1   Verträge im Lebenszyklus einer Immobilie

4.2 Der FM-Vertrag als gemischter Vertrag

Die Leistungen des Facility Managements werden größtenteils als Dienstleistung verstanden. Im BGB wird zwar eine Vielzahl von Verträgen behandelt, eine Regelung zu einem „Dienstleistungsvertrag" existiert jedoch nicht. Ein FM-Vertrag als Dienstleistungsvertrag ist somit als solcher nicht gesetzlich geregelt und kann unter keiner der im Gesetz aufgeführten Vertragsarten eindeutig subsumiert werden. In der Praxis werden vielmehr auf Grundlage des privaten Schuldrechts FM-Verträge frei verhandelt und mit individuellen Regelungen versehen, welche die diversen Vertragsarten des Bürgerlichen Gesetzbuches (BGB) ansprechen.

Dazu können unter anderem der Kaufvertrag gemäß § 433 ff. BGB, der Dienstvertrag gemäß § 611 ff. BGB, der Werkvertrag gemäß § 631 ff. BGB, der Auftrag und Geschäftsbesorgungsvertrag gemäß § 662 ff. BGB sowie der Mietvertrag gemäß § 535 ff. BGB zählen. Als Fundament dienen bei der vertraglichen Regelung von Facility-Managementleistungen jedoch primär die Elemente des Werkvertrages und des Dienstvertrages.

So ist zum Beispiel ein Geschäftsbesorgungsvertrag, in dem eine selbstständige Tätigkeit im Interesse eines Bestellers gegen Entgelt geregelt wird und der somit als

FM-Vertrag verstanden werden kann, immer dem Grunde nach ein Dienst- oder Werkvertrag.[57] Eine eindeutige Zuordnung von FM-Verträgen zu einer Vertragsart kann in der Regel nicht erfolgen, da vielfach gemischte Verträge Anwendung finden.[58] Der überwiegende Teil der Leistungen des Facility Managements sind jedoch Dienstleistungen, deren Vereinbarungen dem Charakter eines Dienstvertrages entsprechen. Lediglich die Instandsetzung und die Verbesserung oder Erneuerung von Gebäudebestandteilen können dem Werkvertragsrecht zugeordnet werden.

Bei gemischten Verträgen ist besonders darauf zu achten, dass die Inhalte vollständig und widerspruchsfrei beschrieben sind und einzelne Bestimmungen nicht gegen das Gesetz (gesetzliches Verbot oder Sittenwidrigkeit) verstoßen. Des Weiteren muss geprüft werden, ob einzelne Klauseln als Allgemeine Geschäftsbedingungen deklariert werden, wenn sie z. B. bereits mehrfach in anderen Verträgen verwendet wurden.

Bei einem Werkvertrag wird die Erstellung eines Werkes vertraglich vereinbart, wobei es dem Auftragnehmer vorbehalten ist, wie er dieses Werk herbeiführt. Entscheidend ist das erfolgreiche Ergebnis der Tätigkeit und nicht die Tätigkeit an sich. Beim Dienstvertrag hingegen wird lediglich die Arbeitsleistung als solche vereinbart, ein positives Ergebnis dieser Leistung ist nicht geschuldet (siehe Abbildung 4-2).[59] Maßgebend für die rechtliche Qualifizierung, ob ein ergebnisorientierter Werkvertrag oder ein tätigkeitsorientierter Dienstvertrag geschlossen wurde, ist die Definition der vertraglich fixierten Leistung.[60]

	Werkvertrag	**Dienstvertrag**
Vertragszweck	Herbeiführen eines bestimmten vertraglich festgelegten Erfolgs	Leistung von Diensten ohne Ausrichtung auf einen bestimmten Erfolg
Vergütungspflicht	Nur bei Erreichen des vereinbarten Erfolgs	Bei Erbringung der vereinbarten Dienste
Gewährleistung	Gewährleistungsverpflichtung vorhanden	Keine Gewährleistungsverpflichtung

Abb. 4-2   Abgrenzungsmerkmale von Werkverträgen und Dienstverträgen

---

[57] vgl. Palandt/Sprau (2012), Einf. v. § 675 Rn. 1
[58] vgl. Viering (2000), S. 446 und Gondring/Wagner (2012), S. 429
[59] vgl. Palandt/Sprau (2012), § 631 Rn. 8
[60] vgl. Busche (2012), § 631 Rn. 15

Die Rechtsfolgen divergieren bei einem Werkvertrag und einem Dienstvertrag erheblich. Im Rahmen des Facility Managements sind dabei primär die Vergütungspflicht und die Gewährleistung von Relevanz (siehe Abbildung 3-2). Bei einem Werkvertrag ist der Auftraggeber erst zur Zahlung der Vergütung verpflichtet, wenn das Werk erstellt ist und der vereinbarten Beschaffenheit entspricht. Das Vergütungsrisiko liegt somit beim Auftragnehmer, der dadurch ein hohes Interesse an der ordnungsgemäßen Erstellung des vereinbarten Werkes besitzt.

Bei einem Dienstvertrag ist die Ausübung der vertraglich vereinbarten Tätigkeit hingegen ausreichend, um den Vergütungsanspruch des Auftragnehmers zu begründen. Unbefriedigend ist, dass hierbei kein konkreter Erfolg geschuldet wird und daher keine Qualitätskriterien zur Messung und Beurteilung der Leistung fixiert werden können.

Im Rahmen eines Dienstvertrages ist des Weiteren keine Gewährleistung durch den Auftragnehmer bezogen auf die erbrachten Tätigkeiten zu gewähren. Im Fall eines Werkvertrages stehen dem Auftraggeber bei Vorliegen eines Mangels unterschiedliche Möglichkeiten zur Beseitigung des Mangels zur Verfügung. Hierzu gehören unter anderem die Nacherfüllung gemäß § 635 BGB, die Selbstvornahme gemäß § 637 BGB und die Minderung der Vergütung gemäß § 638 BGB. Ferner kann der Auftraggeber Schadensersatz für die Folgen eines Mangels, den der Auftragnehmer zu vertreten hat, geltend machen. Die Aspekte der Vergütung und der Gewährleistung sind somit bei einem Werkvertrag positiver für den Kunden einer FM-Dienstleistung zu beurteilen, als bei dem Abschluss eines Dienstvertrages.[61]

Das Wesen eines Werkvertrages entspricht einer wirtschaftlich selbständigen Arbeitsweise, die der Auftragnehmer eigenständig bestimmen oder auch frei an Dritte delegieren kann. Im Rahmen der Beauftragung des Facility Managements einer Immobilie kann dieser Grundsatz nur schwer umgesetzt werden, da das Betreiben einer Immobilie durch die Beschreibung von diversen Tätigkeiten definiert wird und somit eher die gesetzlichen Voraussetzungen für einen Dienstvertrag liefert. Bei dem Abschluss eines FM-Vertrages sind daher im Hinblick auf eine optimale Bewirtschaftung der Immobilie Elemente aus beiden Vertragsarten (Werk- und Dienstvertrag) zu kombinieren. Da infolgedessen die Rechtsfolgen nicht eindeutig aus dem Gesetz abgeleitet werden können, sind insbesondere zu den folgenden Inhalten Regelungen im Vertrag zu treffen und vollständig zu beschreiben:

- Leistungsumfang und Leistungsausschlüsse

- Vorgehen bei Leistungsänderungen

- Pflichten und Verantwortungen des Dienstleisters

- Vorgaben zur Qualitätsmessung und –bewertung (vgl. Kapitel 4)

- Vergütungsmodalitäten

- Laufzeit und Kündigungsmodalitäten

- Gewährleistung, Haftung und Versicherung

---

[61] vgl. Bamberger/Roth (2011), Rn. 4 und Rebmann/Säcker (2007), Rn. 14 - 17

Die sorgfältige technische und kaufmännische Beschreibung der Vertragsinhalte muss dabei immer im Vordergrund der Vertragsgestaltung stehen; eine juristische Prüfung des Vertrages begleitet diese lediglich. In der Praxis kommen bei der Erstellung von FM-Verträgen unterschiedlichste Arten von gemischten Verträgen zur Anwendung, die im Folgenden aufgeführt werden:

- Festpreismodell (siehe Kapitel 4.4.1)

- Service- und Wartungsverträge (siehe Kapitel 4.4.2)

- Managementvertrag (siehe Kapitel 4.4.3)

- Cost+Fee Modell (siehe Kapitel 4.4.4)

- GMP-Vertrag (siehe Kapitel 4.4.5)

- Einsparungsmodell/Performancevertrag (siehe Kapitel 4.4.6)

- VOB-/VOF-/VOL-Vertrag

- Rahmenvertrag/Einheitspreis-Vertrag

- ipv®-Vertrag - Standardvertrag Privatwirtschaft (GEFMA 500)

Die einzelnen Vertragsmodelle stehen grundsätzlich in einem Spannungsverhältnis verschiedenster Interessen des Auftraggebers und Auftragnehmers. So kann sich die Ausgestaltung eines FM-Vertrages beispielsweise nach dem Sicherheitsbedürfnis der beteiligten Parteien richten. Der Auftraggeber muss sich darüber im Klaren sein, ob er z. B. den exakten Preis der beauftragten Leistung kennen oder die Möglichkeit einer positiven oder auch negativen Kostenabweichung einräumen möchte. Ferner hat er festzulegen, welchen Grad an Flexibilität für ihn bewahrt werden soll. Ebenfalls zu berücksichtigen ist das Maß an Verantwortung, welches dem Auftragnehmer übertragen werden soll oder welches dieser bereit zu tragen ist. Auf Grundlage dieser Vorgaben kann entschieden werden, welche Vertragsinhalte und Vertragsmodelle den Anforderungen beider Vertragsparteien genügen und welche Vertragsform letztendlich gewählt werden soll.

4.3 Komponenten von FM-Verträgen

In Abhängigkeit des gewählten Vertragsmodells, dem Umfang der zu erbringenden Leistung sowie den projektspezifischen Rahmenbedingungen variieren die Komponenten eines FM-Vertrages. Die Anwendung eines Mustervertrages kann nicht empfohlen werden, da diese in der Regel sehr allgemein gehalten und mit individuellen Regelungen zu füllen sind. Dennoch gibt es einige Bestandteile, die jeder der in Kapitel 3.4 näher erläuterten Verträge enthält oder enthalten sollte (vgl. Abbildung 4-3) und anhand derer sich ein erstes Grundgerüst für die Vertragsverhandlungen erstellen lässt.

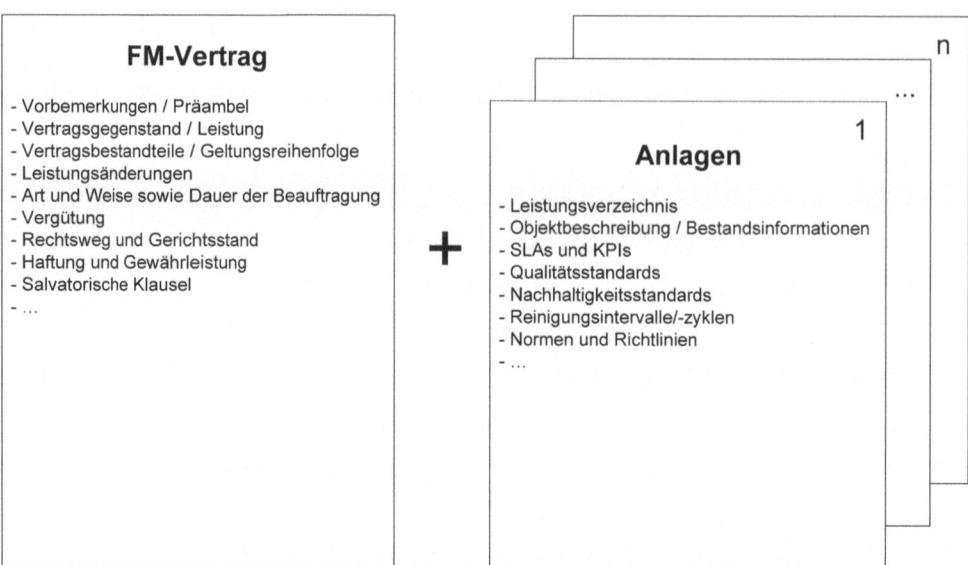

Abb. 4-3   Vertragsbestandteile von FM-Verträgen

4.3.1 Vorbemerkungen/Präambel

Nachdem zunächst die beiden Vertragspartner benannt werden, wird in den Vorbemerkungen oder der Präambel kurz das wesentliche Ziel des Vertrages beschrieben.
Ebenfalls ist der Aufgaben- oder Tätigkeitsbereich der Vertragspartner und das zu
bewirtschaftende Objekt bzw. Portfolio vorzustellen. Die Vorbemerkungen dienen zur
schnellen Vermittlung des Inhalts des jeweiligen Vertrages. Da in einem Unternehmen eine Vielzahl von Verträgen geschlossen werden, können durch präzise und
klar formulierte Vorbemerkungen auch für Außenstehende oder Mitarbeiter, die nicht
in die Erstellung der Verträge eingebunden waren, die relevanten Verträge identifiziert und damit in Verbindung stehende Entscheidungen schneller getroffen werden.
Eine gut strukturierte Dokumentation im Zuge eines Vertragsmanagements ist dabei
eine natürliche Voraussetzung. Die Vorbemerkungen dienen auch dazu, bei Streitigkeiten den ursprünglichen Willen der Vertragsparteien zu identifizieren, der bei Entscheidungen über einzelne Streitpunkte als Orientierungshilfe dienen kann.

4.3.2 Vertragsgegenstand und -bestandteile, Leistungsänderungen

Im Abschnitt Vertragsgegenstand wird die zu erbringende Leistung in nur einem oder wenigen Sätzen zusammengefasst. Die Detailausführungen zu den Leistungen finden sich im Leistungsverzeichnis, das als Anlage dem Vertrag beigefügt ist. Grundlagen zur Erstellung und dem Inhalt eines vollständigen Leistungsverzeichnisses finden sich im Kapitel 2 Leistungsbild Gebäudemanagement. Ebenfalls kann eine funktionale Leistungsbeschreibung als Grundlage für die zu erbringende Leistung vereinbart werden, bei der der gewünschte Zielzustand lediglich funktional beschrieben wird. Ein Leistungsverzeichnis ist hierbei nicht existent.

Neben dem Leistungsverzeichnis oder der funktionalen Leistungsbeschreibung können noch zusätzliche Leistungen und Pflichten des Auftragnehmers vereinbart werden, die über ein Pflichtenheft als Anlage zum Vertrag geregelt werden und explizit nicht im Leistungsverzeichnis oder der funktionalen Leistungsbeschreibung enthalten sind.

Dazu gehören unter anderem die Einhaltung von firmeninternen Sicherheitsbestimmungen, firmeninternen Dokumentationsvorgaben und firmeninternen Qualitätsvorgaben. Dies hat den Hintergrund, dass derartige Vorgaben eines Unternehmens auch durch externe Auftragnehmer und deren Nachunternehmer eingehalten werden müssen. Dies gilt z. B. insbesondere auch bei der Umsetzung von Nachhaltigkeitsstrategien, bei der ein kongruentes Verhalten der Personen, die mit der Gebäudebewirtschaftung beauftragt sind, von hoher Wichtigkeit ist. Ebenfalls festgelegt werden kann auch, ob überhaupt ein Nachunternehmer eingesetzt werden darf oder der Einsatz von Nachunternehmern der Genehmigungspflicht des Auftraggebers unterliegt. Dies kann insbesondere bei Immobilien mit besonderen Geheimhaltungs- oder Sicherheitsvorschriften von Bedeutung sein.

Des Weiteren werden dem Vertrag in der Regel allgemeine Vertragsbedingungen und zusätzliche Vertragsbedingungen beigefügt, die unternehmensspezifisch festzulegen sind. Allgemeine Vertragsbedingungen können bei Nachunternehmerverträgen z. B. sich wiederholende Leistungsbestandteile enthalten. Werden diese dem Vertrag beigefügt, müssen die darin geregelten Leistungsbestandteile nicht bei jedem Vertrag neu beschrieben werden.

Zusätzliche Vertragsbedingungen sind ebenfalls standardisierte Vertragsbedingungen, die jedoch übergeordnete Regelungen z. B. zur Haftung und Gewährleistung enthalten. Da es sich bei allgemeinen und zusätzlichen Vertragsbedingungen um mehrfach verwendete Vertragsbestandteile handelt, unterliegen sie der AGB-rechtlichen Prüfung. Wichtig ist, dass die allgemeinen und zusätzlichen Vertragsbedingungen keine kostenrelevanten Regelungen enthalten. So sind z. B. die Voraussetzungen für eine Vergütungsminderung und die Höhe der Vergütung stets individuell im Vertrag zu vereinbaren.

Neben den Leistungen des Auftragnehmers können auch Pflichten des Auftraggebers fixiert werden. Dazu gehören neben der Entrichtung der Vergütung unter anderem die rechtzeitige Bereitstellung der notwendigen Informationen und Unterlagen sowie die Einrichtung der Zugangsmöglichkeiten zu dem vertragsgegenständlichen Objekt. Sofern der Vertrag Werkleistungen enthält, sind diese durch den Auftraggeber abzunehmen, wenn eine Abnahme verlangt wird. Die Art und Weise der Durchführung der Abnahme ist vertraglich zu regeln.

In dem Vertragsabschnitt Vertragsbestandteile werden alle Bestandteile des Vertrages mit ihrer numerischen und inhaltlichen Bezeichnung aufgeführt. Wie bereits in Kapitel 4.1 Vorbemerkungen erläutert, sind Widersprüche in den Vertragsunterlagen unbedingt zu vermeiden. Dennoch zeigt die Praxis, dass in Verträgen immer wieder Widersprüche zwischen einzelnen Dokumenten existieren, oder im Nachgang bei einer Änderung der gesetzlichen Rahmenbedingungen oder der internen Vorgaben auftreten. Daher ist bei der Nennung der Vertragsbestandteile ebenfalls eine Rangfolgeregelung der Bestandteile festzulegen. So kann z. B. definiert werden, dass das Leistungsverzeichnis mit seinen Ausformulierungen vor etwaigen Planunterlagen gilt. Bei Widersprüchen zwischen Leistungsverzeichnis und Plänen können so Klärungs- oder sogar Streitgespräche über die richtige Ausführung vermieden werden. Alternativ kann eine Klausel formuliert werden, dass die Nummerierung der Vertragsbestandteile auch der Geltungsrangfolge entspricht.

Um eine konstante Bewirtschaftungsqualität einer Immobilie bzw. eines Portfolios zu gewährleisten, werden mit FM-Verträgen in der Regel lange Partnerschaftsverhältnisse angestrebt, die über einen möglichst langen Nutzungszeitraum wirtschaftlich aufrechterhalten werden können. Vor diesem Hintergrund muss in einem FM-Vertrag eine Vereinbarung hinsichtlich der Möglichkeit zur Anordnung von Leistungsänderungen durch den Auftraggeber getroffen werden, die jedoch gleichzeitig auch das Anliegen des Auftragnehmers an einer wirtschaftlichen Vertragserfüllung berücksichtigt. Eine Möglichkeit zu einer flexiblen Vertragsgestaltung bietet sich über den Abschluss eines Rahmenvertrages, bei dem zunächst die allgemeinen Vertragsbedingungen vereinbart werden und einzelne Leistungspakete dann über Einzelverträge beauftragt werden. In diesem Fall können fehlende Leistungspakete einfach ergänzt oder überflüssige Leistungspakete aus dem Leistungsumfang entnommen werden, ohne dass jedes Mal eine Änderung des Hauptvertrages notwendig ist. Wichtig ist hierbei, dass im Hauptvertrag eine Regelung über die Art und Weise der Beauftragung und Kündigung von Leistungspaketen enthalten ist.

Bei der Beauftragung einzelner Leistungspakete kann des Weiteren die Dauer der Beauftragung festgelegt oder eine stufenweise Beauftragung vereinbart werden. Eine stufenweise Beauftragung der Leistungen hat den Vorteil, dass eine konstante Verifizierung der Gesamtleistung durchgeführt wird und Optimierungspotentiale so schneller identifiziert werden können. Für den Auftragnehmer bietet eine Festlegung der Vertragsdauer den Vorteil einer höheren Planungssicherheit. Überraschende Kündigungen können so in der Regel vermieden und die Verträge mit Nachunternehmern besser organisiert werden.

4.3.3 Vergütung

In dem Abschnitt Vergütung werden die Höhe der Vergütung sowie Abrechnungs- und Zahlungsmodalitäten definiert. Bei FM-Verträgen ist zu empfehlen, nur die tatsächlich erbrachte Leistung zu vergüten, die sich auf das beauftragte Leistungs- und Preisverzeichnis oder einzelne Leistungspakete bezieht. In der Praxis ist dies jedoch mit einem zu hohen Aufwand verbunden, da es sich in der Regel um laufende Leistungen handelt, die zur Vereinfachung monats- oder quartalsweise abgerechnet werden. Wichtig ist hierbei, dass ein Dokumentationsnachweis über die erbrachte Leistung vom Auftragnehmer eingereicht wird. Bei Pauschalvergütungen besteht die Gefahr, dass das Leistungs-Soll und Leistungs-Ist voneinander abweichen, was zu Spannungen bei den Vertragsparteien führen kann.

Um zu vermeiden, dass das Leistungs-Ist aufgrund von Inflation oder Tariflohnsteigerungen mit Abstrichen in Menge und Qualität erbracht wird, sind bei Festpreisverträgen Preisgleitklauseln zu vereinbaren, die Steigerungen in den Lohn- und/oder Materialkosten ausgleichen. Ebenfalls können für die zu erbringenden Mengen Schwellenwerte vereinbart werden, bei deren Überschreitung eine Anpassung der Vergütung verhandelt werden muss.

Sofern eine Vergütung nach Aufwand vereinbart wird, ist bei voraussichtlichen Mehrkosten im Verhältnis zur Angebotssumme zu vereinbaren, dass der Auftraggeber vor Ausführung der Leistung explizit über die Kostenabweichung informiert wird, oder eine Einzelfallgenehmigung durch den Auftraggeber vorliegen muss. So kann die Art der Ausführung der Leistung bei Bedarf noch vor der Durchführung angepasst und spätere Streitigkeiten aufgrund der frühzeitigen Kenntnis der voraussichtlichen Mehrkosten vermieden werden.

Eine Abweichung vom vertraglich vereinbarten Leistungssoll kann nie ganz ausgeschlossen werden. Zur Vermeidung von Streitigkeiten zwischen den Vertragsparteien über die Höhe von Vergütungsminderungen oder -mehrungen können Kriterien und ein Beurteilungssystem, z. B. ein Bonus-Malus System, zur Qualitätsmessung (vgl. Kapitel 5 Leistungsbewertung in der Immobilienbewirtschaftung) vereinbart werden. Während der Malus als pauschalisierter Schadensersatz oder Vertragsstrafe für Leistungen, welche die Anforderungen aus dem Vertrag nicht erfüllen, angesehen werden kann, wird mit dem Bonus eine überdurchschnittlich gute, nicht erwartete Leistung vergütet. Jedoch besteht immer die Möglichkeit, dass nicht alle Leistungen objektiv und anhand eindeutig mess- oder bewertbarer Parameter beurteilt werden können. Eine klare Formulierung des Leistungssolls und der durch den Auftraggeber zu erbringenden Leistungen ist daher unentbehrlich. Die Ausgestaltung des Bonus-Malus Systems wird im Vertrag im Abschnitt Vergütung geregelt. Hierzu werden allgemein der Bezug zu SLA's oder KPI's und prozentuale Vergütungssätze zur Verteilung der Kostenüber- oder -unterschreitungen formuliert. Eine Deckelung der Höhe von Bonus und Malus ist ebenfalls möglich und zu empfehlen, da sonst keine eindeutige Kalkulationsbasis für das Dienstleistungsunternehmen vorhanden ist.

Bei der vertraglichen Vereinbarung eines Bonus-Malus Systems muss streng auf die Wirksamkeit der Klauseln geachtet werden. Dies bedeutet unter anderem, dass der Auftragnehmer nicht unangemessen benachteiligt werden darf, indem z. B. seine gesetzlich vorgesehenen Mängelgewährleistungsrechte, wie das Recht auf Nacherfüllung, beschnitten werden. Um das Transparenzgebot einzuhalten, müssen dem Auftragnehmer ferner die Inhalte und Auswirkungen der Bonus-Malus Regelung klar sein. Die Empfehlung, einen FM-Vertrag immer individuell auszuhandeln, kann auch auf die Ausgestaltung des Bonus-Malus Systems übertragen werden. Dadurch können nicht nur die Vergütungsregelungen passgenau formuliert, sondern auch eine AGB-rechtliche Unwirksamkeit des Vertrages vermieden werden.[62]

4.3.4 Haftung, Gewährleistung, Mängel

Die Haftung und Gewährleistung des Auftragnehmers ist in einem FM-Vertrag umfassend zu beschreiben. Dies gilt insbesondere für die Elemente, die dem Wesen eines Dienstvertrages entsprechen, da auf diese Leistungen von Gesetzeswegen her keine Gewährleistung durch den Auftragnehmer erbracht werden muss. Bei den Leistungen, die als Werkleistung deklariert werden können, gelten die gesetzlichen Vorgaben des BGB. Im Rahmen der Haftung des Auftragnehmers sind Schadenshöchstgrenzen zu vereinbaren oder die Notwendigkeit von Versicherungen und ihre Versicherungssumme festzulegen.

Der Umgang mit Mängeln oder einer Pflichtverletzung des Auftragnehmers während der Leistungserbringung bedarf ebenfalls einer vertraglichen Regelung. Sofern ein Bonus-Malus System vereinbart wurde, steht die Bewertung von Mängeln in direktem Zusammenhang mit den definierten Malussen.

Mängel lassen sich nach flächenbezogenen und sachbezogenen Mängeln unterscheiden. Bei flächenbezogenen Mängeln erfolgt eine Ermittlung des Malus über die Dauer der Nichtnutzbarkeit einer Fläche und ihrer Größe. Die Referenzgröße ergibt sich hierbei aus den vereinbarten Maluspunkten pro Quadratmeter nicht nutzbare Fläche und Stunde. Sachbezogene Mängel können in leichte, mittlere und schwere Mängel kategorisiert werden und beziehen sich auf einen konkreten Mangel an einem Sachgegenstand. Für leichte Mängel besteht in der Regel kein Malus, sofern sie in einer vorgesehenen Zeit behoben werden. Dazu gehören z. B. das Fehlen von Papierhandtüchern oder das Auftreten von Gebrauchsspuren, deren Beseitigung jedoch im Rahmen der Instandhaltung eingeplant wird. Leichte Mängel haben per Definition keinen wesentlichen Einfluss auf die Nutzung der Immobilie.

Mittlere Mängel begründen Nutzungseinschränkungen oder Beeinträchtigungen des Gebrauchs von technischen Anlagen, Gebäudekomponenten oder Dienstleistungen; haben allerdings keinen negativen Einfluss auf die Sicherheit des Gebäudes oder dessen Nutzung. Darunter lassen sich z. B. Risse und Abplatzungen an der Fassade, das Fehlen von Monatsberichten oder Stolpergefahrstellen subsumieren. Bevor ein mittlerer Mangel mit einem Malus belegt wird, muss dem Auftragnehmer die Möglichkeit der Mangelbeseitigung innerhalb eines bestimmten Zeitraumes ermöglicht werden. Erst nach Ablauf dieses Zeitraumes kann der Mangel als schwerer Mangel eingestuft und dadurch ein Malus ausgelöst werden.

Schwere Mängel beeinträchtigen den Gebrauch von technischen Anlagen, Gebäudekomponenten oder Dienstleistungen erheblich und führen zu Einbußen bei der Sicherheit. Falls ein schwerer Mangel nach Ablauf einer festgelegten Behebungszeit nicht beseitigt wird, kann hierfür ein Malus berechnet werden. Bei der Vereinbarung eines Malus-Systems ist darauf zu achten, dass die gesetzlichen Rechte des Auftragnehmers, wie z. B. das Recht auf Nacherfüllung, nicht beschnitten werden.

---

[62] vgl. Schwien (2010), S. 43

4.3.5 Anzuwendendes Recht und Gerichtsstand

Sollte es trotz vorausschauender Regelungen und einer detaillierten Leistungsbeschreibung zu Streitigkeiten kommen, muss der Vertrag einen Hinweis auf das anzuwendende Recht enthalten und den Gerichtstand festlegen. Um bei Auseinandersetzungen ein ordentliches Gerichtsverfahren zu vermeiden, kann auch die Einbindung eines privaten Schiedsgerichts vereinbart werden. Dabei werden die Auswahl der Schiedsrichter, der Verhandlungsort sowie die beiderseitige Anerkennung der Entscheidung des Schiedsgerichts festgelegt. Der Schiedsspruch hat für die Parteien dadurch die gleiche Wirkung wie ein Gerichtsurteil. Den Rahmen eines Schiedsverfahrens bestimmt die Zivilprozessordnung. Die Einbindung eines Schiedsgerichts kann eine schnellere und preisgünstigere Lösung eines Streits herbeiführen als es bei einem staatlichen Gericht möglich wäre, da die Schiedsrichter als private Dienstleister zeitnah für die Bearbeitung der Streitsache zur Verfügung stehen und die Streitigkeit mit dem Schiedsspruch als erste und einzige Instanz beendet ist.

Die Formulierung einer Schiedsklausel ist i. d. R. sehr umfangreich. Dabei besteht die Gefahr, dass eine selbst verfasste Klausel unwirksam ist und bei einer Streitigkeit dann doch ein ordentliches Gerichtsverfahren zu führen ist. Es existieren jedoch bereits Vorlagen zu Schiedsklauseln, die in den Vertrag übernommen werden können.

4.3.6 Salvatorische Klausel

Allgemein können Verträge mit einer salvatorischen Klausel abgeschlossen werden, in der festgelegt wird, dass bei Unwirksam-, Nichtigkeit oder Undurchführbarkeit einer Bestimmung des Vertrages die Wirksamkeit des Vertrages im Übrigen nicht berührt wird. Dadurch kann vermieden werden, dass der Vertrag als Ganzes aufgehoben wird. Die entsprechende nichtige oder unwirksame Klausel ist durch eine Klausel zu ersetzen, die dem gewollten Zweck entspricht.

4.4 Vertragsmodelle

Bevor die einzelnen Vertragsmodelle erläutert werden ist voranzustellen, dass eine klare Abgrenzung zwischen den Modellen oftmals nicht möglich ist. Grundsätzlich besteht bei Abschluss eines FM-Vertrages Vertragsfreiheit, das heißt es können Elemente der unten genannten theoretischen Vertragsmodelle kombiniert oder individuelle Regelungen vereinbart werden. Dabei entstehen Verträge, die als Mischform nicht mehr eindeutig einer der genannten Vertragsarten zugeordnet werden können.

4.4.1 Festpreismodell

Bei der Anwendung eines Festpreismodellss wird eine konstante Bewirtschaftungspauschale über die gesamte Vertragslaufzeit und somit ein verbindlicher Gesamtpreis vereinbart. Dafür ist eine möglichst vollständige Spezifikation der zu erbringenden Leistung als eindeutig definierte Kalkulationsgrundlage vor der Auftragsvergabe erforderlich. Zusätzlich sollte das Leistungsbild während der Vertragslaufzeit stabil bleiben. Durch die Einbindung eines professionellen FM-Dienstleisters können Optimierungsmöglichkeiten bei der Vergabe der Bewirtschaftungsleistung identifiziert und in die zu beauftragende Leistung integriert werden.

Mit Anwendung des Festpreismodells kann der Auftraggeber Budgetsicherheit erlangen, da die Vergütungspauschale über die Vertragslaufzeit mit der Auftragsvergabe bekannt ist. Die Flexibilität zur Änderung oder Optimierung der Leistungen ist dann jedoch eingeschränkt. Von möglichen Einsparpotenzialen, die durch den Auftragnehmer erst nach Abschluss des Vertrages identifiziert werden, kann der Auftraggeber zunächst nicht profitieren. Dem Vertrag kann jedoch eine Optimierungsklausel beigefügt werden, in dem der Auftragnehmer den Auftrag erhält, nach Optimierungspotenzialen zu suchen und den Auftraggeber darauf hinzuweisen. Daraus resultierende Einsparungen werden dann zwischen den beiden Vertragsparteien aufgeteilt.

Sofern die zu erbringenden Leistungen vollständig beschrieben werden und die Vertragslaufzeit nicht mehr als fünf Jahre übersteigt, ist das Risiko für den Dienstleister verhältnismäßig gering und er kann durch eine optimierte Bewirtschaftung konstante Gewinne generieren. Bei langen Vertragslaufzeiten, wie z. B. bei Public Private Partnership-Verträgen (PPP-Verträgen), ist das Risiko für den Auftragnehmer jedoch wesentlich höher.

In der Praxis ist es des Weiteren oftmals nicht möglich, die zu erbringende Leistung vollständig zu definieren. Eine unvollständige Leistungsbeschreibung führt zu einer Unsicherheit bei der Kalkulation der Vergütungspauschale und kann prozentuale Sicherheitsaufschläge im Angebotspreis zur Folge haben. Mögliche Kalkulationsfehler (Mengenrisiko), die zum Beispiel aus einer falschen Abschätzung des Nutzerverhaltens resultieren, liegen im Risikobereich des Auftragnehmers und wirken sich direkt auf seinen Gewinn aus. Im ungünstigsten Fall können nicht auskömmliche Angebote zu einer mangelhaften Leistungserbringung führen, wenn für den Dienstleister während der Vertragslaufzeit absehbar wird, dass er seine Leistungen nicht mehr wirtschaftlich erbringen kann.[63]

Änderungen der vertraglich vereinbarten Leistungen können dann z. B. über Ergänzungs- oder Änderungsverträge geregelt werden. Um diese zusätzlichen Verträge zu vermeiden, werden in einem Festpreisvertrag oftmals Preisgleitklauseln, Tarifanpassungen, Mehrmengenregelungen oder Eventualpositionen für Positionen, deren Umfang zum Zeitpunkt des Vertragsschlusses noch unklar ist, vereinbart.

Preisgleitklauseln sind insbesondere bei längeren Vertragslaufzeiten von hoher Wichtigkeit. Bei einem FM-Vertrag ist eine Vertragslaufzeit von drei bis fünf Jahren üblich, welche noch durch eine Verlängerungsoption erweitert werden kann. Tarifliche Lohnanpassungen oder Energiepreissteigerungen können maximal für diesen Zeitraum grob abgeschätzt werden. Für darüber hinaus gehende Vertragslaufzeiten sind daher Preisgleitklauseln zu vereinbaren, mit denen potenzielle Preissteigerungen aufgefangen werden können.

Mehrmengenregelungen besagen, dass eine Mengenschwankung innerhalb eines bestimmten Rahmens von z. B. ± 10 % keine Änderung der Vertragsgrundlage darstellt und somit keine Änderung der Vergütung begründet. Da viele Leistungen nicht

---

[63] vgl. Oestereich (2006), S. 30 und Gondring / Wagner (2012), S. 432

hundertprozentig definiert werden können, werden zur Gewährleistung einer möglichst reibungslosen Leistungserfüllung diese Toleranzbereiche vereinbart.

Eventualpositionen sind Bestandteil des Angebots und können zu einem späteren Zeitpunkt Vertragsbestandteil werden oder aber auch entfallen. In den Eventualpositionen können z. B. die Grundlagen für die Kalkulation einer Teilleistung angegeben werden, die dann bei einer Mengenänderung dieser Leistung als Basis für die Vergütung der neuen Leistungsmenge herangezogen werden. Dem Auftraggeber wird üblicherweise das Recht eingeräumt, diese Eventualpositionen nach Bedarf zu beauftragen. Der Nachtragsauftrag wird dem Vertrag angeheftet und gilt sodann als Vertragsbestandteil.

Abschließend kann festgehalten werden, dass bei der Wahl eines Festpreismodells eine umfassende Massen- und Leistungsermittlung und die Festlegung von SLA's (vgl. Kapitel 5.2 Service Level Agreement) durch Besteller und Dienstleister unabdingbar sind. Dabei ist neben dem technischen und kaufmännischen Fachwissen beider Parteien auch der Bedarf des späteren Nutzers der Immobilie von hoher Bedeutung. Die Nicht-Einhaltung der geforderten SLA's hat Abzüge in der Vergütung zur Folge, deren Höhe vertraglich festzulegen ist. Darüber hinaus kann auch ein Bonus-Malus System (siehe Kapitel 5 Leistungsbewertung in der Immobilienbewirtschaftung) vereinbart werden, das auch besonders gute Leistungen des Auftragnehmers belohnt.

4.4.2 Service- und Wartungsverträge

Auch bei reinen Service- und Wartungsverträgen ist eine Einordnung der Leistungsbestandteile als Dienst- oder Werkleistung erforderlich, wobei lediglich die Instandsetzung und die Verbesserung oder Erneuerung von Gebäudebestandteilen eindeutig dem Werkvertragsrecht zugeordnet werden können. Alle weiteren Leistungen, wie z. B. Inspektion, Wartung, Reinigung, Sicherheitsservice oder Objektleitung gehören hingegen dem Dienstvertragsrecht an. Da Service- und Wartungsverträge vielfach eine Mischung dieser Leistungen enthalten, ist eine Zuordnung des gesamten Vertrages als Dienst- oder Werkvertrag in der Regel nicht möglich.[64]

Schwierig ist die Einordnung insbesondere bei den Leistungen des technischen Gebäudemanagements. Die in Service- und Wartungsverträgen für die technische Gebäudeausrüstung definierte Leistung orientiert sich zumeist an den Begrifflichkeiten der DIN 31051 „Grundlagen der Instandhaltung", die unter dem Begriff Instandhaltung die Leistungen der Inspektion, Wartung, Instandsetzung und Verbesserung subsumiert. Eine Verbesserung ist in der Regel kein Bestandteil der hier angesprochenen Service- und Wartungsverträge und wird daher im Folgenden nicht näher erläutert.

In der DIN 31051 wird Inspektion als „Maßnahmen zur Feststellung und Beurteilung des Istzustandes einer Betrachtungseinheit einschließlich der Bestimmung der Ursachen der Abnutzung und dem Ableiten der notwendigen Konsequenzen für eine künf-

---

[64] vgl. Gondring/Wagner (2012), S. 434

tige Nutzung"[65], Wartung als „Maßnahme zur Verzögerung des Abbaus des vorhandenen Abnutzungsvorrates"[66] und Instandsetzung als „Maßnahmen zur Rückführung einer Betrachtungseinheit in den funktionsfähigen Zustand, mit Ausnahme von Verbesserungen"[67] einer Anlage definiert. Es ist zu empfehlen, diese bekannte Leistungsabgrenzung auch bei der Formulierung der Leistung in einem Service- und Wartungsvertrag zu verwenden.

Sofern in einem Vertrag lediglich die Leistungsbilder Instandsetzung und Wartung vereinbart werden, spricht man von einem einfachen Wartungsvertrag, der nur die Erhaltung des Soll-Zustandes beinhaltet. Instandsetzungen sind hier als zusätzliche Leistung anzusehen. Eine klare Trennung zwischen Wartung und Instandsetzung ist jedoch oftmals nicht möglich, da auch Teile der Wartung als Instandsetzung deklariert werden können. Dies ist z. B. bei einem Wechsel von Filtern, Leuchtmitteln oder Dichtungsringen im Zuge der Wartung der Fall, der dann als werkvertragliche Leistung mit einer entsprechenden Gewährleistung für die neu eingebrachten Bestandteile eingeordnet werden kann.[68]

Ein Vollwartungsvertrag grenzt sich von einem Wartungsvertrag dadurch ab, dass die Instandsetzung Teil des Vertrages und je nach Notwendigkeit durch den Auftragnehmer zu erbringen ist. Vielfach werden jedoch Leistungsausschlüsse bei der Instandsetzung vereinbart, da die Beschaffung neuer Bestandteile oftmals sehr kostenintensiv und der Instandsetzungszyklus nur schwer kalkulierbar sein kann.

Auch die Beseitigung von Störungen kann Bestandteil von Wartungsverträgen sein. Hierbei sind Reaktions- und Behebungszeiten zu vereinbaren, in denen der Auftragnehmer für die Meldung einer Störung erreichbar sein und mit der Behebung der Störung beginnen muss (Dienstvertrag). Die Instandsetzung der Anlagen gilt dann in der Regel als zusätzliche Leistung und ist gesondert zu vergüten (Werkvertrag).

Zur näheren Beschreibung der zu erbringenden Leistungen des technischen Gebäudemanagements kann die DIN 31052 „Instandhaltung; Inhalt und Aufbau von Instandhaltungsanleitungen" herangezogen werden. Darin werden Vorschläge zu den auszuführenden Arbeiten (z. B. Vorlauftemperatur prüfen), deren Häufigkeit sowie den entsprechenden Sollgrößen (z. B. 70°C) unterbreitet. Im Zuge der durchzuführenden Arbeiten hat der Auftragnehmer die Pflicht, den Auftraggeber auf mögliche Störungen oder Fehlbedienungen hinzuweisen und entsprechend zu beraten.

Ebenfalls vertraglich exakt zu definieren sind die Intervalle, in denen die Leistung zu erbringen ist. Dabei kann zwischen festgelegten Wartungsintervallen oder Intervallen, die durch den Auftraggeber (Wartung auf Abruf) festgelegt werden, differenziert werden.

Um einen ordnungsgemäßen Betrieb der Anlagen zu gewährleisten, hat auch der Auftraggeber bestimmte Mitwirkungspflichten. Dazu gehören z. B. die Gewährung der Zugangsmöglichkeit zu den Anlagen und die Meldung von Störungen. Ferner ist die Bereitstellung von Strom für den Betrieb der Anlage sowie eines Mitarbeiters als

---

[65] DIN 31051 S. 3
[66] DIN 31051 S. 3
[67] DIN 31051 S. 4
[68] vgl. Fischer (2000), S. 31

Ansprechpartner sicher zu stellen. Werden diese Pflichten nicht erbracht, kann der Auftragnehmer Mehrkosten z. B. für eine erneute Anfahrt zur Durchführung seiner Leistung geltend machen. Ebenfalls muss der Auftraggeber den ordnungsgemäßen Betrieb der Anlagen verantworten. In den Verträgen sind Leistungsausschlüsse für eine Fehlbedienung der Anlagen, nicht vorhersehbare äußere Einflüsse und Vandalismus zu vereinbaren, für die der Auftragnehmer keine Verantwortung übernehmen kann. Die Behebung daraus resultierender Schäden ist als zusätzliche Leistung zu verstehen und gesondert zu vergüten.[69]

Durch den Verband Deutscher Maschinen- und Anlagenbau e. V. (VDMA) sowie den Arbeitskreis Maschinen- und Elektrotechnik staatlicher und kommunaler Verwaltungen (AMEV) wurden Musterverträge zur Wartung und Instandhaltung veröffentlicht, die als Grundlage für die individuell abzuschließenden Service- und Wartungsverträge genutzt werden können. Da diese Verträge ausdrücklich für den kaufmännischen Geschäftsverkehr vorgesehen sind, entfällt bei der Anwendung die AGB-rechtliche Prüfung der Klauseln. Eine Anpassung der Verträge für die Anwendung im Einzelfall sollte dennoch immer vorgenommen werden.

Durch den VDMA werden hierbei übergeordnet die möglichen Tätigkeiten des technischen Gebäudemanagements aufgezeigt. Der AMEV greift diese Leistungsbilder auf und weist ihnen in Arbeitskarten (vgl. Abbildung 4-4) konkrete Einzeltätigkeiten mit Empfehlungen zu den entsprechenden Leistungsintervallen zu. Die Arbeitskarten können als Anlage dem Vertrag beigefügt werden.

---

[69] vgl. Fischer (2000), S. 52 f.

Arbeitskarte für KG420 Wärmeversorgungsanlagen

Leistungs-kennziffer				Wartungs- und Inspektionsarbeiten	jährlich	2-jährlich	Bei Bedarf	Bemerkungen, Erledigungsvermerke
3	2	2	7	Steuergerät auf Funktion prüfen	X			
3	2	2	8	Elektrischen Strom der Flammen-überwachungseinrichtung messen	X			
3	2	2	9	Brenner äußerlich reinigen (einschließlich Schalldämpfer)	X			
3	2	3	0	Anschlussdruck (Gasfließdruck) und Gasdurchsatz ermitteln	X			
3	2	3	1	Abgaswerte ermitteln und mit den gesetzlich vorgeschriebenen Grenzwerten vergleichen	X			
3	2	3	2	CO-Gehalt messen	X			
3	2	3	3	Feuerungswärmeleistung bzw. Wärmeleistung ermitteln	X			
3	2	3	4	Messprotokoll erstellen	X			
3	2	3	5	Anlage auf optimale Verbrennung einstellen			X	

Abb. 4-4   Auszug aus einer Arbeitskarte des AMEV[70]

Die Leistungen des infrastrukturellen Gebäudemanagements (z. B. Reinigungs- und Sicherheitsdienste) und des kaufmännischen Gebäudemanagements (z. B. Buchhaltung und Vertragsmanagement) sind im Vergleich zum technischen Gebäudemanagement wesentlich einfacher dem Dienstvertragsrecht zuzuordnen. Die Leistungen enthalten somit keine Gewährleistungspflichten des Dienstleisters. Eine mangelhafte Leistungserbringung kann jedoch über vereinbarte SLA's (siehe Kapitel 5.2 Service Level Agreement) bewertet und über eine Minderung der Vergütung geahndet werden.

Die Vergütung bei einem Service- und Wartungsvertrag kann über eine Pauschalvergütung erfolgen, in der auch Nebenkosten, wie z. B. Anfahrtskosten, Sonn- und Feiertagszuschläge oder Überstunden, enthalten sind. Der Auftraggeber erhält dadurch eine Budgetsicherheit, der jedoch die Möglichkeit überhöhter Kosten infolge eines Risikoaufschlags von Seiten des Auftragnehmers entgegensteht, da die Einsatzhäufigkeit nicht vorhersehbar ist. In der Praxis ist daher der Einsatz von optionalen Einheitspreis-Positionen für diese Leistungen sinnvoller. Bei langen Vertragsdauern von mehr als fünf Jahren ist bei einer Pauschalvergütung eine Preisgleitklausel zu vereinbaren, die Steigerungen in den Lohnkosten und gegebenenfalls auch in den Materialkosten ausgleicht.

---

[70] AMEV (2006), Internetquelle

Alternativ kann eine Vergütung je Einsatz geregelt werden, bei der die Kosten für die einzelne Leistung pauschaliert wird, die Zeitintervalle der zu erbringenden Leistung jedoch variieren. So erhält der Auftraggeber zwar auch eine Budgetsicherheit, kann jedoch mit längeren oder kürzeren Leistungsintervallen auf aktuelle Gegebenheiten reagieren. Seltener wird bei Service- und Wartungsverträgen eine Vergütung nach Aufwand vereinbart. Diese Art der Vergütung findet eher bei einmaligen Aufträgen, wie z. B. der Instandsetzung einer Anlage, Anwendung.

Wie alle FM-Verträge sind auch die Service- und Wartungsverträge im Interesse beider Vertragsparteien auf eine lange Vertragslaufzeit ausgelegt. Die Vertragslaufzeit ist im Vertrag zu fixieren und es sind die Verlängerungsoptionen mit den entsprechenden Regelungen anzugeben. So ist es üblich, dass eine automatische Verlängerung des Vertrages um eine bestimmte Laufzeit, sofern der Vertrag nicht drei Monate vor Vertragsende durch den Auftraggeber gekündigt wird, vereinbart wird. Dazu muss der Vertrag Angaben zur Kündigung und den entsprechenden Formalitäten enthalten. Im Allgemeinen werden Kündigungsfristen von meist drei Monaten vereinbart sowie Regelungen zu einer außerordentlichen Kündigung getroffen.

Eine weitere Variante ist die Vereinbarung über die Notwendigkeit einer durch den Auftraggeber gesonderten Beauftragung der Vertragsverlängerung. So kann vermieden werden, dass Kündigungsfristen übersehen und Verträge entgegen des Interesses der beiden Vertragsparteien weiter bestehen. Sobald bei einer solchen Regelung eine Vertragsverlängerung aktuell wird, kann davon ausgegangen werden, dass der Auftragnehmer darauf hinweist, sofern er ein Interesse an der Aufrechterhaltung des Vertragsverhältnisses hat.

Service- und Wartungsverträge sollten ebenfalls Regelungen zur Mängelbeseitigung, Haftung und Versicherung des Auftragnehmers enthalten. Bei der Feststellung eines Mangels liegt die Beweislast in der Regel beim Auftraggeber. Im Rahmen von Instandsetzungsleistungen (Werkvertragsrecht) beläuft sich die Verjährung eines Mangels gemäß § 634a BGB auf zwei Jahre. Bei manchen Gebäudebestandteilen, wie z. B. Beleuchtungskörper, werden jedoch regelmäßig Gewährleistungsfristen von nur sechs Monaten vereinbart. Bei dienstvertraglichen Leistungen wird eine mangelhafte Leistung anhand von SLA's (vgl. Kapitel 4.2 Service Level Agreement) gemessen, die mit einer Minderung der Vergütung einhergehen.

Die Regelungen zur Haftung des Auftragnehmers spiegeln sich im Wesentlichen in den Schadensersatzansprüchen des Auftraggebers wider. Diese können wegen Fehlens zugesicherter Eigenschaften, Verzugs oder der Verletzung von Vertragspflichten wie der Beratungs- und Hinweispflicht gemäß § 280 BGB und § 281 BGB geltend gemacht werden.[71] In der Regel wird hierbei eine Haftungsobergrenze entsprechend der bestehenden Betriebshaftpflichtversicherung des Auftragnehmers fixiert.

4.4.3 Managementvertrag

Der Managementvertrag ist ein Geschäftsbesorgungsvertrag gemäß § 675 BGB mit Dienstleistungscharakter. Beim klassischen Managementvertrag kann in der Regel nicht von einem FM-Vertrag gesprochen werden, da die FM-Leistungen durch den

---

[71] vgl. Fischer (2000), S. 113

Auftraggeber separat an ausführende Firmen über Festpreis-, Service- oder Wartungsverträge vergeben werden. Mit einem Managementvertrag wird lediglich eine
Managementberatung beauftragt, wobei der Auftragnehmer als Manager treuhänderisch die Steuerung und Vertragsverwaltung der einzelnen Leistungen und somit eine
Führungsaufgabe übernimmt.

Der Manager kann sich somit als Projektsteuerer verstehen, der für das Controlling
der Vertragsverhältnisse zwischen den Nachunternehmern und dem Auftraggeber
verantwortlich ist. Er nimmt dabei die Interessen des Auftraggebers wahr und handelt
in dessen Namen und auf dessen Rechnung. Das letztendliche Risiko für den wirtschaftlichen Erfolg der Objektbewirtschaftung verbleibt jedoch beim Auftraggeber.
Eine Weiterentwicklung dieser Regelung bildet das Cost+Fee Modell (vgl. Kapitel
4.4.4 Cost+Fee Modell), welches über eine flexible Vergütung den Manager am wirtschaftlichen Erfolg beteiligt.

Die Vergütung des Auftragnehmers erfolgt zunächst konstant für die reine Manage-
menttätigkeit und richtet sich in ihrer Höhe nach der vertraglich vereinbarten Auftragssumme, die auf dem Angebot des Auftragnehmers basiert. Um darüber hinaus
ein Anreizsystem für den Auftragnehmer zu schaffen, kann er zudem an den durch
ihn erzielten Einsparungen beteiligt werden. Einsparungen sind dabei insbesondere
bei der Vergabe der Nachunternehmerleistungen zu erzielen. Diese lassen sich leicht
an den bisher bestehenden Verträgen oder bei Neubauten an den Angeboten der an
der Bauwerkserstellung beteiligten Unternehmen messen und können durch eine
sorgfältige Auswahl der Nachunternehmer und Vertragsverhandlungen erzielt werden. Für die Ausschreibung und Vergabe von Nachunternehmerleistungen als zusätzliche Leistungen ist idealerweise eine gesonderte Vergütung zu vereinbaren.

Der Nachteil in der Steuerung und Durchführung des Facility Managements über
einen Managementvertrag und Festpreis-, Service- oder Wartungsverträge mit den
ausführenden Firmen liegt in den starren Strukturen und den pauschalen Vergü-
tungsansätzen. Die Identifizierung und Umsetzung von Optimierungspotentialen
erfolgt in der Regel nur bei der Vergabe der Leistungen an neue Nachunternehmer.
Eine Optimierung der tatsächlichen Bewirtschaftung findet in der Regel dagegen
nicht statt, da der Manager nur einen begrenzten Einblick in die tatsächliche Bewirtschaftung erhält und die beauftragten Nachunternehmer keinen Anreiz dafür haben,
den Auftraggeber über Optimierungspotentiale zu informieren. Um dies zu vermeiden, müssten auch in den Nachunternehmerverträgen Optimierungsklauseln verhandelt werden.

Ein weiterer Nachteil liegt in der Schaffung einer zusätzlichen Hierarchieebene. Der
Auftraggeber führt in der Regel eine Überwachung und Steuerung des Managers
durch, was zu einer zusätzlichen Hierarchieebene mit zusätzlichen Kosten führt.

Der Vorteil eines Managementvertrages liegt in der Budgetsicherheit, die der Auftraggeber durch die Beauftragung fixierter Auftragssummen erhält. Um Leistungsänderungen durchzuführen, müssen jedoch ergänzende Vereinbarungen zu den bestehenden Verträgen geschlossen werden, was mitunter sehr aufwendig sein kann.

4.4.4 Cost+Fee Modell

Das Cost+Fee Modell ist eine Weiterentwicklung des Managementvertrages, bei der als zusätzlicher Baustein auch der Auftragnehmer in die Pflicht genommen wird, indem z. B. die Vertragsverhältnisse mit den Nachunternehmern auf den Auftragnehmer übertragen werden. Alternativ kann der Auftragnehmer aber auch nur die Auswahl der Nachunternehmer sowie die Vertragsverhandlungen vorbereiten oder durchführen und der Auftraggeber verbleibt als Vertragspartner.

Sofern der Auftragnehmer als Vertragspartner der Nachunternehmer fungiert, kommt bei dessen Vergütung das Prinzip der offenen Bücher zum Tragen. Das heißt es wird vereinbart, dass der Auftraggeber Auskunft über die tatsächlichen Kosten der beauftragten Nachunternehmer erhält und diese erstattet. Der Auftragnehmer muss somit keinen Risikoaufschlag für die Nachunternehmerleistungen berücksichtigen, da die effektiven Kosten durch den Auftraggeber vergütet werden und er somit kein Risiko hinsichtlich potenzieller Mehrkosten tragen muss.

Neben den Kosten für die Aufwendungen der Nachunternehmer erhält der Auftragnehmer des Weiteren eine prozentuale oder pauschale Vergütung für seine Managementtätigkeiten. Diese Vergütung kann in eine reguläre Vergütung und eine zusätzliche, performanceabhängige Vergütung unterteilt werden. Die reguläre Vergütung ist ein Pauschalbetrag, den der Auftragnehmer für das Projektmanagement und die Steuerung der Nachunternehmer erhält. Zusätzlich kann für die Ausschreibung und Vergabe von Nachunternehmerleistungen eine gesonderte Vergütung vereinbart werden. Die performanceabhängige Vergütung richtet sich nach der Erfüllung bestimmter Performance- oder Qualitätsparameter, die zum Beispiel über KPIs fixiert werden können. Sofern diese Parameter erreicht oder überschritten werden, erhält der Auftragnehmer auch den performanceabhängigen Vergütungsteil.

Das Cost+Fee Modell beinhaltet die Vorteile der Schaffung einer Vertrauensbasis durch das Prinzip der offenen Bücher sowie eines Anreizsystems, das den Auftragnehmer dazu animiert, nach Optimierungspotenzialen zu suchen und die Leistung der Nachunternehmer zielgerichtet zu steuern. Durch die transparente Darstellung der effektiven Kosten erhält der Auftraggeber realitätsgetreue Informationen, die zu einer Minderung des Streitpotenzials bei Kostenabweichungen führen.

4.4.5 Guaranteed Maximum Price (GMP)

Die Wettbewerbs- und Vertragsform GMP ist in der Bau- und Immobilienwirtschaft primär in der Phase der Bauwerkserstellung als Bauvertrag bekannt. Ein GMP-Vertrag wird unter dem Managementansatz des Partnering eingeordnet, der die partnerschaftliche Zusammenarbeit zwischen den an einem Projekt beteiligten Personen oder Organisationen verfolgt und eine Verbesserung des wirtschaftlichen Erfolgs aller Beteiligten zum Ziel hat. Die wesentlichen Bausteine des Partnering sind die Festlegung von gemeinsamen Zielen, die gemeinsame Erarbeitung der Prozesse zur Erreichung dieser Ziele sowie das Bemühen um eine kontinuierliche Optimierung dieser Prozesse. Damit untrennbar verbunden sind die Attribute der offenen Kommunikation, des gegenseitigen Vertrauens und der Kooperation untereinander.[72] Die

---

[72] vgl. Gralla (2001), S. 27 ff. und Eschenbruch/Racky (2008), S. 1 f.

Anwendung dieses Managementansatzes und die Verwendung eines GMP-Vertrages können so zu einer für alle Beteiligten überdurchschnittlich erfolgreichen Projektabwicklung führen.

Die Anwendung eines GMP-Vertrages als FM-Vertrag ist möglich und kann die Immobilienbewirtschaftung sowohl für den Auftraggeber, als auch für den Auftragnehmer effizient und wirtschaftlich gestalten. Die Vertragsgestaltung richtet sich nach den gleichen Grundlagen wie bei einem Bauvertrag, weshalb im Folgenden zunächst die allgemeinen Grundsätze der Vertragsgestaltung dargelegt werden. Dabei wird primär auf die traditionelle GMP-Methode eingegangen, bei der der Auftraggeber einen geeigneten Auftragnehmer auswählt und mit ihm zusammen das Facility Management einer Immobilie erarbeitet.[73]

Bevor der Auftraggeber einen Auftragnehmer auswählt, muss er den grundlegenden Leistungsumfang definieren. Als Eigentümer und gegebenenfalls Nutzer des Gebäudes muss der Auftraggeber seinen Bedarf hinsichtlich Art, Menge und Qualität der geforderten Leistungen beschreiben und einen ersten Rahmen seiner potenziell einsetzbaren Finanzmittel abstecken. Die Leistungsbeschreibung ist zu diesem frühen Zeitpunkt noch nicht in einem detaillierten Leistungsverzeichnis formuliert, sondern zunächst nur funktional beschrieben. Auf dieser Grundlage kann die Auswahl eines geeigneten Partners erfolgen, der bereit ist, die globale Leistungsbeschreibung unter Anwendung des Partnering-Modells zu konkretisieren und über einen GMP-Vertrag zu realisieren.

Die relativ frühe Einbindung des Auftragnehmers in die Planung der Gebäudebewirtschaftung ist per se kein konstitutives Merkmal des GMP-Vertrages. Es ist ebenfalls möglich, die Leistungen detailliert zu beschreiben und erst dann einen Partner zur Ausführung der Leistung mit einem GMP-Vertrag zu beauftragen. Hier muss jedoch angemerkt werden, dass nur eine frühe Einbindung des Auftragnehmers den Gedanken des Partnering bestmöglich verfolgen kann. Je später und je weniger der Auftragnehmer in die Definition der zu erbringenden Leistungen eingebunden ist, desto höher ist das Konfliktpotential bei später auftretenden kritischen Themen wie der Vergütung oder Leistungsänderungen. Bei der Anwendung eines GMP-Vertrags im Facility Management wird daher ebenfalls die frühe Einbindung eines FM-Dienstleisters empfohlen.[74] Von zentraler Bedeutung ist bei der weitergehenden Detailbeschreibung der Leistung und der Festlegung des Vertragsinhalts die Bereitschaft zum Prinzip der offenen Bücher, das verpflichtend mit der Vereinbarung eines GMP-Vertrages einhergeht.

Das Prinzip der offenen Bücher verfolgt den Ansatz der Generierung eines möglichst hohen Maßes an Transparenz. Bei der Detaillierung der Leistungsbeschreibung erfolgt durch den Auftragnehmer eine Kalkulation der voraussichtlichen Kosten der geplanten Prozesse, deren Menge und der zu erreichenden Qualität. Dazu gehören die voraussichtlichen Nachunternehmerkosten, Materialkosten sowie die eigenen Personalkosten des Auftragnehmers und dessen Management Fee. Mit der Anwendung des Prinzips der offenen Bücher legt der Auftragnehmer seine Kalkulationsgrundlagen für diese Kostenpositionen offen und erarbeitet gemeinsam mit dem Auf-

---

[73] vgl. Gralla (2001), S. 104
[74] vgl. Haghsheno (2007), S. 33 f.

traggeber die wirtschaftlichste Lösung. Auch während der Betriebsphase hat der Auftraggeber einen rechtlichen Anspruch auf Auskunft über die Vergütung der vom Auftragnehmer beauftragten Nachunternehmer und die tatsächlich entstandenen Projektkosten.[75]

Nach der gemeinsamen Planung der zu erbringenden Leistungen und der dazugehörigen Kostenkalkulation wird durch den Auftragnehmer ein Zielpreis, der GMP, angeboten. Sofern der Auftraggeber diesen Preis akzeptiert und die Leistung beauftragt, wird dieser Preis im Basisjahr, das heißt bei Vertragsabschluss, als GMP und somit als Basislinie fixiert. Die in den Folgejahren tatsächlich auftretenden Kosten werden an dieser Basislinie gemessen und so die Kosteneinsparungen (GMP-Unterschreitung) oder Kostenüberschreitungen (GMP-Überschreitung) bestimmt (vgl. Abbildung 4-5).

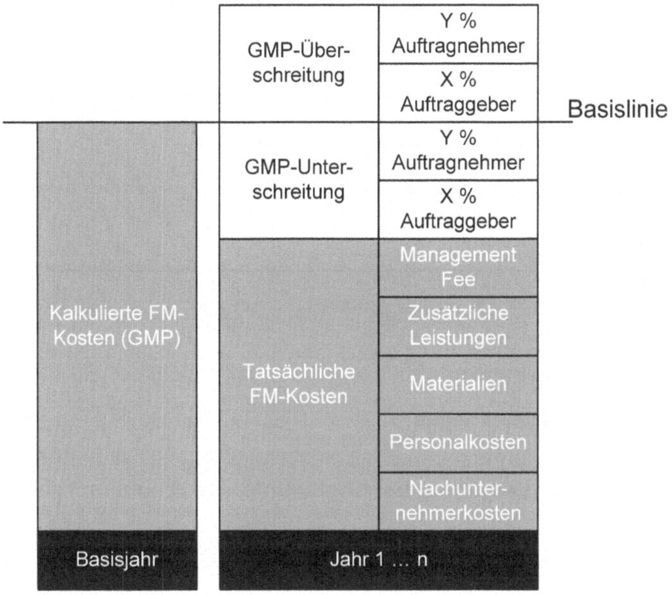

Abb. 4-5   Prinzip des GMP-Vertrages

Bei einer GMP-Überschreitung werden die Kosten in der Regel simultan zur Anwendung einer Preisobergrenze im Rahmen eines Pauschalvertrages vom Auftragnehmer getragen. Dabei ist jedoch zu beachten, dass diese Regelung nicht für GMP-Überschreitungen gilt, die aus durch den Auftraggeber angeordneten, geänderten oder zusätzlichen Leistungen resultieren. Der GMP bezieht sich lediglich auf das vom Auftragnehmer zu vertretende, zum Zeitpunkt des Vertragsschlusses vereinbarte

---

[75] vgl. Thierau (2008), S. 709

Leistungssoll. Ebenfalls im Risikobereich des Auftraggebers verbleiben von den Vertragsparteien nicht zu beeinflussende Änderungen des Leistungssolls, die z. B. infolge gesetzlicher Änderungen auftreten. Der GMP stellt somit die fixierte Basislinie für
die vertraglich vereinbarte Leistung dar. Die erwarteten Gesamtkosten der FM-
Leistung können auch bei Abschluss eines GMP-Vertrages nicht „garantiert" werden,
da der GMP ebenso an geänderte Projektumstände anzupassen ist, wie ein Pau-
schalpreis in einem Pauschalvertrag.[76]

Kern des GMP-Vertrages sind die Regelungen zur prozentualen Verteilung der aus
einer GMP-Unterschreitung resultierenden Kosteneinsparungen und der aus einer
GMP-Überschreitung resultierenden Mehrkosten (vgl. Abbildung 4-6).

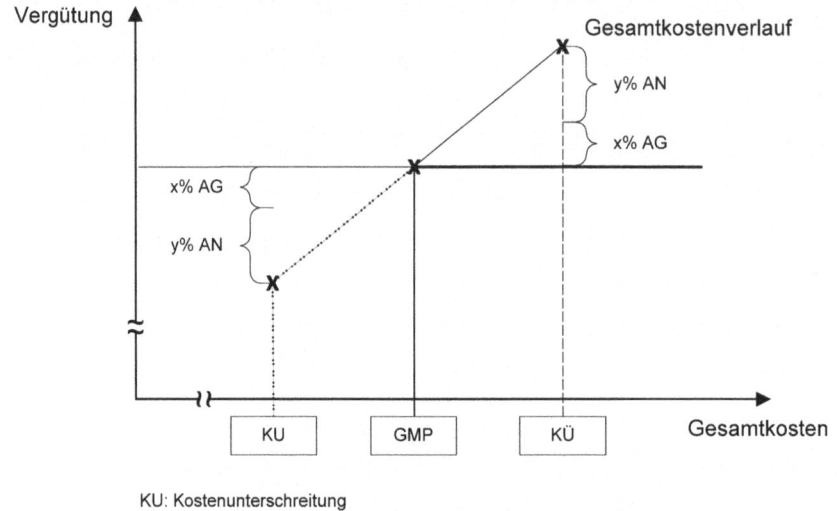

KU: Kostenunterschreitung

KÜ: Kostenüberschreitung

**Abb. 4-6   Verteilung der Vergütung bei Kostenunter– und –überschreitungen im
GMP-Vertrag**[77]

Eine vertragliche Regelung zur Aufteilung der Mehrkosten, die nicht auf geänderte
oder zusätzliche Leistungen infolge einer Anordnung des Auftraggebers zurückzuführen sind, findet als Verteilung zwischen Auftraggeber und Auftragnehmer im theoretischen Modell keine Anwendung. Eine solche Vereinbarung würde dem originären
Ziel eines GMP-Vertrages, eine Kostendeckelung und somit eine Budgetsicherheit zu
erhalten, widersprechen. Die Mehrkosten sind somit durch den Auftragnehmer zu
tragen.

In der Praxis können jedoch unvorhersehbare Risiken, wie zum Beispiel die Energie-
preisentwicklung über einen längeren Zeitraum, von der GMP-Vereinbarung ausge-

---

[76] vgl. Messerschmidt/Thierau (2007), Rdnr. 72 ff.
[77] Eigene Darstellung in Anlehnung an Hagsheno (2007), S. 25

schlossen und hierfür fixierte Preisgleitklauseln oder eine Verteilung der Mehrkosten zwischen den Vertragsparteien vereinbart werden. So kann ein positives Signal für die Partnerschaft gesetzt werden und der Auftragnehmer muss keine Risiken übernehmen, die er nicht beeinflussen kann.

Bei der Verteilung der Kosteneinsparungen im Rahmen einer GMP-Unterschreitung können theoretisch Verteilungssätze von 0 % bis 100 % vereinbart werden. Sofern für den Auftragnehmer ein Anteil von 100 % fixiert wird, profitiert nur er von den Kosteneinsparungen. Dieses ist jedoch genau wie ein Anteil von 0 %, bei dem nur der Auftraggeber an den Kosteneinsparungen partizipiert, nicht im Sinne des Partnering und der gemeinsamen Entwicklung von Optimierungspotentialen. Vielmehr sind projektspezifisch Verteilungssätze zu vereinbaren, die für alle Beteiligten vorteilig sind und der Anreizschaffung dienen. Dabei ist zwischen fixen oder variablen Verteilungssätzen zu unterscheiden. Bei einem fixen, prozentualen Verteilungssatz bleiben die prozentualen Anteile an den Kosteneinsparungen beider Vertragsparteien in jedem Jahr unverändert. Da die Betriebsphase einer Immobilie und somit die Vertragslaufzeit eines FM-Vertrages jedoch wesentlich länger als die Herstellungsphase und die Vertragslaufzeit eines Bauvertrages ist, wird bei FM-Verträgen die Anwendung eines variablen Verteilungssatzes oder die Anpassung der Basislinie als neuer Ausgangspunkt empfohlen. Bei einem variablen Verteilungssatz verändern sich die prozentualen Anteile beider Vertragspartner in Abhängigkeit der Höhe der relativen Kosteneinsparungen.

Sofern zwischen Auftraggeber und Auftragnehmer eine gute Partnerschaft besteht, können FM-Verträge immer wieder verlängert werden und über lange Zeiträume bestehen. Erkenntnisse aus den ersten Betriebsjahren können bei einer Vertragsverlängerung nach z. B. fünf oder zehn Jahren eine Anpassung des GMP erforderlich machen, sofern dieser stark von den tatsächlichen Kosten abweicht. Dies kann bereits im Ursprungsvertrag bei der Formulierung von Verlängerungsoptionen schriftlich fixiert werden. Der modifizierte GMP ist erneut im Rahmen der partnerschaftlichen Zusammenarbeit und unter Anwendung des Prinzips der offenen Bücher zu vereinbaren.

Eine Störung der Partnerschaft kann entstehen, wenn z. B. von Seiten des Auftragnehmers die Leistung nur unter dem Gesichtspunkt erbracht wird, dass mit einem möglichst geringen Aufwand eine möglichst hohe Kosteneinsparung erzielt wird. Dadurch besteht die Möglichkeit einer Abweichung zwischen der vom Auftraggeber geforderten Leistung und der tatsächlich ausgeführten Leistung. In klassischen GMP-Verträgen wird dieser Möglichkeit Raum gegeben, da nur an die vertrauensvolle und korrekte Zusammenarbeit zwischen Auftraggeber und Auftragnehmer appelliert wird; eine Messung und Bewertung dieses weichen Faktors erfolgt jedoch nicht. Durch die Anpassung der Basislinie in einem bestimmten Zyklus kann dieser Leistungsabweichung entgegengewirkt werden.

Um eine Qualitätsminderung zu vermeiden, kann auch in einem GMP-Vertrag eine Bonus-Malus Regelung (vgl. Kapitel 5.4 Leistungsbewertung und Vergütung) eingeführt werden, die sich an vereinbarten SLA's (vgl. Kapitel 5.2 Service Level Agreement) und den entsprechenden KPI's (vgl. Kapitel 5.3 Key Performance Indicator) orientiert. So kann sichergestellt werden, dass die Mindestanforderungen des Auftraggebers trotz des übergeordneten Bestrebens nach einer Kosteneinsparung erfüllt werden.

4.4.6 Einsparungsmodell

Das Einsparungsmodell ist eine abgeleitete Form eines GMP-Modells und hat ebenfalls zum Ziel, die Bewirtschaftungskosten einer Immobilie zu senken. Während ein GMP-Modell bei Neubauten verwendet wird, findet das Einsparungsmodell bei der Optimierung von Bestandsimmobilien Anwendung. FM-Dienstleister bieten dabei einem Unternehmen als Eigentümer einer Immobilie eine Analyse der Ist-Situation und die Erarbeitung eines alternativen FM-Konzepts an, das eine Einsparung in den bisherigen Bewirtschaftungskosten garantieren soll.

Ausgangspunkt des Einsparungsmodells ist in der Regel eine Bestandsaufnahme, bei der die in Abbildung 4-7 dargestellten Punkte des zu analysierenden Unternehmens, der Immobilie und des bestehenden Facility Managements zu prüfen und auszuwerten sind.

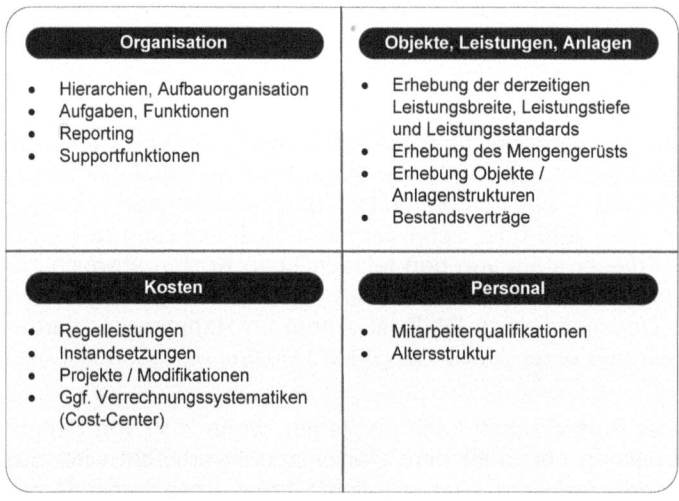

Abb. 4-7   Aspekte der Bestandsanalyse

Um die in Abbildung 4-7 genannten Punkte prüfen zu können, muss der Auftraggeber dem FM-Dienstleister die erforderlichen Daten und Unterlagen zur Verfügung stellen und Zugang zu den Liegenschaften gewähren. In Abbildung 4-8 werden die benötigten Unterlagen dargestellt.

Organisation	Objekte, Leistungen, Anlagen

• Organigramm
• Personalstärke; gewerke-
  spezifische Eigen- und
  Fremdleistungen
• Aufgaben- und
  Funktionsbeschreibungen
• Stellenbeschreibungen
• Schichtplan / Anwesenheitszeiten
	• Anlagenschemata
	• Anlagen-Funktionsbeschreibung
	• Bestandsverträge
	• Flächenverzeichnisse
	• Eingesetzte IT-Werkzeuge
	• Qualitätsvorgaben der
	  Leistungserbringung (Zyklen,
	  Normen wie z.B. AMEV, etc.)

Kosten	**Personal**
• gewerkespezifische Regelleistungen • Instandsetzungen • Projekte / Modifikationen • Sonderleistungen	• Mitarbeiterqualifikationen • Altersstruktur • Pensionen, Sonderleistungen • Arbeitsverträge • Betriebsvereinbarungen

Abb. 4-8 **Erforderliche Unterlagen und Daten als Grundlage der Bestandsanalyse**

Ferner sind vom Unternehmen die relevanten Ansprechpartner für die Bereiche Betrieb, Personal, technische Gebäudeausrüstung, Informationstechnik (IT), Recht und Finanzen anzugeben. Diese Ansprechpartner müssen durch die Unternehmensleitung über das Vorhaben und die Bestandsanalyse informiert werden und eine Bevollmächtigung zur Bereitstellung der relevanten Informationen erhalten. Dabei sind die Grenzen der Informationsbereitstellung eindeutig zu benennen, sodass die jeweiligen Ansprechpartner genau wissen, welche Daten sie dem FM-Dienstleister zur Verfügung stellen dürfen.

Des Weiteren werden dem FM-Dienstleister die strategischen Ziele der Unternehmensleitung vorgegeben. Dazu gehören Zieldefinitionen zu den folgenden Bereichen:

▪ Outsourcing von Nicht-Kernprozessen

▪ Zentrale Steuerung (Hierarchische Zuordnung der Steuerung der FM-Prozesse)

▪ Immobilienstrategie des Unternehmens (In- oder Outsorcing, präventiv oder reaktiv)

▪ Umfang der Betriebskostenreduktion

▪ Kostentransparenz (Existenz einer Kostenartengliederung)

▪ Nachhaltigkeit und Lebenszyklusorientierung

▪ Flexibilität (Verträge, Nachunternehmertausch)

▪ Qualitätsmessung

▪ Reporting

Diese Ziele bilden die Grundlage für das durch den FM-Dienstleister zu erstellende Einsparungskonzept. Der FM-Dienstleister fertigt hierzu eine Due Diligence an, die eine erste Schätzung der potentiellen Einsparungen zum Ziel hat. Dazu werden zunächst die vorhandenen Gegebenheiten erfasst und die Ist-Kosten den möglichen Einsparungen gegenübergestellt. Des Weiteren wird ein optimiertes Organigramm mit den dazugehörigen Stellenbeschreibungen erstellt, das den organisatorischen Veränderungsbedarf aufzeigt. Dieses wird um eine Darstellung der aktuellen Personalkosten und der erforderlichen Soll-Kapazitäten und Soll-Qualifikationen des Personals ergänzt.

Die Due Diligence beinhaltet in Abstimmung mit dem Kunden des Weiteren die Definition von Service-Levels oder deren Anpassung, sofern der Kunde bereits eigene Service-Levels definiert hat. Es werden Optimierungspotenziale der Bestandsverträge identifiziert und die Ist-Kosten als Basis für die Messung der möglichen Einsparungen dargelegt. Den Abschluss der Due Diligence bildet eine Kostenschätzung der optimierten Bewirtschaftung mit einer Abschätzung der Einsparpotenziale, die dem Kunden präsentiert und mit ihm diskutiert wird. Sofern der Kunde die vorgeschlagenen Maßnahmen akzeptiert, kann ein Letter of Intent (LOI) mit der Erklärung über den beabsichtigen Abschluss eines FM-Vertrages unterzeichnet werden.

Der Abschluss eines LOI begründet keinen Rechtsanspruch auf den Abschluss des Hauptvertrages. Er zeigt vielmehr, dass die Vertragsparteien ernsthaft an dem Abschluss eines FM-Vertrages interessiert sind. Dennoch können in einem LOI auch bindende Elemente vereinbart werden. Dazu gehört z. B. eine Vertraulichkeitserklärung des FM-Dienstleisters über die im Rahmen der Due Diligence offen gelegten Unternehmensdaten. Im Gegenzug kann festgelegt werden, dass das durch den FM-Dienstleister erarbeitete Einsparungskonzept nicht für eine Beauftragung von Drittunternehmen verwendet wird. Ferner kann der LOI Regelungen zur Vergütung der Due Diligence enthalten, falls sich der Kunde gegen eine Beauftragung des Facility Managements entscheidet oder der FM-Dienstleister seine geschätzten Einsparungspotenziale im Zuge einer Detailuntersuchung nicht verifizieren kann.[78]

Im Anschluss an die Unterzeichnung eines LOI und damit die Absichtserklärung des Unternehmens, das Einsparungsmodell über den Abschluss eines FM-Vertrages umzusetzen, wird durch den FM-Dienstleister eine fortgeführte, vertiefende Due Diligence erstellt. Dabei werden unter anderem KPI's (vgl. Kapitel 4.3 Key Performance Indicator) der späteren Bewirtschaftung definiert, einzurichtende Tools beschrieben und eine Strategie zum Umgang mit den Bestandsverträgen und dem vorhandenen Personal ausgearbeitet. Ferner werden neue Vertragsmodelle entwickelt und Nachunternehmeranfragen durchgeführt, auf deren Grundlage eine Kalkulation der zu erbringenden Leistungen erfolgt.

Nach der vertiefenden Due Diligence kann die Höhe des Einsparpotenzials im Vergleich zu der ersten Due Diligence konkretisiert werden. Sofern sich die geschätzten Einsparungen aus der ersten Due Diligence nicht bestätigen, erhält der FM-Dienstleister nur eine geringe Vergütung für die erbrachten Prüfungsleistungen. Da in diesem Fall keine Einsparpotenziale ermittelt werden konnten, wird in der Regel auch kein Vertragsabschluss zu Stande kommen.

---

[78] vgl. Houck (2006), S. 65 f.

Bei einer Bestätigung der geschätzten Einsparungen kann der FM-Vertrag mit den in der Due Diligence ermittelten Leistungsinhalten geschlossen werden. Die Kosten für die bis dahin reichende Erarbeitung der Vertragsinhalte werden dabei durch den FM-Dienstleister getragen. Sollte der Kunde hingegen während und nach der detaillierten Prüfung der Einsparpotenziale seine Strategie ändern und sich gegen eine Durchführung des Einsparungsmodells durch Abschluss eines Vertrages entscheiden, hat er die vollen Kosten für die Erstellung der Due Diligence zu übernehmen. Der Gesamtverlauf des Einsparungsmodells ist in Abbildung 4-9 schematisch dargestellt.

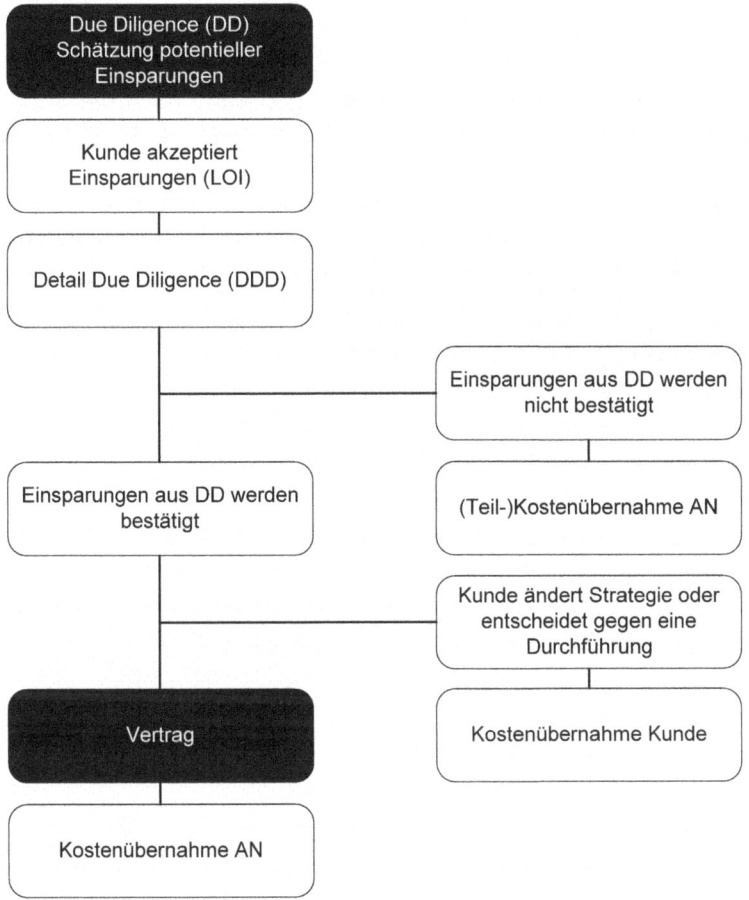

Abb. 4-9   Verlauf des Einsparungsmodells

Der wesentliche Vorteil des Einsparungsmodells im Vergleich zur klassischen Ausschreibung der FM-Dienstleistungen liegt in dem für den Auftraggeber geringeren Aufwand. Bei der klassischen Ausschreibung müsste der Auftraggeber den Leistungsumfang selbst definieren und das entsprechende Mengengerüst mit den gewünschten SLA's (vgl. Kapitel 4.2 Service Level Agreement) eigenständig festlegen. Er müsste zudem die Ausschreibung durchführen, die Angebote bewerten und eine Vorauswahl der Nachunternehmer und Lieferanten treffen. Dieses klassische Verfahren ist sehr zeit- und kostenintensiv und mit einem hohen Personalaufwand verbunden. Sofern das Unternehmen keine Mitarbeiter mit den entsprechenden Fachkompetenzen beschäftigt, kann die Auswertung der Angebote mitunter schwierig sein und die Qualität des beauftragten Dienstleisters oft erst im laufenden Vertrag festgestellt werden.

Das Einsparungsmodell bietet den Vorteil einer transparenten Aufbereitung der Grundlagen für die Bestimmung der notwendigen Leistungen durch ein Fachunternehmen und weist für den Auftraggeber ein geringes finanzielles Risiko auf. Er muss keine größeren Personalressourcen aufwenden und kann nach der Schätzung des Einsparpotenzials entscheiden, ob er das Einsparungskonzept fortführen oder beenden möchte.

Die Nachteile bei der Anwendung des Einsparungsmodells liegen in der umfassenden Datenbereitstellung an den bis dato in der Regel noch unbekannten FM-Dienstleister und bzw. in der oftmals nicht vorhandenen Datengrundlage. Zudem erhält der Auftraggeber nur ein Angebot von einem Dienstleister und kann aufgrund der detaillierten Datenanalyse und des umfassenden Leistungsangebots meist kein Vergleichsangebot einholen.

5 Leistungsbewertung in der Immobilienbewirtschaftung

Bei der Gestaltung von Verträgen zur Immobilienbewirtschaftung stellt sich für den Auftraggeber immer wieder die Frage, welche effektiven Möglichkeiten bestehen, den Auftragnehmer dazu anzuhalten, die vereinbarten Leistungen vertragsgemäß zu erbringen und auf welche Weise er bei Leistungsstörungen Ansprüche gegen den Auftragnehmer durchsetzen kann. Bei der Leistungsbewertung wird i. d. R. auf so genannte Bonus-Malus Systeme zurückgegriffen, welche die Beziehungen und Verantwortungen zwischen Auftragnehmer und Auftraggeber regeln. Während der Malus die Funktion eines pauschalisierten Schadensersatzes oder einer Vertragsstrafe inne hat, wird durch den Bonus ein Anreiz für überdurchschnittlich gute Leistungserbringung durch Zahlung einer höheren Vergütung geschaffen. Die grundsätzliche Problematik besteht darin, dass nicht sämtliche Leistungen der Immobilienbewirtschaftung objektiv anhand eindeutig mess- bzw. bewertbarer Parameter beurteilt werden können. Während die Beurteilung von Leistungen im Bereich des technischen Gebäudemanagements ohne allzu große Probleme möglich ist, unterliegen vor allem infrastrukturelle Leistungen, wie beispielsweise Reinigungs- oder Verpflegungsdienstleistungen, in ihrer Beurteilung in großem Maße dem subjektiven Empfinden der einzelnen Nutzer von Immobilien.

5.1 Rechtliche Einordnung der Leistungsbewertung

Der FM-Vertrag besitzt den Charakter eines typengemischten Vertrages, welcher sowohl Werk- als auch Dienstleistungen zum Gegenstand hat. Dabei stellt er ein Dauerschuldverhältnis dar, zu dessen Erfüllung zahlreiche Werk- als auch Dienstleistungen wiederkehrend zu erbringen sind. Liegt nun im Zuge einer Vertragsabwicklung eine Leistungsstörung vor, so ist es schwierig zu beurteilen, welche der gesetzlichen Regelungen anzuwenden ist. Eine eindeutige Zuordnung kann nur dann erfolgen, wenn der Vertrag entweder als reiner Werk- oder als reiner Dienstleistungsvertrag einzuordnen ist. Dies entspricht jedoch nicht der Realität. In der Regel muss eine fallbezogene Unterscheidung für jede einzelne Leistung erfolgen, aus der hervorgeht, welche rechtlichen Folgen sich aus der Störung einer Leistung ergeben. Handelt es sich um einen Werkvertrag so bestimmen sich die Rechtsfolgen nach §§ 634ff. BGB.

Im Dienstvertragsrecht besteht hingegen kein spezielles Leistungsstörungsrecht, sondern es kommen die allgemeinen schuldrechtlichen Regelungen zu Leistungsstörungen zur Anwendung. So ist beispielsweise bei Auftreten und Nichtbeseitigung eines Mangels im Werkvertragsrecht ein Rücktrittsrecht vorgesehen, während das allgemeine Schuldrecht zur Kündigung berechtigt. Die Kündigung eines FM-Vertrages wegen eines einzelnen Mangels ist aber sicherlich nicht im Interesse der Vertragsparteien. Die Festlegung von Minderungsbeträgen bei FM-Leistungen kann sich deshalb als sehr schwierig und streitträchtig erweisen, wenn nicht von vornhe-

© Springer Fachmedien Wiesbaden GmbH, ein Teil von Springer Nature 2018
J. Hirschner et al., *Facility Management im Hochbau*, Leitfaden des Baubetriebs und der Bauwirtschaft, https://doi.org/10.1007/978-3-658-21630-6_5

rein eindeutige Regelungen definiert sind, welche die Voraussetzungen und Rechtsfolgen von Qualitätsabweichungen regeln.

5.2 Service Level Agreement

Der Begriff Service-Level-Agreement (SLA) bezeichnet eine Leistungsvereinbarung beziehungsweise eine messbare Beschreibung zwischen Auftraggeber und Leistungserbringer zur Erbringung ständiger oder wiederkehrender Dienstleistungen. Mittels eines SLA werden die Messung sowie die Bedingungen der Erbringung und anzuwendenden Messgrößen von vertraglich vereinbarten Dienstleistungen festgelegt.[79] Ziel ist es, die Kontrollmöglichkeiten für den Auftraggeber transparent zu gestalten, indem zugesicherte Leistungseigenschaften wie etwa Leistungsumfang, Reaktionszeit und Schnelligkeit der Bearbeitung exakt beschrieben werden. Wichtiger Bestandteil ist hierbei die Dienstgüte, das so genannte Service Level, welches ein Produkt, einen Prozess oder ein System mit einer vereinbarten und erwarteten Leistungsqualität in Form von Merkmalen oder Anspruchsklassen beschreibt.

5.2.1 Historie

Historisch sind SLA's zuerst für IT-Dienstleistungen als Messinstrument für erbrachte Leistungen entstanden. Im Zuge der zunehmenden Auslagerung von ursprünglich im Unternehmen integrierten IT-Dienstleistungen und der damit fortschreitenden Arbeitsteilung zwischen den vertraglich verbundenen Unternehmen war es erforderlich, Prozesse zu entwickeln, welche für die ursprünglich im eigenen Unternehmen durchgeführten Leistungen weiterhin ein Maximum an Verfügbarkeit, Sicherheit und Leistung sowie eine Kontrollmöglichkeit gewährleisten sollten. Inzwischen werden SLA's bei einer Vielzahl an Dienstleistungen verwendet.

5.2.2 Ziele von Service Level Agreements

Das primäre Ziel von Service Level Agreements besteht wie bereits erwähnt darin, eine möglichst optimale, effiziente und transparente Zusammenarbeit zwischen Kunde und Dienstleister zu erwirken. Um dieses übergeordnete Ziel zu erreichen, müssen beidseitig Rechte und Pflichten eindeutig festgelegt und Zieldefinition(en) für den Dienstleister vereinbart werden.

Es ist naheliegend, dass sich die Ziele des Kunden von den Zielen des Dienstleisters unterscheiden. Dies muss aber nicht zwingend ein Widerspruch sein, da mittels eines intelligenten Service Level Agreement beide Vertragsparteien ihr Ziel erreichen können. Der Dienstleister richtet sein Interesse primär darauf, Planungssicherheit und Investitionsschutz zu erzielen, eine Grundlage für die Rechtfertigung von Investitionen zu schaffen oder die Kundenerwartungen zu fixieren und somit die Kundenzufriedenheit und Servicequalität zu verbessern.

Im Gegensatz hierzu erwartet der Kunde eine Verbesserung seiner Einflussnahme auf die Kosten, eine Kostenreduktion, eine Verbesserung der Kostentransparenz sowie eine Fortentwicklung des vertrauensvollen Umgangs mit Dienstleistungen.

---

[79] vgl. DIN EN 15221-1 (2006), S. 6

Ersichtlich ist, dass die jeweiligen Ziele entweder rein wirtschaftlicher oder rein qualitativer Natur sind und trotz unterschiedlicher Interessenslagen der Beteiligten eine
gemeinsame Schnittmenge und folglich gemeinsame Ziele besitzen. Die gemeinsamen Ziele bestehen in:

- der Erzielung von Leistungstransparenz,
- der Standardisierung von Dienstleistungen,
- der Verbesserung der Kommunikation zwischen Kunde und Dienstleister,
- der Sicherstellung der Erbringung der vereinbarten Dienstleistungsqualität,
- der Anpassung der Dienstleistungen an die Anforderungen des Kunden,
- der Schaffung einer gemeinsamen Ausgangsbasis für kontinuierliche Verbesse-
  rungsprozesse und
- der Regelung der Verantwortlichkeiten und Zuständigkeiten zwischen Dienstleister und Kunden.

5.2.3 Arten von Service Level Agreements

Grundsätzlich wird zwischen drei verschiedenen Kategorien von Service Level Agreements unterschieden. Entgegen der nachfolgend aufgeführten trennscharfen
Kategorisierung kann in der Praxis eine eindeutige Abgrenzung nicht ohne weiteres
erfolgen, da für einzelne Leistungen oftmals Service Level Agreements vereinbart
werden, welche Elemente der unterschiedlichen Arten enthalten.

Inputorientierte Service Level Agreements

Hierbei liegt eine Standardisierung der eingesetzten Leistungen für den Dienstleis-
tungserstellungsprozess vor, wie z. B. eine geforderte fachliche Qualifikation eines
Mitarbeiters oder definierte Materialqualitäten. Beispielhaft ist dies in Abbildung 5-1
dargelegt.

Geforderte Mitarbeiterqualifikation
Es ist ausreichend ausgebildetes Personal (Dipl.-Ing. (TU/FH), staatlich geprüfter Techniker mit immobilienwirtschaftlicher Zusatzqualifikation) einzusetzen. Die Mitarbeiterinnen und Mitarbeiter müssen über mindestens 5 Jahre Berufserfahrung im Bereich der Objektleitung verfügen.
Geforderte Material- und Umweltqualität
Die zum Einsatz kommenden Verbrauchsmittel (z. B. Reinigungsmittel, Desinfektionsmittel etc.) sowie die eingesetzten Arbeitstechniken müssen stets dem aktuellen Stand in Bezug auf Umweltverträglichkeit und Entsorgungsmöglichkeit entsprechen. Die Umweltverträglich-keit der Reinigungsmittel ist anhand eines Gütesiegels nachzuweisen.
Der Auftragnehmer hat in diesem Sinne und unter Einhaltung der Gefahrstoffverordnung, der Herstellerangaben und sonstigen Vorschriften die Verpflichtung, umweltfreundliche Reini-gungsmethoden einzusetzen. Zudem ist der Auftragnehmer verpflichtet, biologisch leicht abbaubare und nur im Ausnahmefall, nach Information des Auftraggebers, kennzeichnungs-pflichtige Reinigungsmittel einzusetzen und die Mittel exakt zu dosieren.

Abb. 5-1   Beispiel leistungsorientierter Service Level

Verrichtungs- und prozessorientierte Service Level Agreements

Hierbei handelt es um eine Prozessstandardisierung, welche Kennzahlen bzw. Vorgabewerte zur Beurteilung des Leistungserstellungsprozesses festlegen. Beispiele für diese Art von Service Level Agreements sind Vereinbarungen zur Verfügbarkeit (z. B. Verfügbarkeit einer Dienstleistung täglich von 07:00 Uhr - 16:00 Uhr), Vereinbarungen zu Reaktions- und Behebungszeiten im Zuge von Störfällen, Vorgabe von Wartungszyklen nach AMEV bzw. VDMA oder die Vorgabe fest definierter Zyklen innerhalb eines bestimmten Zeitraumes, wie z. B. Reinigungshäufigkeit der Büroflächen, Flurflächen, Foyerflächen und Sanitärflächen je Woche. Abbildung 5-2 zeigt einen Vertragsauszug, welcher die Vorgaben zur Verrichtungsqualität im Zuge der Service-Level für Wartungs- und Inspektionsleistungen regelt.

Der Umfang der im Rahmen der Wartung/Inspektion zu erbringenden Leistungen orientiert sich an den gültigen DIN, VDMA und/oder AMEV-Leistungskatalogen, und den damit verbundenen festen Zyklen und vorgegebenen Maßnahmen. Im Falle, dass die beschriebenen Normen während der Vertragslaufzeit ersetzt, ergänzt oder neue Normen geschaffen werden, so orientiert sich der Umfang der Wartung/Inspektion an den Nachfolgenormen. Sollten Herstellerangaben höhere Anforderungen an die Wartung und Inspektion der Anlage stellen, so gelten die Herstellerangaben.

Abb. 5-2   Beispiel verrichtungs- und prozessorientierte SLA

Ergebnisorientierte Service Level Agreements

Hierbei werden die Parameter und Kennzahlen zur Beurteilung der Qualität in der Regel ohne Nennung von beschreibenden Details zur Leistungsumsetzung festgelegt. Beispiele für ergebnisorientierte Service Level Agreements sind die Einhaltung von Behaglichkeitskriterien, Garantie einer Systemverfügbarkeit (z. B. Verfügbarkeit einer sicherheitstechnischen Anlage in einer Immobilie) oder die Vereinbarung, dass textile Bodenbeläge gesaugt und shampooniert werden und einen fortwährend guten und gepflegten Zustand aufweisen müssen. In Abbildung 5-3 wird dies anhand der Beispiele Beleuchtung und Heizungsanlage dargestellt. Dabei wird das jeweilige Service Level Agreement gewerkeweise beschrieben und für das Eintreten von Mängeln Behebungszeiten in Abhängigkeit der Mangelschwere definiert.

Beschreibung SLA	
Beleuchtung: Die Beleuchtung (Schaltelemente, Leuchten und Lampen jeglicher Art) muss gemäß geltenden Richtlinien, Vorschriften und Gesetzen jederzeit die Anforderungen an die Beleuchtungsstärke erfüllen, voll funktionsfähig, frei von Schäden und Verunreinigungen sein, die die Funktion beeinflussen, flacker- und geräuscharm sowie farbkonsistent arbeiten und sicher befestigt sein. **Die einwandfreie Funktion der Notbeleuchtung ist permanent zu gewährleisten.**	

Mängel	Behebungszeit (h)
Gravierender Mangel: z. B. Notbeleuchtung defekt, Gefahr für Personen, keine ausreichende Beleuchtung, defekter Schalter, etc.	3
Mittlerer Mangel: z. B. Flackern, nicht normgerechte Geräuschentwicklung, etc.	1,5 Tage
Leichter Mangel: z. B. vereinzelt defekte Leuchtmittel (es muss noch eine ausreichende Beleuchtung sichergestellt sein!)	3 Tage

Beschreibung SLA	
Heizungsanlage: Die Heizanlage inkl. Heizkörper und aller Anschlüsse, Leitungen, Ventile, etc. muss gemäß geltenden Richtlinien, Vorschriften und Gesetzen ganztägig während der Nutzungszeit behagliche Raumtemperaturen gewährleisten, vollständig funktionsfähig und permanent einsatzbereit, frei von optischen Schäden und Verunreinigungen, die die Funktion beeinflussen, sicher montiert, geräuscharm und dicht sowie nach dem Stand der Technik ausgeführt sein und betrieben (energetische Nachtabsenkung) sowie von qualifizierten Personal bedient werden.	

Mängel	Behebungszeit (h)
Gravierender Mangel: z. B. nicht funktionstüchtig wie bspw. erbringt nicht die geforderten Raum- oder Wassertemperaturen, undicht, unsicher montiert, funktionale Elemente sind erheblich verunreinigt.	3
Mittlerer Mangel: z. B. nicht normgerechte Geräuschentwicklung, etc.	5 Tage
Leichter Mangel: z. B. optische Mängel im direkten Sichtbereich der Nutzer, die nicht auf gewöhnliche Abnutzungs- oder Verbrauchserscheinungen zurückzuführen sind, etc.	2 Wochen

Abb. 5-3 Beispiel ergebnisorientierter Service Level

5.3 Key Performance Indicator

Der Begriff Key Performance Indicator (KPI) bezeichnet Kennzahlen, anhand derer der Fortschritt oder der Erfüllungsgrad hinsichtlich vereinbarter Zielsetzungen oder Erfolgsfaktoren gemessen oder ermittelt werden kann. Darüber hinaus decken Key Performance Indicators das Informationsbedürfnis in unterschiedliche Denk- bzw. Steuerungsrichtungen ab. Hieraus lassen sich folgende Arten von KPI`s ableiten:

Kaufmännische KPI's

Z. B. Kosteninformationen, Erreichen von vertraglich vereinbarten Kosteneinsparungsvorgaben. Abbildung 5-4 liefert die Herleitung einer Zieleinsparung für Instandhaltungsmaßnahmen. Ziel ist, die bestehenden Kosten aus auslaufenden Verträgen sowie die vorhandenen instandhaltungsbezogenen Personalkosten des Auftraggebers unter Berücksichtigung einer Managementgebühr des Auftragnehmers zu reduzieren. Hieraus ergibt sich eine jährliche Zieleinsparung in Höhe von 110.000 € welche in Relation zur Summe der laufenden Instandhaltungskosten und Personalkosten des Auftraggebers (gesamt: 800.000 € pro Jahr) exklusive der, nicht durch den Auftragnehmer zu beeinflussenden Kosten gesetzt werden. Dies führt zu einer Zieleinsparung in Höhe von 13,75 %.

	Beim kaufmännischen KPI handelt es sich um ein Kosteneinsparmodell, in dessen Zuge eine Reduktion der Instandhaltungskosten bei Anlagen mit auslaufenden Verträgen sowie der Personalkosten von jeweils 20 % als Zielvorgabe definiert wird. Dem Auftragnehmer wird eine Managementpauschale in Höhe von 5 % der jährlich anfallenden Gesamtkosten für Instandhaltung und Personal des Auftraggebers vergütet. Das Beispiel zeigt die anvisierte zu realisierende Kosteneinsparung für das 1. Betrachtungsjahr.	
	Sachverhalt	Wert
A	Durchschnittliche Kosten für 2 Jahre für die erfassten, installierten technischen Anlagen mit auslaufenden Verträgen	600.000,00 €
B	Ausgaben für installierte Anlagen mit laufenden Verträgen	200.000,00 €
C	Personalkosten des Auftraggebers, welche dem Gebäudeunterhalt zugeordnet werden können	200.000,00 €
D	Gesamtkosten Gebäudeunterhalt auf Basis erfasster technischer Anlagen mit auslaufenden Verträgen (A+C)	800.000,00 €
A1	Zielvorgabe Kosten (A-(D*20%))	440.000,00 €
C	Personalkosten des Auftraggebers, welche dem Gebäudeunterhalt zugeordnet werden können	200.000,00 €
E	Management Fee Auftragnehmer (5% von A+B+C)	50.000,00 €
F	Gesamtkosten Zeitpunkt Projektstart (A1+B+C)	690.000,00 €
G	Vergütung an Auftragnehmer (A1+E), Jahr 1	490.000,00 €
C	Personalkosten des Auftraggebers, welche dem Gebäudeunterhalt zugeordnet werden können	200.000,00 €
	Zieleinsparung Auftraggeber Jahr 1; (D-F)	110.000,00 €
	Zieleinsparung in %	13,75 %

Abb. 5-4   Kosteneinsparmodell Instandhaltung

Technische KPI's

Z. B. Anzahl an Störfällen, Dauer von betrieblichen Stillstandszeiten wie in Abbildung 5-5 ersichtlich.

Stunden pro Jahr: 8.760 h/p.a.			
Verfügbarkeitsklasse		Verfügbarkeit in Abhängigkeit der Std. p.a.	zulässige Ausfallzeit pro Monat, bezogen auf Verfügbarkeit von 100 %
VK-0	Klasse 1	97,00 %	22 Std.
VK-1	Klasse 2	95,00 %	37 Std.
VK-2	Klasse 3	92,00 %	58 Std.
VK-3	Klasse 4	85,00 %	110 Std.
Ausfallzeiten im Zuge der Umsetzung von Instandhaltungsarbeiten werden nicht der zulässigen Ausfallzeit zugerechnet.			

Gewerkeweise Zuordnung zu Verfügbarkeitsklassen		
Kostengruppe DIN 276		Verfügbarkeitsklasse
339	Gitter, Geländer, Stoßabweiser, Handläufe	VK-1
344	Innentüren und -fenster	VK-0
359	Abdeckungen, Schachtdeckel, Roste, Gitter, Geländer, Handläufe	VK-1
421	Wärmeerzeugungsanlagen	Mai bis Oktober VK-3 November bis April VK-1
422	Wärmeverteilnetze	Mai bis Oktober VK-3 November bis April VK-1
423	Raumheizflächen	Mai bis Oktober VK-3
461	Aufzugsanlagen	VK-1

Abb. 5-5   Beispiel technische Key Performance Indicators

Organisatorische KPI's

Z. B. Arbeitsauslastung oder Personalreduktion infolge der Reorganisation von Arbeitsabläufen oder definierte Reaktions- und Behebungszeiten zur Abstellung aufgetretener Störungen in Abhängigkeit der Schwere der Störung entprechend der in folgender Abbildung 5-6 aufgeführten Beispielbetrachtung.

Mangel		Reaktionszeit RZ			Behebungszeit BZ		
		1*RZ	2*RZ	3*RZ	1*BZ	2*BZ	3*BZ
Leichter Mangel	allg. Leistungen	im Rahmen der Instandhaltung und Schönheitsreparaturen					
	Reinigungsleist.	im Rahmen der vorgesehenen Reinigungsintervalle					
Mittlerer Mangel		1 WT	2 WT	3 WT	5 WT	10 WT	15 WT
Schwerer Mangel		2 h	4 h	6 h	1 WT	2 WT	3 WT
		Die Reaktionszeit RZ ist der Zeitraum zwischen Mangelmeldung und der Einleitung von Behebungsmaßnahmen					
		Die Behebungszeit ist der Zeitraum zwischen Mangelmeldung sowie Mangelbehebung und Freimeldung					
Leichter Mangel		Mängel ohne Einfluss auf die Nutzbarkeit der Immobilie, wie z. B. leichte Gebrauchsspuren					
Mittlerer Mangel		Mängel mit Nutzungseinschränkungen und Beeinträchtigung des Gebrauchs der Immobilie, kein Einfluss auf die Sicherheit					
Schwerer Mangel		Mängel, welche den Gebrauch der Immobilie erheblich beeinträchtigen, Auswirkungen auf die Sicherheit					

Abb. 5-6   Reaktions- und Behebungszeiten sachbezogener Mängel

Die Aufgabe von KPI`s besteht darin, bewertbare Informationen zur Leistung bzw. zur Qualität der Dienstleistung bzw. eines Service Levels zu liefern. Sie liefern folglich einen Maßstab, der dazu dient, den Erfüllungsgrad eines vereinbarten Service Levels darzustellen. Erst durch die Festlegung von KPI`s kann ein Service Level umgesetzt werden, da es erst dann messbar ist. Folglich ist der KPI ein essentieller Bestandteil eines Service Level Agreements. Vielfach kann die Qualität von Dienstleistungen nicht direkt gemessen werden, sondern unterliegt in ihrer Beurteilung einer gewissen Subjektivität. Mittels eines gemeinsam definierten KPI wird hierfür sowohl für den Kunden als auch den Dienstleister eine Basis der Bewertung geschaffen. Beispielsweise kann für eine raumlufttechnische Anlage ein Service Level darin bestehen, dass die Behaglichkeit innerhalb der Räumlichkeiten sichergestellt sein soll.

Die Behaglichkeit als solche kann nicht gemessen werden, sondern eine Bewertung kann nur anhand physikalischer Größen, welche Einflüsse auf diese ausüben, erfolgen. Physikalische Größen hierfür sind beispielsweise die operative Temperatur in den Räumlichkeiten, Luftgeschwindigkeit oder Raumluftfeuchte, welche einen definierten Grenzwert nicht über- oder unterschreiten dürfen. Bei Dienstleistungen bzw. die Art der Durchführung von Dienstleistungen (vorrangig im infrastrukturellen Bereich), für welche keine Messgrößen zur Beurteilung definiert werden können, erfolgt eine Bewertung in der Regel anhand von Bewertungsbögen. Die bewertenden Personen entstammen aus der Sphäre des Kunden bzw. des Nutzers. Hierbei ist es ratsam, dass die bewertenden Personen im Projektverlauf wechseln und einen direkten Bezug zu der, durch sie zu beurteilenden Leistung vorweisen.

In Abhängigkeit der erzielten Dienstleistungsbewertung erfolgt die Einordnung in ein gemeinsam definiertes Vergütungssystem.

5.4 Leistungsbewertung und Vergütung

Service Level Agreements und damit verbundene Key Performance Indicators sind in der Regel an Vergütungsmodelle gekoppelt, welche sich nach dem Maß der Leistungserfüllung richten. Diese Vergütungsmodelle berücksichtigen die Zielerreichung der zwischen Kunden und Dienstleister definierten Leistungsvereinbarungen und Kennzahlen. Gängige Vergütungssysteme sind:

- Malus-System
  Hierin wird geregelt, dass der Dienstleister eine bestimmte Qualität des Service Levels erreichen muss. Wird dies erreicht, erhält er die vereinbarte Vergütung in voller Höhe. Ist der Dienstleister jedoch nicht in der Lage, die vereinbarte Qualität zu liefern, so erfolgt eine vorher vereinbarte Reduktion der Vergütung in Abhängigkeit der Höhe der Unterschreitung des Service Levels.

- Bonus-Malus-System
  Bei dieser Systematik ist die Minderleistung entsprechend dem Malus-System geregelt. Zur Motivation des Dienstleisters wird bei einer besonders guten (nicht erwarteten Leistung) des Dienstleisters eine Sonderzahlung vergütet. Als Beispiel hierfür kann eine Energiemengenoptimierung, d. h. eine Verbrauchsmengenreduktion, durch den Dienstleister, welche ohne investive Maßnahmen erfolgt genannt werden. In diesem Fall erfolgt eine Bonuszahlung, beispielsweise durch anteilige Vergütung der realisierten Verbrauchskosteneinsparungen.

Nachfolgend ist ein Praxisbeispiel für ein Malus-System aufgeführt. In der Regel erfolgt bei Dienstleistungen eine Kopplung vereinbarter Reaktions- und Behebungszeiten (siehe hierzu Abbildung 5-7) mit Vergütungsmechanismen, d. h. werden die Reaktions- bzw. Behebungszeiten durch den Dienstleister nicht eingehalten oder werden vertraglich definierte Unterlagen oder Dokumentationen nicht wie vereinbart (zeitlich und qualitativ) geliefert, so erfolgt eine Reduktion der vereinbarten Vergütungshöhe.

Mangel	Zuordnung	Reaktionszeit RZ			Behebungszeit BZ		
		1*RZ	2*RZ	3*RZ	1*BZ	2*BZ	3*BZ
Leichter Mangel	Allgemein	im Rahmen der Instandhaltung und Schönheitsreparaturen					
	Reinigung	im Rahmen des vorgesehenen Reinigungsintervalls (= 1WT)					
Mittlerer Mangel	Allgemein	1 WT	2 WT	3 WT	5 WT	10 WT	15 WT
Schwerer Mangel	Allgemein	2 h	4 h	6 h	1 WT	2 WT	3 WT
Mangel		Maluspunkte RZ			Maluspunkte BZ		
		1*RZ	2*RZ	3*RZ	1*BZ	2*BZ	3*BZ
Leichter Mangel	Allgemein	werden gesammelt; halbjährlich gesammelte Beseitigung					
	Reinigung	Reinigungsintervall 1 WT, RZ bzw. BZ < 1WT; 0 MP					
Mittlerer Mangel	Allgemein	0/(3) MP	5 MP	8 MP	0/(3) MP	5 MP	8 MP
	Reinigung	0/(8) MP	15 MP	20 MP	0/(8) MP	15 MP	20 MP
Schwerer Mangel	Allgemein	0/(25) MP	50 MP	75 MP	0/(25) MP	50 MP	75 MP
	Reinigung	0/(30) MP	40 MP	65 MP	0/(30) MP	40 MP	60 MP
in Klammern () stehende Maluspunkte MP werden dann einem Mangel zugeordnet, wenn der Mangel aus einer niedrigeren Kategorie hochgestuft wird. Wert eines Maluspunktes MP Allgemein: 50 € Wert eines Maluspunktes MP Reinigung: 25 €							
Berechnungsbeispiele							
Leichter Mangel	Reinigung Behebung Malus	Handseife in Seifenspendern fehlt (tägliche Auffüllung) Auffüllung erfolgt erst innerhalb von 2 Werktagen Neukategorisierung nach 1 WT; mittlerer Mangel; 8 MP 8 MP, d. h. Malus = 8 * 25 € = 200,00 €					
Schwerer Mangel	allg. Mangel Behebung Malus	Ausfall der Heizungsanlagen, Behebungszeit 1 WT Einleitung Störungsbeseitigung < 1*RZ; BZ > 3 WT RZ < 1*RZ: 0 MP; Dreifache Behebungszeit: 75 MP 75 MP, d. h. Malus = 75 * 50,00 € = 3.750,00 €					
Schwerer Mangel	allg. Mangel Behebung Malus	Sicherheitstechnische Anlage fällt komplett aus Maßnahmeneinleitung nach 8 h; Behebung nach 4 WT RZ > 3*RZ (6h): 75 MP; Behebungszeit > 3 WT: 75 MP Gesamt: 150 MP; d. h. Malus: 150 * 50,00 € = 7.500,00 €					

Abb. 5-7   Service Level Agreement und Malus System

6 Nachhaltigkeit von Immobilien – Zertifizierungssysteme

6.1 Nachhaltigkeit in der Immobilienwirtschaft

Der Begriff der Nachhaltigkeit wird zunehmend stärker für alle möglichen Bereiche und Verwendungen strapaziert, so dass dieser Begriff mittlerweile inflationär eingesetzt und nicht mehr im eigentlichen Sinn verwendet wird. Der Begriff der Nachhaltigkeit stammt urspünglich aus der Forstwirtschaft: „Das in der Forstwirtschaft seit Jahrhunderten angewandte Prinzip der Nachhaltigkeit ist unter dem Aspekt der Ökonomie als Art des Wirtschaftens zu bezeichnen, bei welcher derzeitige Bedürfnisse befriedigt werden, ohne zukünftigen Generationen die Lebensgrundlagen zu entziehen. Kennzeichnung durch langfristig orientiertes Denken und Handeln, um ein Fließgewicht der natürlichen Ressourcen zu erreichen."[80]

Nachhaltige Immobilien müssen also über ihren gesamten Lebenszyklus, von der Planung, Erstellung über den Betrieb, möglichen Umnutzungen bis hin zum Rückbau den aktuellen Bedürfnissen entsprechen, ohne jedoch dabei ein Risiko für die zukünftigen Generationen darzustellen.

Im Vergleich zu normalen Wirtschaftsgütern des täglichen Lebens, also beispielsweise Autos, Computer, Telefonen etc., weisen Immobilien eine sehr lange Nutzungsdauer auf und binden dabei auch sehr große Massen an natürlichen Ressourcen. Experten sind sich hierbei einig, dass die gebaute Umwelt in Zukunft das bedeutenste Rohstofflager für zukünftige Generationen darstellen wird. Neben diesen ökologischen Gesichtspunkten verursachen Immobilien über ihre lange Nutzungsdauer hohe Kosten und stellen darüber hinaus für die darin lebenden und arbeitenden Menschen für einen Großteil ihrer Lebenszeit eine Ersatzumwelt dar. Als allgemeiner Richtwert kann hierbei davon gesprochen werden, dass Menschen etwa 90 % ihres Lebens in geschlossenen Räumen verbringen, was wiederrum hohe Ansprüche an die Qualität dieser künstlichen Umwelt nach sich zieht.

Insgesamt lassen sich die üblichen Anforderungen an nachhaltiges Bauen wie folgt zusammenfassen:

- Minimierung bzw. Optimierung der Lebenszykluskosten,
- Reduzierung von CO_2-Emissionen,
- Schonung der Ressourcen,
- Vermeidung von „Flächenneuverbrauch" und somit Flächenversiegelung,
- Vermeidung von Schadstoffen in der Bausubstanz,

---

[80] vgl. o. V. (2000)

© Springer Fachmedien Wiesbaden GmbH, ein Teil von Springer Nature 2018
J. Hirschner et al., *Facility Management im Hochbau*, Leitfaden des Baubetriebs und der Bauwirtschaft, https://doi.org/10.1007/978-3-658-21630-6_6

- Schaffung von gesunden Wohn- und Arbeitsräumen,
- Berücksichtigung der Nutzeranforderungen.

Für Immobilien können somit insgesamt vier wesentliche Spannungsfelder der Nachhaltigkeitsaspekte identifiziert werden: die ökologische Dimension, die technische Dimension, die ökonomische und die soziale Dimension (vgl. hierzu auch Abbildung 6-1).

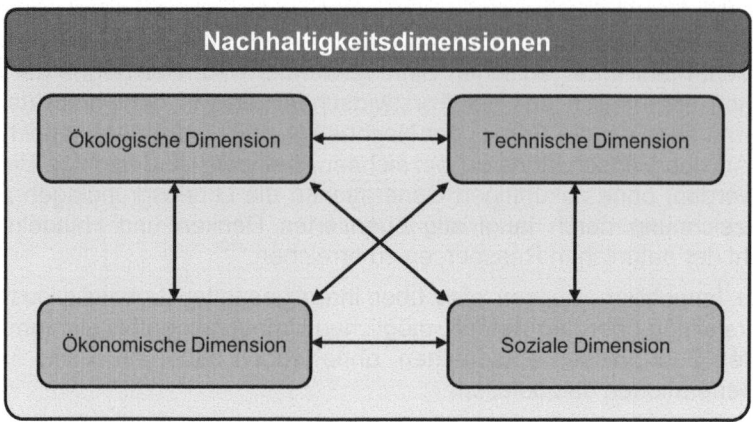

Abb. 6-1   Nachhaltigkeitsdimensionen der Projektentwicklung[81]

Eine nachhaltige Immobilie sollte somit in allen ihren Lebensphasen jeder der vier Dimensionen in optimaler Art und Weise entsprechen. Dies ist jedoch nicht möglich. Ein für alle Bereiche tragbarer Kompromiss im Spannungsfeld zwischen den Dimensionen muss also gefunden werden.

6.2 Bewertung der Nachhaltigkeit

6.2.1 Weltweite Zertifizierungssysteme

Durch die Komplexität der bei Gebäuden relevanten Nachhaltigkeitsdimensionen wurden entsprechende Bewertungsverfahren erst relativ spät entwickelt. Die Bewertung der Nachhaltigkeit ist daher eine noch recht junge Disziplin. Erst Anfang der der 1990er Jahre wurde mit dem in Großbritannien entwickelten BREEAM-System (Building Research Establishment Environmental Assessment Method) das erste Zertifizierungssystem zur Bewertung der Nachhaltigkeit von Gebäuden geschaffen. In den

---

[81] vgl. Alda/Hirschner (2016)

darauf folgenden Jahren wurden in den unterschiedlichen Ländern der Welt weitere Zertifizierungssysteme entwickelt.

Die nachfolgende Abbildung 6-2 gibt eine Übersicht mit einer Auswahl von Zertifizierungsystemen, die weltweit existieren.

System	Land	Name	Seit Jahr
BREEAM	Groß-britannien	Building Research Establishment - Environmental Assessment Method	1990
LEED	USA	Leadership in Energy & Environmental Design	1994
HQE	Frankreich	Haute Qualité Environnementale	1996
CASBEE	Japan	Comprehensive Assessment System for Building Environmental Efficiency	2001
Green Star	Australien	Green Star	2003
GRIHA	Indien	Green Rating for Integrated Habitat Assessment	2008
DGNB	Deutschland	Deutsches Gütesiegel für nachhaltiges Bauen	2009
DGNB-International	Deutschland	Deutsches Gütesiegel für nachhaltiges Bauen - International	2010
BNB	Deutschland	Bewertungssystem nachhaltiges Bauen	2009

Abb. 6-2   Übersichtsauswahl weltweiter Zertifizierungssysteme[82]

---

[82] vgl. Alda/Hirschner (2016)

6.2.2 World Green Building Council

Als weltweite Dachorganisation der einzelnen nationalen Trägern von Zertifizierungssystemen wurde im Jahr 1998 das World Green Building Council (WorldGBC) von
acht Gründungsmitgliedern (Australien, Kanada, Japan, Spanien, Russland, Verei-
nigte Arabische Emirate, Großbritannien und den Vereinigten Staaten von Amerika)
gegründet.[83] Heute sind über 73 Nationen mit deren jeweiligen Trägern von nationalen Zertifizierungssystemen bzw. Trägereinrichtungen im World Green Building
Council vertreten.

Ziel und Aufgabe des World Green Building Council ist es „ The WorldGBC's mission
is to strengthen green building councils in member countries by championing
their leadership and connecting them to a network of knowledge, inspiration and
practical support."[84]

Das WorldGBC unterstützt hierbei neue nationale Trägereinrichtungen bei deren
Aufbau und Etablierung. Mit den bestehenden nationalen Trägereinrichtungen des
nachhaltigen Bauens bildet das WorldGBC eine gemeinsame Austausch- und Stra-
tegieplattform, um die weltweiten Anstrengungen im Bereich des nachhaltigens Bauens und die Bekämpfung der weltweiten Erderwärmung und des damit verbundenen
Klimawandels zu fördern.

6.2.3 Greenbuilding und Bluebuilding

Ausgehend von den ersten Zertifzierungssystemen aus dem angelsächsichen bzw.
insbesondere aus dem amerikanischen Bereich mit dem LEED Zertifizierungssystem
hat sich für nachhaltige Gebäude der Begriff des „Greenbuilding" geprägt. Mit diesem
mittlerweile weltweit verbreiteten Begriff werden von seiner ursprünglichen Begriff-
lichkeit Gebäude bezeichnet, die sich im Wesentlichen durch hohe Qualitäten im
Bereich der Ökologie, also dem Energie- und Ressourcenverbrauch, einer optimalen
Standortauswahl und Anforderungen an zu verwendende Materialien auszeichnen.

Mit der Einführung des DGNB-Gütesiegels in Deutschland wurde ein System der
zweiten Generation etabliert, dass den Begriff des nachhaltigen Bauens bzw. den
Anspruch an nachhaltige Immobilien deutlich weiter fasst. Neben reinen ökologischen Qualitäten werden ökonomische, soziokulturelle und funktionale, technische
und Prozessqualitäten sowie der Standort betrachtet und bewertet. Ferner erfolgt
beim DGNB-System eine ergebnisorientierte und nicht maßnahmenorientierte Bewertung der Immobilien. Dies bedeutet im Klartext, es werden keine bestimmten
Maßnahmen zur Erzielung von Bewertungspunkten gefordert, sondern das resultierende Ergebnis wird ganzheitlich betrachtet und bewertet.

Der Anspruch eines Bewertungssystems der zweiten Generation und der damit ein-
hergehenden Etablierung des Begriffs des Bluebuilding zeigt sich auch im neuen
Logo des DGNB-Systems – dem „blauen Wavequad". In der nachfolgenden Abbildung 6-3 wird die Abgrenzung zwischen Green- und Bluebuilding nochmals veranschaulicht.

---

[83] vgl. WorldGBC (http://www.worldgbc.org/worldgbc/history/), Internetquelle am 11.04.2013
[84] WorldGBC (http://www.worldgbc.org/worldgbc/about/), Internetquelle am 11.04.2013

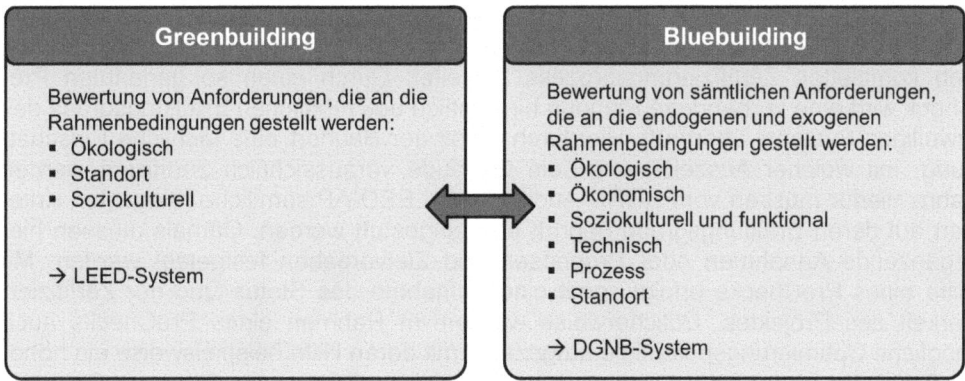

Abb. 6-3   Greenbuilding versus Bluebuilding

6.3 Ablauf einer Immobilien-Zertifizierung

So grundlegend verschieden die zwei Systeme von den Inhalten und Bewertungs-
systematiken sind, beim Zertifizierungsprozess weisen beide Systeme eine weitge-
hend deckungsgleiche Vorgehensweise mit gleichen Phasen und Meilensteinen auf.
Diese Vorgehensweise ist in der folgenden Abbildung 6-4 schematisiert dargestellt.

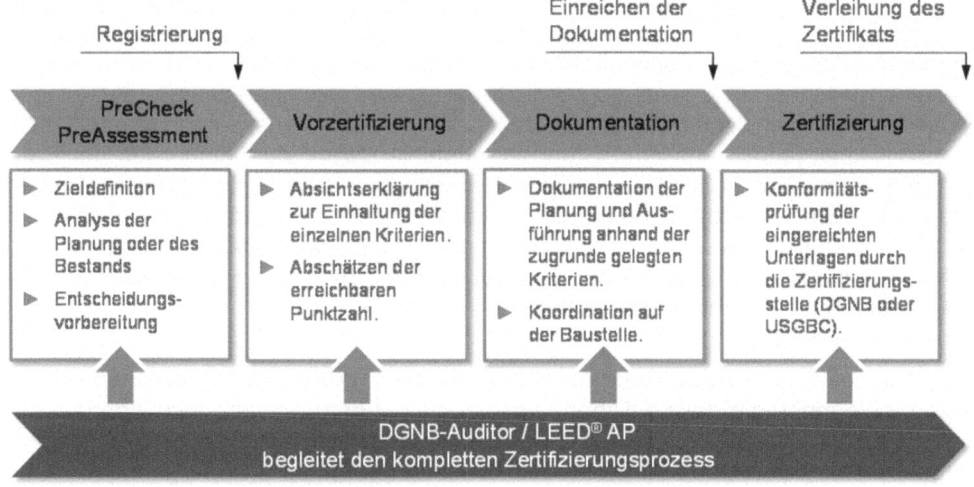

Abb. 6-4   Ablauf einer Zertifizierung[85]

---

[85] vgl. Alda/Hirschner (2016)

Der Einstieg in den Zertifizierungsprozess erfolgt durch die Beauftragung eines akkreditierten DGNB-Auditors bzw. LEED-AP, der das Planungs- und Bauteam durch den kompletten Zertifizierungsprozess begleitet. Durch einen so genannten Pre-Check wird eine vorhandene Planung hinsichtlich des möglichen Erfüllungsgrads des jeweiligen Systems überprüft. Hierdurch erhält der Bauherr eine fachliche Einschätzung, mit welcher Auszeichnung sein Gebäude voraussichtlich zertifiziert werden kann. Hierfür müssen vom DGNB-Auditor bzw. LEED-AP sämtliche relevanten Kriterien auf deren Erfüllungsgrade geprüft und eingestuft werden. Oftmals müssen hier ergänzende Annahmen oder Prognosen und Zielvorgaben festgelegt werden. Mit Hilfe eines PreChecks erfolgt somit eine Aufnahme des Status-Quo der Zertifizierbarkeit des Projektes. Üblicherweise werden im Rahmen eines PreChecks auch mögliche Optimierungspotentiale aufgezeigt, mit deren Hilfe beispielsweise ein höherer Erfüllungsgrad möglich wird, wie zum Beispiel der Sprung von Silber auf Gold.

Die gezielte Verfolgung der Zertifizierungsziele, beispielsweise auch aus möglichen Optimierungspotentialen heraus, erfolgt mit dem so genannten PreAssessment. In diesem Prozess werden gemeinsam mit dem Bauherrn und seinem Planungs- und Bauteam Festlegungen getroffen, mit welchen Maßnahmen mögliche angestrebte Zertifizierungsziele erreicht werden können.

Dieser Prozess aus PreCheck und PreAssessment setzt bei beiden Systemen noch keinerlei Anmeldung bei der jeweiligen zertifizierenden Stelle voraus. Die Anmeldung bzw. die Registrierung des Projektes wird jedoch erforderlich, sobald der Antrag auf ein Vorzertifikat gestellt werden soll. Beim Vorzertifikat handelt es sich um eine Absichtserklärung, in welcher der Bauherr seine Absicht zur Erreichung eines bestimmten Zertifizierungszieles erklärt. Hierbei sind für alle Kriterien die angestrebten Erfüllungsgrade zu benennen und ausgewählte Nachweise beizufügen, die diese angestrebte Erfüllungsgrade nachvollziehbar belegen. Beim DGNB- und beim LEED-System handelt es sich beim Vorzertifikat um einen freiwilligen Schritt, der für das Erreichen des endgültigen Zertifikates keine zwingende Voraussetzung darstellt. Das Vorzertifikat ist jedoch aus zwei Gründen empfehlenswert. Zum einen darf der Bauherr mit einem Vorzertifikat ein aktives Marketing für sein vorzertifiziertes Projekt betreiben, zum anderen werden alle Beteiligten zu einem ersten gemeinsamen Schritt im Zertifizierungsprozess zusammengeführt. Ein Vorzertifikat kann bereits im frühen Planungsprozess beantragt und verliehen werden, oder aber auch erst zu einem späteren Zeitpunkt während der Bauausführung – zwingend jedoch rechtzeitig vor der Zertifizierung.

Während des Bauprozesses sind üblicherweise die in den einzelnen Kriterien festgelegten Ziele innerhalb der baulichen Umsetzung sicher zu stellen. Insbesondere sei hier die Dokumentation von verbauten Materialien zu nennen. Gemäß den Systemvorgaben sind beispielsweise nur Baustoffe mit einem entsprechend geringen VOC-Gehalt zu verwenden. Zur Nachweisführung ist hier eine sorgfältige Dokumentation der Materialdatenblätter zu gewährleisten.

Nach Fertigstellung des Bauvorhabens werden sämtliche Unterlagen, Nachweise und Dokumentationen zum Zertifizierungsprozess vom DGNB-Auditor bzw. LEED-AP endgültig zusammengestellt und bei der Zertifizierungsstelle eingereicht. Die Zertifizierungsstelle prüft die eingereichten Unterlagen auf Systemkonformität und bestätigt im Idealfall alle vom DGNB-Auditor bzw. LEED-AP angestzten Erfüllungsgrade der

einzelnen Kriterien. Sofern die Prüfer nicht alle angesetzten Erfüllungsgrade bestätigen, sind entweder ergänzende Unterlagen als Nachweis nachzureichen, oder die
Punkte können nicht erzielt werden. Nach Abschluss dieses Prüfungsprozesses erfolgt die abschließende Verleihung des DGNB- bzw. LEED-Zertifikates.

6.4 Deutsches Gütesiegel für Nachhaltiges Bauen – DGNB

6.4.1 Historie und Grundlagen

Aufbauend auf den bisherigen Zertifizierungssystemen der so genannten 1. Generation, wurde in Deutschland mit der Gründung der Deutschen Gesellschaft für Nachhaltiges Bauen (DGNB) e. V. am 25.06.2007 ein Zertifizierungssystem der 2. Generation eingeführt: Das Deutsche Gütesiegel für Nachhaltiges Bauen (DGNB).

Aus anfänglich 15 Initiatoren und 94 Gründungsmitgliedern im Jahr 2007 ist die Anzahl der Mitglieder im Jahr 2017 auf rund 1.200 Mitglieder angestiegen.[86] Die Mitglieder repräsentieren hierbei das gesamte Spektrum der Bau- und Immobilienbranche. Von Architekten, Fachingenieuren und Planern, über Investoren, Bauunterneh-
men, Baustoffherstellern und Verbänden bis hin zur Wissenschaft sind nahezu alle
namhaften Unternehmen der Bau- und Immobilienbranche in der DGNB vertreten
und bringen somit aus den unterschiedlichen Fachrichtungen ihr Know-How mit in
die Weiterentwicklung des DGNB-Systems ein.

Das erste anwendbare Nutzungsprofil „Büro- und Verwaltungsgebäude 2008 -
NBV08" ermöglichte nun erstmals auch die Bewertung der Nachhaltigkeit von Büroimmobilien in Deutschland mit einem deutschen Zertifizierungssystem.

Aufbauend auf diesem ersten Zertifizierungssystem wurde das Nutzungsprofil Neubau Büro- und Verwaltungsgebäude Version 2009 fortgeschrieben, wodurch der
Grundstein für das zukünftige, so genannte Kernsystem – gelegt worden ist, dass für
alle weiteren Nutzungsprofile die Ausgangsbasis für die Systementwicklung darstellt.
Aktuell liegt das DGNB-System in der Version 2015 als Marktversion vor.

Bei der Bewertung der Nachhaltigkeit von Immobilien werden beim DGNB-System
das Gebäude und der Standort separat bewertet. Die Gesamtbewertung des Gebäudes erfolgt hierbei über prozentuale Erfüllungsgrade der Hauptkriteriengruppen, die
wiederrum über entsprechende Wichtungsfaktoren zu einem Gesamterfüllungsgrad
verrechnet werden.

---

[86] vgl. DGNB e. V. (www.dgnb.de), Internetquelle am 14.11.2017

Diese fünf Hauptkriteriengruppen und die jeweiligen Wichtungen gliedern sich im aktuellen DGNB-System 2015 wie folgt:

1. Ökologische Qualität - ENV (22,5 %)

    a. Wirkungen auf globale und lokale Umwelt

    b. Ressourceninanspruchnahme und Abfallaufkommen

2. Ökonomische Qualität - ECO (22,5 %)

    a. Lebenzykluskosten

    b. Wertentwicklung

3. Soziokulturelle und funktionale Qualität - SOC (22,5 %)

    a. Gesundheit, Behaglichkeit und Nutzerzufriedenheit

    b. Funktionalität

    c. Gestalterische Qualität

4. Technische Qualität - TEC (22,5 %)

    a. Qualität der technischen Ausführung

5. Prozessqualität - PRO (10 %)

    a. Qualität der Planung

    b. Qualität der Bauausführung

Ab einem Gesamterfüllungsgrad von 50 % wird ein DGNB-Zertifikat in Silber, ab 65 % in Gold und ab 80 % in Platin verliehen, wobei jeweils die entsprechenden Nebenanforderungen zu erfüllen sind, d. h. ein Gold-Zertifikat kann nur vergeben werden, wenn alle Hauptkriteriengruppen mind. 50 % (=Silber) Erfüllungsgrad aufweisen. Gleiches gilt für ein Platinzertifikat mit allen Hauptkriteriengruppen mit mind. 65 % (=Gold) bzw. für ein Silberzertifikat mit allen Hauptkriteriengruppen von mind. 35 %.

Ergänzend wird eine Bewertung der Standortqualität – SITE vorgenommen. Hierbei werden in insgesamt vier Kriterien folgende Aspekte bewertet:

- Mikrostandort,

- Image und Zustand von Standort und Quartier,

- Verkehrsanbindung,

- Nähe zu nutzungsrelevanten Objekten und Einrichtungen.

Ab einem Erfüllungsgrad von 50 % wird die Standortqualität mit Silber, ab 65 % in Gold und ab 80 % in Platin ausgezeichnet. Die Note der Standortqualität wird auf der Urkunde separat ausgewiesen. Hierbei ist es durchaus möglich, dass beispielsweise ein mit Platin ausgezeichnetes Gebäude auf einem mit Silber bewerteten Standort realisiert wird oder auch umgekehrt.

Die neueste Systemversion 2017 wurde im Spätsommer 2017 zur Kommentierung durch Auditoren und Consultants veröffentlicht. Nach Abschluss der Kommentierungsphase wird das System als neue Marktversion veröffentlicht werden. Mit der Systemversion 2017 werden im System zahlreiche Neuerungen umgesetzt, bspw. wird der Standort zukünftig mit einem prozentualen Anteil von 5 % in die Gesamtgewichtung der einzelnen Hauptkriteriengruppen integriert. Die Technische Qualität wird zukünftig mit 15 % und die Prozessqualität mit 12,5 % in die Gesamtwichtung einfließen.

6.4.2 Nutzungsprofile (Systemvarianten)

Die Entwicklung von neuen Nutzungsprofilen und die Fortentwicklung bestehender Nutzungsprofile erfolgt bei der DGNB durch Arbeitsgruppen, die mit Experten aus den unterschiedlichsten Bereichen besetzt sind. Die komplette Systementwicklung wurde und wird durch die DGNB-Mitglieder ehrenamtlich vorangetrieben.

Vom eigentlichen Kernsystem Neubau Büro- und Verwaltungsgebäude sind mittlerweile zahlreiche Nutzungsprofile als Markt- oder Erstanwendungsversion verfügbar, die zusätzliche Nutzungstypen abdecken, wie bspw. Bildungsbauten, Handelsbauten, Hotelbauten, Insdustriebauten, Wohngebäude, Versammlungsstätten oder auch Krankenhäuser.

Neben dem Kernsystem existieren zahlreiche weitere Nutzungsprofile, beispielsweise Vorgängerversionen, die nicht mehr für Projektneuanmeldungen zur Verfügung stehen.

6.4.3 Bewertung von FM-Prozessen bei DGNB-Neubauten

Innerhalb des DGNB-Systems werden Bewirtschaftungsprozesse an verschiedenen Stellen direkt und indirekt mit in die Bewertung einbezogen. Die nachfolgende Abbildung 5-5 zeigt die qualitative Bewertungssystematik und in der Abbildung 6-6 erfolgt eine Übersicht über alle DGNB-Kriterien des Nutzungsprofil Neubau Büro- und Verwaltungsgebäude 2015 – NBV15 und ordnet den Kriterien ihren jeweiligen Bezug zum Facility Management zu. Neben reinen operativen Auswirkungen auf den Bewirtschaftungsprozess der Immobilie, also beispielsweise ökonomische Auswirkungen aufgrund des Energiebedarfs oder die Instandhaltungs- und Reinigungsfreundlichkeit, werden auch zahlreiche Aspekte zur Nutzerzufriedenheit betrachtet.

Die Kriterien werden hierbei hinsichtlich ihres FM-Bezugs wie folgt bewertet:

●	●	●	Starker FM-Bezug
●	●		Mittlerer FM-Bezug
●			Geringer FM-Bezug

Abb. 6-5   Qualitative Bewertung des FM-Bezugs in DGNB-Kriterien

Ökologische Qualität	Wirkung auf globale und lokale Umwelt	**ENV1.1**	Ökobilanz - emissionsbedingte Umweltwirkungen	● ● ●
		ENV1.2	Risiken für die lokale Umwelt	
		ENV1.3	Umweltverträgliche Materialgewinnung	
	Ressourcen-inanspruchnahme und Abfall-aufkommen	**ENV2.1**	Ökobilanz - Primärenergie	● ● ●
		ENV2.2	Trinkwasserbedarf und Abwasserauf-kommen	● ● ●
		ENV2.3	Flächeninanspruchnahme	

Ökonomische Qualität	Lebenszyklus-kosten	**ECO1.1**	Gebäudebezogene Kosten im Lebens-zyklus	● ● ●
	Wertentwicklung	**ECO2.1**	Flexibilität und Umnutzungsfähigkeit	●
		ECO2.2	Marktfähigkeit	

Soziokulturelle und funktionale Qualität	Gesundheit, Behaglichkeit und Nutzerzufriedenheit	**SOC1.1**	Thermischer Komfort	●	●	●
		SOC1.2	Innenraumluftqualität			●
		SOC1.3	Akustischer Komfort			●
		SOC1.4	Visueller Komfort			●
		SOC1.5	Einflussnahme des Nutzers	●	●	●
		SOC1.6	Aufenthaltsqualitäten Innen/Außen			●
		SOC1.7	Sicherheit		●	●
	Funktionalität	**SOC2.1**	Barrierefreiheit			●
		SOC2.2	Nutzungsangebote an die Öffentlichkeit			●

Technische Qualität	Qualität der technischen Ausführung	**TEC1.2**	Schallschutz			
		TEC1.3	Tauwasserschutz der Gebäudehülle			
		TEC1.4	Anpassungsfähigkeit der technischen Systeme		●	●
		TEC1.5	Reinigungs- und Instandhaltungsfreundlichkeit des Baukörpers	●	●	●
		TEC1.6	Rückbau- und Demontagefreundlichkeit			
		TEC3.1	Mobilitätsinfrastruktur			

Prozessqualität	Qualität der Planung	PRO1.1	Projektvorbereitung und Planung	• •
		PRO1.3	Konzeptionierung und Optimierung in der Planung	• • •
		PRO1.4	Sicherung der Nachhaltigkeitsaspekte in Ausschreibung und Vergabe	
		PRO1.5	Voraussetzungen für eine optimale Nutzung und Bewirtschaftung	• • •
		PRO1.6	Verfahren zur städtebaulichen und gestalterischen Konzeption	
	Qualität der Bauausführung	PRO2.1	Baustelle / Bauprozess	
		PRO2.2	Qualität der Bauausführung	•
		PRO2.3	Geordnete Inbetriebnahme	•

Standortqualität	Standortqualität	SITE1.1	Mikrostandort	
		SITE1.2	Image und Zustand von Standort und Quartier	
		SITE1.3	Verkehrsanbindung	
		SITE1.4	Nähe zu nutzungsrelevanten Objekten und Einrichtungen	

Abb. 6-6   Zuordnung FM-Relevanz von DGNB-Kriterien bei NBV15[87]

6.4.4 Kriterium ECO1.1

Die Errichtung und der Betrieb von Immobilien sind mit hohen Kosten verbunden. Im bisherigen Kostenbewusstsein von Bauherren standen oder stehen noch heute in erster Linie die Kosten für die Bauwerkserstellung. Der Schwerpunkt der meisten Kostenbetrachtungen liegt immer noch auf der Optimierung bzw. oftmals auch Minimierung der Errichtungskosten. Betrachtungen zu Kosten des Betriebsprozesses und zum Rückbau der Immobilie finden weitestgehend nicht in ausreichendem Maße statt, obwohl gerade die Kosten des Gebäudebetriebs über die langen Betriebszeiten von Immobilien von 40 Jahren und mehr den wesentlichen Kostenfaktor darstellen.

---

[87] vgl. DGNB-Nutzungsprofil NBV15

Oftmals amortisieren sich überschaubare Mehrkosten bei der Erstellung binnen weniger anfänglicher Betriebsjahre.

Es muss somit das Bewusstsein geschärft werden, dass die wesentlichen Kosten einer Immobilie sich nicht auf die Bauwerkserstellung beschränken, sondern dass diese während der Nutzungsphase der Immobilie entstehen. Ein sehr gutes Instrument stellt hierbei eine Lebenszykluskostenberechnung auf Grundlage der Barwertmethode dar, bei der die Herstellkosten, die Kosten während der Nutzungsphase und die Rückbaukosten monetär bewertet und auf den heutigen Zeitpunkt diskontiert dargestellt werden. Der Barwert stellt also den heutigen Betrag dar (Betrachtungszeitpunkt), der mit der gewählten Verzinsung anzulegen ist, um alle Geldströme während des Betrachtungszeitraumes bedienen zu können.

Ein wesentlicher Faktor bei der Barwertmethode ist natürlich der gewählte Betrachtungszeitraum, der auch stark von der Nutzungsart abhängig ist. Für Büroimmobilien erscheinen beispielsweise 50-jährige Betrachtungszeiträume durchaus geeignet, während für Shopping-Center eher von ca. 15 bis 20-jährigen Betrachtungszeiträumen auszugehen ist. Gerade bei Shopping-Centern übersteigen die technischen Lebensdauern klassischer Konstruktionsarten (bspw. Stahlbetonkonstruktion) die wirtschaftliche Lebensdauer um ein Vielfaches. Daher müssen für nachhaltige Gebäude mit geringeren zu erwartenden Lebensdauern bereits bei der Planung ganz andere Konstruktionsarten vorgesehen werden, die sich nach Ende der wirtschaftlichen Lebensdauer von Shopping-Centern leicht demontieren und wieder verwenden oder adaptieren lassen.

Innerhalb des DGNB Zertifizierungssystems nimmt die Lebenszykluskostenberechnung (LCC – Life Cycle Costing) einen wesentlichen Schwerpunkt ein. Mit Hilfe der LCC sollen unterschiedliche Immobilien innerhalb der gleichen Nutzungsart (bspw. Büro) miteinander vergleichbar werden. Um dieses Ziel der Vergleichbarkeit zu erreichen, müssen eindeutige Rand- und Rahmenbedingungen für die LCC-Berechnung gemacht werden.

Dies geschieht bei der LCC-Berechnung für Büroimmobilien beispielsweise über die Festlegung eines 50-jährigen Betrachtungszeitraumes und der Festlegung bestimmter Kostenansätze (bspw. Kosten für Reinigungsaufwand, Verrechnungssätze für Energie) und Festlegung der Diskontierungssätze der Barwertberechnung.

Für die Ermittlung der Lebenszykluskosten nach DGNB sind folgender Kostengruppen der DIN 276 zu betrachten:[88]

- Ausgewählte Herstellkosten nach DIN 276-1

    - KG 300 Bauwerk – Baukonstruktionen

    - KG 400 Bauwerk – Technische Anlagen (ohne KG 470 Nutzungsspezifische Anlagen)

- Ausgewählte Nutzungskosten nach DIN 18960

---

[88] vgl. ECO1.1 – DGNB-System NBV15

- KG 310 und 320 (Ver- und Entsorgungskosten)
    - KG 311 Wasser
    - KG 312 bis 316 Brennstoffe und Energie
    - KG 321 Abwasser
- KG 330 Reinigung und Pflege von Gebäuden
- KG 350 Bedienung, Inspektion, Wartung
    - KG 351 Bedienung der technischen Anlagen
    - KG 352 Inspektion und Wartung der Baukonstruktionen
    - KG 353 Inspektion und Wartung der technischen Anlagen
- KG 400 Instandsetzungskosten
    - KG 410 Instandsetzung der Baukonstruktionen
    - KG 420 Instandsetzung der technischen Anlagen

Die Kosten für Inspektion und Wartung sowie für Instandsetzungen der betrachteten Bauteile der KG 300 und 400 werden nach dem Leitfaden für Nachhaltiges Bauen, der VDI 2067 oder der AMEV angesetzt.

Die Ergebnisse der LCC-Berechnung werden schlussendlich auf einen Kennwert EUR/m² BGF umgerechnet, so dass dieser dann mit vorgegebenen Benchmarks im Kriterium verglichen und so eine Bewertung nach DGNB-Punkten erfolgen kann.

Die nachfolgende Abbildung 6-7 veranschaulicht die LCC-Berechnung nach DGNB nochmals:

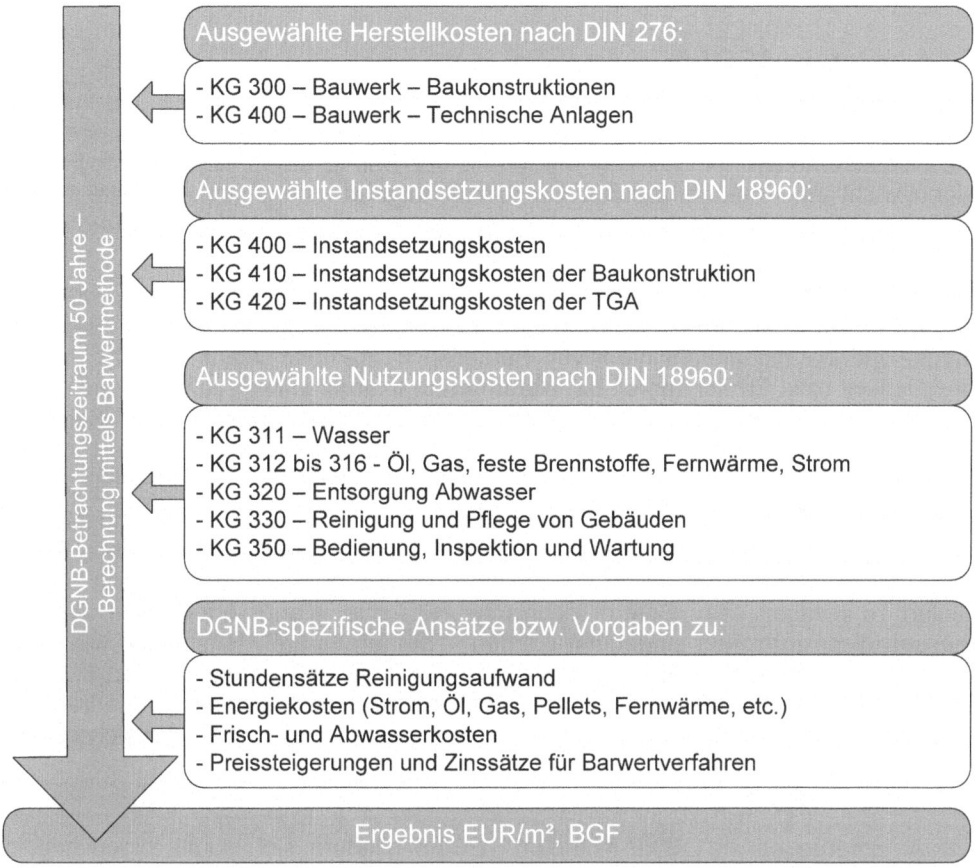

Abb. 6-7   Grobschema der Lebenszykluskostenberechnung im DGNB-System[89]

Die zuvor beschriebene LCC-Berechnung des DGNB-Systems stellt eine für das DGNB-Zertifizierungssytem durchzuführende Variante dar, um eine Vergleichbarkeit der zu zertifizierenden Projekte in Bezug auf Lebenszykluskosten zu gewährleisten. Für die Investitionsentscheidungen seitens Bauherren und Investoren ist immer eine individuelle projekt- und investorenspezifische Lebenszykluskostenberechnung durchzuführen – beispielsweise mit individuellen Diskontierungssätzen und Betrach-tungszeiträumen. Die Vorgabe der Durchführung einer LCC-Betrachtung innerhalb des DGNB-Systems soll Bauherren und Investoren auch dazu ermutigen, dieses

---

[89] vgl. ECO1.1 – DGNB-System NBV15

umfassende Instrument verstärkt für ihre Entscheidungen zu verwenden, so dass Investionsentscheidungen zukünftig verstärkt auf einer umfassenden LCC-Betrachtung getroffen werden und weniger auf einer reinen Betrachtung der Bauwerkskosten.

6.4.5 Kriterium TEC1.5

Eine wesentliche Aufgabe des Facility Managements ist die Reinigung und Instandhaltung des Bauwerks. Diese elementare Aufgabe hat nicht nur Auswirkungen auf die Nutzerzufriedenheit und den Werterhalt der Bausubstanz, sondern stellt auch einen wichtigen Kostenfaktor dar. Um diese Aufgaben zielgerichtet, prozess- und budgetoptimiert bewältigen zu können, müssen diese bereits in der frühen Planungsphase ausreichend berücksichtigt werden.

So müssen Baumaterialien gemäß ihrer Beanspruchungsart ausgewählt werden und hierbei Oberflächen aufweisen, die eine leichte Reinigung ermöglichen. Bei wartungs- und instandhaltungsintensiven Bauteilen ist darüber hinaus eine leichte Zugänglichkeit bzw. Erreichbarkeit für Wartung und Instandhaltung zu berücksichtigen. Weitere konstruktive Maßnahmen tragen ergänzend zur Vermeidung von Schäden und Verschmutzungen bei, wie beispielsweise das Vorhalten von ausreichenden Sauberlaufzonen in den Eingangsbereichen und Sockelleisten im Wandbereich.

Ein weiteres wesentliches Augenmerk muss bereits im Entwurf auf die Ausbildung der transparenten Bauteile im Innen- und Außenbereich und deren spätere Reinigung gelegt werden. So sollten Glasflächen leicht zugänglich und gut von beiden Seiten zu reinigen sein. Sofern technische Hilfsmittel hierfür erforderlich werden, müssen diese frühzeitig eingeplant werden – bei temporären Hilfsmitteln wie Hubsteigern müssen ausreichend Aufstellflächen rund um die zu reinigenden Flächen vorgesehen werden. Hierbei sollte die Befahrung des öffentlichen Straßenraumes wegen der damit verbundenen Genehmigungsprozesse und Verkehrssicherungspflichten vermieden werden.

Die Anforderungen im DGNB-Kriterium TEC1.5 gliedern sich somit folgerichtig in folgende Bewertungsbereiche[90]:

1. Tragkonstruktion

- Sind die wartungsrelevanten Teile der Primärkonstruktion für Instandhaltungsmaßnahmen leicht zugänglich?

2. Nicht tragende Konstruktion außen

- Wie gut sind die Außenglasflächen zugänglich? Werden Maßnahmen zur Verringerung des Reinigungsaufwands der Fassade ergriffen?

3. Nicht tragende Konstruktion innen

- Ist der Bodenbelag tolerant gegenüber leichten Verschmutzungen?
- Ist eine ausreichend lange Schmutzfangzone an den Haupteingängen vorhanden?

---

[90] vgl. TEC1.5 – DGNB-System NBV15

- Wurde ein weitestgehend hindernisfreier Grundriss realisiert?

Das DGNB-Kriterium mit seinen Bewertungsbereichen kann somit im frühen Planungsprozess als Checkliste hilfreiche Unterstützung leisten. Innerhalb des Kriteriums wurden mit dem Wechsel auf die Systemversion NBV15 einige Anpassungen vorgenommen.

6.4.6 Kriterium PRO1.3

Der Entwurf eines nachhaltigen Gebäudes gestaltet sich immer als iterativer Planungs- und Abstimmungsprozess der unterschiedlich beteiligten Fachplaner. Um die Nachhaltigkeitsanforderungen optimiert umzusetzen, müssen mit Hilfe von Variantenvergleichen und Konzeptstudien unterschiedliche Ansätze und Überlegungen geprüft und abgestimmt werden, so dass diese schlussendlich in Einklang mit den Zielen und Anforderungen des Bauherrn gebracht werden können.

Das DGNB-Kriterium PRO1.3 gibt hierzu eine Auswahl der durchzuführenden Konzept- und Variantenstudien:[91]

- Energiekonzept,
- Tages- und Kunstlichtoptimierung,
- Abfallkonzept,
- Mess- und Monitoringkonzept,
- Konzept zur Unterstützung der Umbaubarkeit, Rückbaubarkeit und Recyclingfreundlichkeit,
- Konzept zur Sicherung der Reinigungs- und Instandhaltungsfreundlichkeit,
- Variantenvergleiche mittels einer Ökobilanz,
- Planungsbegleitende Lebenszykluskostenplanung.

Beispielhaft werden im Folgenden kurz die Anforderungen und Inhalte eines Mess- und Monitoringkozeptes, das entscheidend zur nachhaltigen Gebäudebewirtschaftung beitragen kann, erläutert:

Ein wesentliches Ziel des Mess- und Monitoringkonzeptes ist die transparente und nachvollziehbare Erfassung des Ressourcenverbrauchs des Gebäudes in der Nutzungsphase, also die detaillierte Erfassung aller Energie- und Massenströme - bspw. Wasser, Abwasser, Abfall etc. Ausgehend von einem allseits bekanntem einfachen Mess- und Monitoringkonzept, dass die Erfassung der Energie- und Wassermengen erfasst, bis zu einem erweiterten Mess- und Monitoringkonzept. Dies beinhaltet, dass sich die betriebs- und verbrauchsrelevanten technischen Anlagen in einem mehrjährigen Zeitraum nach Inbetriebnahme überwachen und optimieren lassen. Hierdurch soll eine stetige Betriebsoptimierung bezüglich der Verbräuche der Energie- und Medienströme durch den Betreiber sichergestellt werden und nicht nur eine reine messtechnische Erfassung und Weiterverechnung der Verbräuche.

Das Mess- und Monitoringkonzept stellt zum einen die Grundlage für eine verbrauchsorientierte Erfassung und Abrechnung der Energie- und Medienströme dar,

---

[91] vgl. PRO1.3 – DGNB-System NBV15

und zum anderen den weitergehenden Anspruch der laufenden Verringerung und somit Optimierung der Verbräuche im gesamten Bewirtschaftungsprozess.

6.4.7 Kriterium PRO1.5

Während des gesamten Planungs-, Genehmigungs-, Bau- und Abnahmeproesses erhält der Bauherr eine Vielzahl an Unterlagen und Dokumenten, wie bspw. Planunterlagen, Flächenberechnungen, Gebrauchsanleitungen, Informationen zu verbauten Materialien etc. Eine Vielzahl dieser Unterlagen ist für einen optimalen Gebäudebewirtschaftungsprozess eine wesentliche Grundlage, so dass eine geordnete, strukturierte und vollständige Erfassung dieser Unterlagen elementar ist.

Um diese vollständige und strukturierte Erfassung zu ermöglichen, muss diese Anforderung bereits bei der Ausschreibung mit erfasst werden. Während des folgenden Bau- und Abnahmeprozesses ist dann insbesondere auf die vollständige Erfassung der Unterlagen zu achten und auf deren übersichtliche Strukturierung, so dass diese später unabhängigen Dritten einen einfachen Ein- und Überblick der relevanten Fakten und Informationen des Gebäudes zur Verfügung stellen. Neben einem für die Gebäudebwirtschaftung verantwortlichen FM-Dienstleister können dies auch beispielsweise mögliche Kaufinteressenten oder deren Gutachter sein.

Das DGNB-Kriterium PRO1.5 stellt hierbei Anforderungen an die Qualität und Quantität dieser Unterlagen in den folgenden Bereichen[92]:

- **Erstellung von Wartungs-, Inspektions-, Betriebs- und Pflegeanleitungen**
  Die vollständige Verfügbarkeit sämtlicher Wartungs-, Inspektions-, Betriebs- und Pflegeanleitungen der im Gebäude verbauten Materialien und technischer Geräte stellt eine wesentliche Grundlage für die erfolgreiche Tätigkeit des späteren FM-Dienstleisters dar. Auf dieser Grundlage können die erforderlichen Reinigungs-, Wartungs- und Instandhaltungsarbeiten geplant und durchgeführt werden. Diese Dokumente sollten hierbei bereits schon so strukturiert erfasst worden sein, dass diese eine akteursbezogene Anwendung (Nutzer, Hausmeister, Reinigungsfirma etc.) mit Hilfe von Wartungs- und Instandhaltungsplänen ermöglichen.

- **Anpassung der Pläne, Nachweise und Berechnungen an das realisierte Gebäude**
  Während eines üblichen Planungs- und Bauprozesses unterliegen die Planungs- und Berechnungsunterlagen zahlreichen Änderungen, Ergänzungen und Fortschreibungen. Für die Gebäudebewirtschaftung und für spätere Revitalisierungsmaßnahmen sind Plan- und Berechnungsunterlagen, die den tatsächlich vorhandenen Gebäudezustand eins zu eins widerspiegeln, eine elementare Grundlage. Neben einer FM-gerechten Aufbereitung der Planunterlagen wird vor allem ein aktualisierter EnEV-Nachweis positiv im Kriterium bewertet.

---

[92] vgl. PRO1.5 – DGNB-System NBV15

- **Erstellung eines Nutzerhandbuches**
  Mittels eines Nutzerhandbuches sollen die späteren Nutzer hilfreiche Informationen erhalten, wie sie sich in der Immobilie verhalten und die technischen Einrichtungen bedienen sollen, um eine hohe Nutzerzufriedenheit zu erzeugen und einen optimalen Energieverbrauch der Immobilie sicher zu stellen – bspw. in Bezug auf die Bedienung der Klimatechnik in Zusammenhang mit Fenstern. Ein Nutzerhandbuch ist somit vergleichend zu einer Gebrauchsanleitung für den Endkunden eines technischen Gerätes zu vergleichen.

6.4.8 Bewertung von FM-Prozessen bei DGNB-Bestandsgebäuden

Das DGNB-Zertifizierungssystem bietet mittlerweile auch die Möglichkeit Bestandsgebäude zu zertifizieren. Das DGNB-System differenziert hierbei in drei grundsätzliche Varianten:

- Bestand
- Sanierung
- Gebäude im Betrieb

Diese Systemvarianten sollen den Besonderheiten der jeweiligen Lebenszyklusphase der zu bewertenden Immobilien gerecht werden.

Beim DGNB-Nutzungsprofil Bestandsgebäude wurde die Nachweisführung gegenüber einer Neubauzertifizierung deutlich vereinfacht. Die Bewertung erfolgt hierbei auf Basis von realen Verbäuchen der Immobilie – nicht aufgrund von Planungsdaten, wie dies bei Neubauprojekten der Fall ist. Im Vergleich zu einem Neubauzertifikat ist die Immobilie lediglich mittels 22 statt der sonst üblichen rund 40 Kriterien zu bewerten. Zusätzlich existiert in diesem Nutzungsprofil eine weitere Auszeichnung. Ab einem Gesamterfüllungsgrad von bereits 35 % erhält das Gebäude die Auszeichnung „DGNB zertifiziert", somit wird auch eine Zertifizierung für ältere Gebäude möglich. Der Fokus der Bewertung wird beim System auf einen nachhaltigen Gebäudebetrieb gelegt und es wird eine regelmäßige Überprüfung der Performance zurunde gelegt, um die Optimierungsstrategien zu überprüfen. Dies wird durch eine zeitlich begrenzte Gültigkeit des DGNB-Zertifikates erreicht. Die Gültigkeit des DGNB-Zertifikates ist auf drei Jahre beschränkt, so dass eine Rezertifizierung im Dreijahresrhythmus erforderlich wird. Sofern am Gebäude keine Veränderungen vorgenommen werden, reicht es aus, aktualisierte Gebäudeverbrauchsdaten nachzuweisen. Die erstmalige Anwendung für Bestandsgebäude ist ab einem Gebäudealter von 3 Jahren möglich. Hierfür steht derzeit die Marktversion „Bestand Büro- und Verwaltungsgebäude 2013.2" zur Verfügung.

Das DGNB-Nutzungsprofil **Sanierung** kann für Gebäude angewendet werden, bei denen Sanierungsmaßnahmen vorgonommen wurden. Das System orientiert sich hierbei am Neubausystem, berücksichtigt dabei jedoch die Besonderheiten von Sanierungsprojekten – insbesondere das Thema Kernsanierungen wird fokussiert.

Das DGNB-Nutzungsprofil „**Gebäude im Betrieb**" stellt ein reines Bewertungssystem für Betriebsaspekte von Gebäuden im Betrieb dar. Das System Gebäude im Betrieb ist grundsätzlich für jeden Gebäudetyp anwendbar und soll die Prozesse und Aktivitäten des Betreibers, die Umsetzung von Nachhaltigkeitsaspekten der Nutzer und gebäudespezifische Nachhaltigkeitsaspekte bewerten.[93]

Die Bewertung erfolgt lediglich mittels 9 Kriterien, die für jeden Gebäudetyp anwendbar sind:[94]

- Prozessqualität

    PRO9.1 Stratgie und Kommunikation

    PRO 9.2 Gebäudemanagement

- Ökologische Qualität

    ENV9.1 Ressourceneffizienz

    ENV9.2 Beschaffung

- Ökonomische Qualität

    ECO9.1 Werterhalt und Betriebskosten

- Soziokulturelle Qualität

    SOC9.1 Nutzerzufriedenheit

    SOC9.2 Soziokulturelle Angebote

- Technische Qualität

    TEC9.1 Sicherheit und Betreiberpflichten

    TEC9.2 Mobilitätsangebote

Das System Gebäude im Betrieb kann für alle Gebäude angewendet werden, die mindestens 1 Jahr im Betrieb sind. Die Gültigkeit des Zertifikates ist auf drei Jahre beschränkt. Durch eine Rezertifizierung kann die Gültigkeit entsprechend verlängert werden – hierbei findet eine vereinfachte Konformitätsprüfung statt, die nur stattgefundene Änderungen neu bewertet.

---

[93] vgl. DGNB e. V. (www.dgnb.de), Internetquelle am 14.11.2017
[94] vgl. DGNB-System GIB15

7 Contracting

7.1 Definition und Grundidee

Contracting ist ein relativ junger eingedeutschter Fachbegriff, der Anfang der achtziger Jahre in den USA unter dem Namen Third Party Financing vorgestellt wurde. Formal kommt Contracting von dem englischen Wort „contract" und bedeutet übersetzt Vertrag. Hierbei erfolgt eine Übertragung von eigenen Aufgaben im Bereich der Energie- und Medienversorgung, Energiebewirtschaftung und Energieoptimierung des Contracting-Nehmers auf einen darauf spezialisierten externen Dienstleister, den Contractor. Damit lässt sich Contracting grob als ein Vertragswerk beschreiben, in dem die Leistungen zwischen dem Contracting-Geber und dem Contracting-Nehmer geregelt werden.

Wer keine oder nur geringe Investitionsmittel bereitstellen kann, allerdings aus den laufenden Budgets finanzielle Mittel zur Verfügung hat, kann auf ein Contracting-Modell zurückgreifen. Im Zuge eines solchen Modells wird die erforderliche Investition, bspw. in eine Energieerzeugungsanlage, vom Contractor vorfinanziert und nicht wie eigentlich üblich, nach erbrachter Werkleistung, direkt bezahlt.

Die Refinanzierung der Investition erfolgt dabei innerhalb eines von den Vertragsparteien definierten Nutzungszeitraumes. Contracting kann neben der Finanzierung der Anlagentechnik auch weitere Leistungen, wie Planung, Errichtung, Betriebsführung, Wartung, Instandsetzung und Erneuerung energietechnischer Anlagen sowie die Lieferung und Abrechnung von Wärme, Kälte, Strom, Druckluft, Dampf oder anderen Formen von Energie und Medien wie Wasser und Stickstoff enthalten.

Aufgrund der Vielschichtigkeit der Aufgaben sind an einem Contracting-Modell mehrere Beteiligte erforderlich:

- Banken zur eventuell erforderlichen Bereitstellung von Fremdkapital,
- Energieversorgungsunternehmen zur Bereitstellung von Verbrauchsmedien,
- Subunternehmer zur Umsetzung erforderlicher Werkleistungen,
- Contractor, bei dem sämtliche Bausteine des Contracting zusammengeführt werden.

Die Beteiligten sowie die jeweiligen Leistungsbeziehungen sind in nachfolgender Abbildung 7-1 dargestellt:

© Springer Fachmedien Wiesbaden GmbH, ein Teil von Springer Nature 2018
J. Hirschner et al., *Facility Management im Hochbau*, Leitfaden des Baubetriebs
und der Bauwirtschaft, https://doi.org/10.1007/978-3-658-21630-6_7

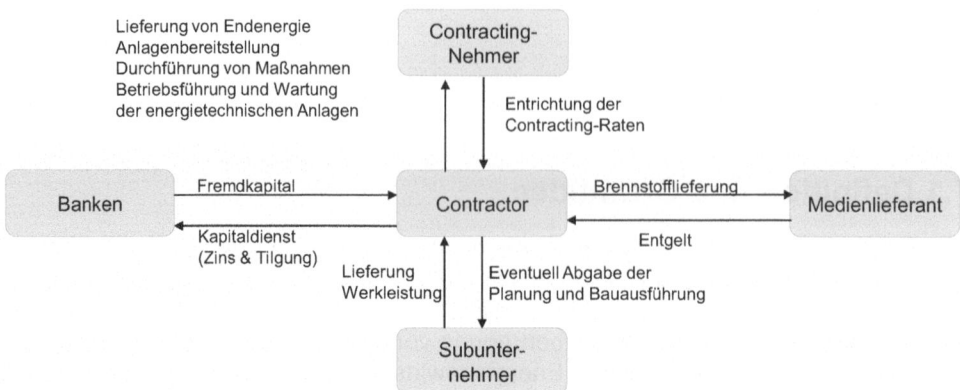

Abb. 7-1   Beteiligte und die jeweiligen Leistungsbeziehungen

7.2 Vor- und Nachteile

Der Bezug von Energie und Medien sowie die Bereitstellung von Energieerzeugungsanlagen über einen Dritten (Contractor) kann sowohl für den Kunden (Contracting-Nehmer), als auch für den Contractor zu verschiedenen Vor- und Nachteilen führen, welche nachfolgend aufgeführt sind.

- Die Tätigung der Investition bei Contracting-Projekten durch den Contracting-Geber führt dazu, dass der Kreditrahmen sowie die Liquidität des Contracting-Nehmers geschont werden und er sein verfügbares Kapital in anderen Bereichen z. B. für das Kerngeschäft einsetzen kann. Allerdings darf Contracting nicht als Instrument gesehen werden, das eine nicht vorhandene Liquidität des Contracting-Nehmers kompensiert. Der Contracting-Geber benötigt i. d. R. wegen der meist hohen Investitionskosten und der langen Vertragslaufzeit Sicherheiten seitens des Contracting-Nehmers, dass dieser das investierte Kapital über monatliche Raten zurückführt. Des Weiteren können durch die Verschiebung der Investition auf den Contractor energieeffizientere und somit kostensparende und in der Regel zur Werterhaltung der Immobilie beitragende Maßnahmen umgesetzt werden, welche ohne Contracting vielleicht nicht getätigt würden.

- Durch die Verlagerung der Verantwortung für die Energieversorgung auf den Vertragspartner ergibt sich für den Contracting-Nehmer ein qualitativer Vorteil. Der Contracting-Geber ist vielfach sowohl für die Anlagenerrichtung als auch für den Betrieb, also für die kontinuierliche und störungsfreie Versorgung verantwortlich und liefert somit eine erhöhte Versorgungssicherheit. Zudem sind die Betriebskosten i. d. R. über die Vertragslaufzeit unter Berücksichtigung einer Wertsicherungsklausel festgeschrieben. Wertsicherungsklauseln dienen der Absicherung von Vertragsparteien hinsichtlich der Preisentwicklung (Inflation und Deflation) von Wirtschaftsgütern oder

(Dienst-)Leistungen. Dies ermöglicht dem Contracting-Nehmer eine Erhöhung der kostenseitigen Planungssicherheit.

- Contracting ist i. d. R. das Kerngeschäft des Contractors. Dem Contracting-Nehmer entsteht durch das umfassende Know-How des Contracting-Gebers ein Spezialisierungs- und Organisationsvorteil, da bspw. die Anlagentechnik durch Spezialisten effizienter und wirtschaftlicher gewartet und instandgehalten wird und darüber hinaus die eigenen Personal- und Managementressourcen geschont werden. Das letzte Argument kann aber auch als Nachteil aufgefasst werden, da es durchaus passieren kann, dass aufgrund entstehender Überkapazitäten eigenes Personal entlassen werden muss. Wenn dies verhindert werden soll, besteht die Möglichkeit, das eigene Personal durch den Contractor auf die neuen Anlagen und deren Bedienung zu schulen oder dem Contractor zur Leistungserbringung zur Verfügung zu stellen (z. B. mittels Weisungs- und Direktionsrecht oder mittels Personalübergang nach BGB § 613a).[95] Zudem kann der Contractor durch seinen engen Bezug zu Energieliefermärkten sowie einen i. d. R. hohen Umfang bezogener Medienmengen meist günstigere Medienbezugskonditionen erzielen.

- Durch den Einsatz von modernen und energieeffizienten Anlagen werden Ressourcen geschont, der Primärenergieverbrauch gesenkt und der Ausstoß klimarelevanter Emissionen wie CO_2 wird reduziert. Damit kann Contracting als Instrument für eine aktive Klimaschutzpolitik und als Beitrag zum Umweltschutz eingesetzt werden.

- Für den Contracting-Geber ist Contracting ein zentrales Instrument zur Kundenbindung. Dies ist seit der Liberalisierung der Energiemärkte besonders wichtig, vor allem für die Stadtwerke, die seither mit Kundenabwanderungen zu kämpfen haben. Lediglich 30 % aller Contractoren bieten ausschließlich Energiedienstleistungen an. Für die verbleibenden 70 % ist Contracting eine Möglichkeit, ihr Produktportfolio zu erweitern, z. B. um die Segmente Anlagenbau, Wartung, Instandsetzung und Energiemanagement. Contracting wird aber auch von vielen Anlagen- und Komponentenherstellern als Marketinginstrument genutzt, um den Absatz der eigenen Produkte zu erhöhen.

---

[95] vgl. § 613a BGB (2012)

7.3 Arten des Contracting

7.3.1 Energieliefer-Contracting

Die dem Umsatz nach am häufigsten angewandte Form des Energie-Contracting ist das Energieliefer-Contracting, welches ca. 85 % Anteil des gesamten Marktvolumens sämtlicher Contracting-Projekte umfasst.[96]

Beim Energieliefer-Contracting (auch Anlagen-Contracting oder Nutzenergie-Lieferung genannt) handelt es sich um Projekte, bei denen der Contractor eine Energieerzeugungsanlage auf eigenes Risiko und Kosten auf der Basis langfristiger Verträge entweder plant, errichtet, finanziert und betreibt oder eine vorhandene Energieerzeugungsanlage trägt und für den Zeitraum des Vertrages die Verantwortung und das Risiko für den Betrieb und die Instandhaltung übernimmt. Sowohl für den Fall der Anlagenübernahme als auch den Fall der Anlageninvestition, kauft der Contractor i. d. R. die Versorgungsmedien (Strom, Wärme etc.) ein und verkauft die Nutzenergie an den Contracting-Nehmer.

Die zu betreuenden Anlagen sind grundsätzlich im Eigentum des Contractors und werden daher meist auf einem separaten Grundstück errichtet. Befinden sich die Anlagen im Gebäude des Auftraggebers so besteht allerdings die Gefahr, dass dieser aufgrund der Verbindung der Anlagen als wesentlicher Bestandteil des Gebäudes mit dem Gebäude und dem Grundstück kraft Gesetzes Eigentümer wird. Deshalb sind die Leistungsgrenzen zwischen Contractor und Contracting-Nehmer vertraglich genau zu fixieren. Die Beteiligten und Leistungsbeziehungen für das Energieliefer-Contracting sind in folgender Abbildung 7-2 aufgeführt.

---

[96] vgl. Bäsmann (2011), S. 12-16

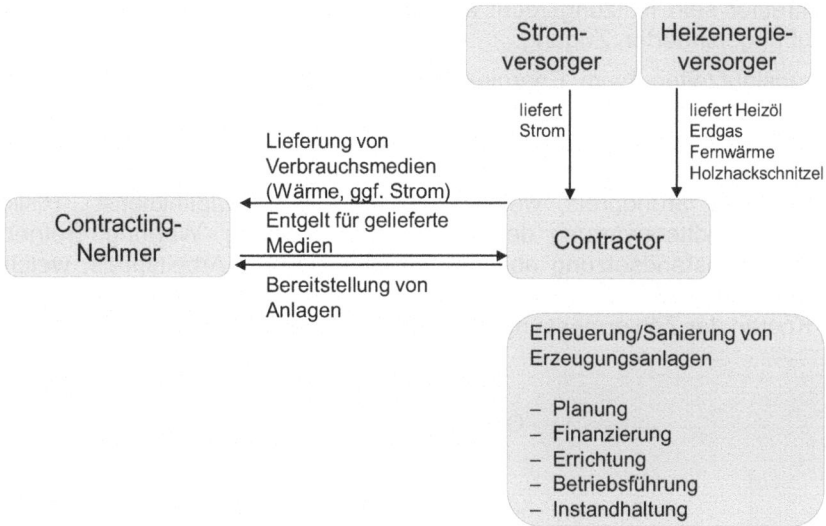

Abb. 7-2   Beteiligte und Leistungsbeziehungen beim Energieliefer-Contracting

Um den Contractor abzusichern, muss aus den vertraglichen Vereinbarungen zwischen Contractor und Contracting-Nehmer hervorgehen, dass es sich bei der Anlage lediglich um einen „Scheinbestandteil" gemäß § 95 Abs. 1 S. 1 BGB handelt. Die Anlage darf also nur zum vorübergehenden Zweck mit dem Gebäude verbunden sein. Man kann vertraglich vereinbaren, dass die Anlage nur vorübergehend eingebaut wird und nach Beendigung des Vertragsverhältnisses entfernt wird. Zudem dürfen keine Übernahmeregelungen durch den Contracting-Nehmer vereinbart werden und keine Absichten des Behaltenwollens durch den Contracting-Nehmer erkennbar sein.

Da die Energieerzeugungsanlage demnach nur Scheinbestandteil des Grundstücks ist, kann der Contractor sie jederzeit ausbauen. Um seine Investition abzusichern, besteht für den Contractor die Möglichkeit im Grundbuch eine Grunddienstbarkeit (§ 1018 BGB) oder eine beschränkte persönliche Dienstbarkeit (§ 1090 BGB) einzutragen, die ihm das Recht sichern, das fremde Grundstück zu benutzen. Diese Absicherung erlangt besondere Bedeutung im Falle des Verkaufs des Grundstücks durch den Eigentümer.

Eine weitere Absicherung des Contractors kann durch den Abschluss eines Mietvertrages über den Raum, in welchem sich die Energieanlage befindet (z. B. Heizungsraum), erfolgen.

Dieser Mietvertrag geht gemäß § 566 BGB automatisch auf den Erwerber des Grundstücks über und kann somit beim Verkauf nicht einfach gekündigt werden. Zwar geht damit nicht automatisch der Energieliefervertrag über, jedoch sichert es dem Contractor sein Nutzungsrecht am Raum und gibt ihm gleichzeitig einen Anspruch auf ungehinderten Zugang.

Die Vertragslaufzeiten beim Energieliefer-Contracting variieren im Normalfall zwischen 10 und 20 Jahren. In dieser Zeit findet i. d. R. eine Vollamortisation der getätigten Investitionen statt. In der Regel wird ein dreigliedriges Vergütungssystem entsprechend der Darstellung in Abbildung 7-3 vertraglich vereinbart. Dieses besteht aus einem fixen Grundpreis, welcher die Investition (Kapitaldienst), Risiko des Contractors, Renditeerwartung des Contractors, Planung, Wartung, Betrieb oder Reparatur und Instandsetzung abbildet, einem variablen Arbeitspreis, welcher die Kosten des Bezugs von Primärenergie abbildet sowie einem fixen Messpreis, welcher die Kosten der Zählermessung und Eichung berücksichtigt.

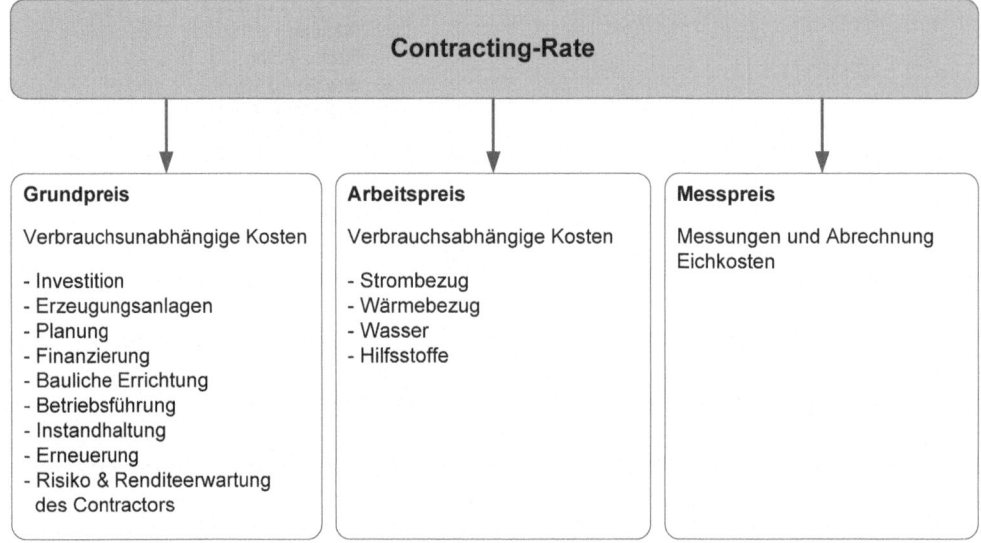

Abb. 7-3   Zusammensetzung der Contracting-Rate

Aufgrund der langen Vertragslaufzeit werden zudem unterschiedliche Preisgleitformeln oder Wertsicherungsklauseln vereinbart, welche zu fixierten Terminen eine Anpassung der Preise infolge veränderter wirtschaftlicher Rahmenbedingungen erlauben (z. B. Änderungen der Bezugspreise für Primärenergie, Material- oder Lohnkosten). Dies erfolgt meist auf Basis von Indexreihen des Statistischen Bundesamtes. Kürzere Vertragsbindungen als die vorab genannten sind vom Kunden häufig erwünscht, hätten aber entsprechend höhere Grundpreise zur Folge.

Anwendungsbereiche

Energieliefer-Contracting eignet sich für neu zu errichtende Objekte, wenn eine dauerhafte Ausgliederung der Versorgung mit Energie angestrebt wird, aber auch für den Gebäudebestand, wenn eine aufwändige energietechnische Modernisierung mit dem Ersatz von Altanlagen durch zeitgemäße, energiesparende Technologien zur Bereitstellung von Nutzenergie ansteht.

7.3.2 Energieeinspar-Contracting

Als Energieeinspar-Contracting (auch Einspar-Contracting oder Performance-Contracting genannt) werden Vorhaben bezeichnet, bei denen der Contractor sowohl Energieerzeugung, als auch Energieverteilungs- und Nutzungsanlagen und andere für den Energieverbrauch eines zu versorgenden Gebäudes maßgeblichen Bauteile plant, finanziert, errichtet, betreibt und instand hält. Meist wird der Nutzer in ein vom Contractor erstelltes (Energie-)Optimierungskonzept eingebunden, welches i. d. R. durch Schulungsmaßnahmen eingeführt wird. Anwendung findet das Energieeinsparcontracting vorrangig bei Bestandsimmobilien. Die Refinanzierung erfolgt über einen Teil der im Objekt eingesparten Energiekosten.

Leitgedanke dieser Contracting-Art ist eine verbindliche Einspargarantie, die auf einer definierten Bezugsgröße (Referenzverbrauch) basiert. Dies bedeutet, dass die dem Contractor zustehende Vergütung zur Deckung seiner Aufwendungen für Finanzierung, Planung, bauliche Umsetzung und Controlling (= Contracting-Rate) ausschließlich von den nachweislich eingesparten Energiekosten abhängt. Der Contracting-Nehmer profitiert von Beginn der Vertragslaufzeit von den erzielbaren Einsparungen, welche i. d. R. anteilig zwischen den Contracting-Partnern aufgeteilt werden. Wird die garantierte Einsparung (nach eventuell vereinbarten Bereinigungen) jedoch nicht erreicht, so erhält der Nutzer Ausgleichszahlungen bis zum vereinbarten Garantiewert.

Im Gegensatz zum Energieliefer-Contracting wird in diesem Fall der Energieverbrauch durch entsprechende Maßnahmen reduziert. Darauf aufbauend werden die neuen Energieversorgungsanlagen verbrauchsorientiert ausgelegt. Abbildung 7-4 stellt die Beteiligten sowie die Leistungsbeziehungen beim Energieeinspar-Contracting dar.

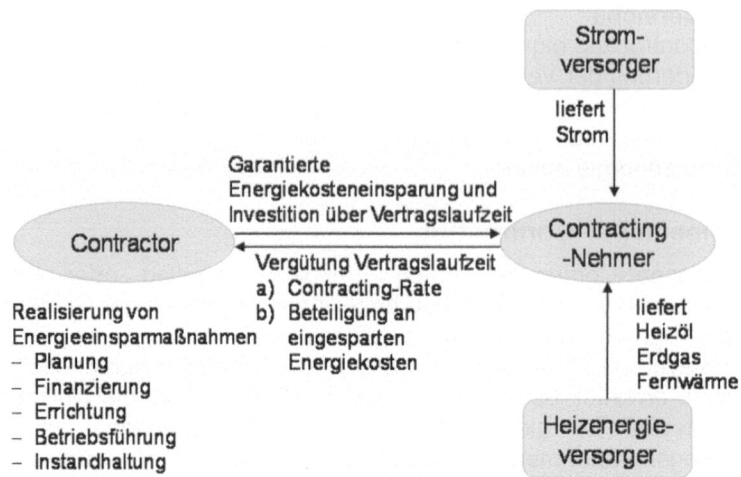

**Abb. 7-4   Beteiligte und Leistungsbeziehungen beim Energieeinspar-
Contracting**

Durch die höheren Energiepreise hat sich der Charakter von Energieeinspar-
Contracting Projekten zuletzt stark gewandelt. Wurden in den 1990er Jahren hauptsächlich Maßnahmen im Bereich der Gebäudeautomation und hochwirtschaftliche
Maßnahmen in einzelnen Gewerken umgesetzt, ist heute ein deutlicher Trend zu
umfassenden und gewerkeübergreifenden Sanierungen erkennbar. Grundsätzlich
sind sämtliche Maßnahmen aus dem Bereich der Gebäude- und Anlagentechnik für
ein Energieeinspar-Contracting denkbar. Neben Maßnahmen, wie z. B. der Restruk-
turierung der Anlagenregelung durch teilweise oder vollständigen Austausch von
Pumpen und Ventilen sowie Aufschaltung auf eine Gebäudeleittechnik zu Control-
lingzwecken, sind z. B. größere Anlagenumbauten, wie Austausch von Heizkesseln,
der Verteilung und Medienübergabe aber auch Investitionen zur Optimierung der
Instandhaltungskosten gängig.

Die Laufzeit eines Vertrages richtet sich nach dem Zeitraum, welchen der Contractor
zur Amortisation seiner getätigten Investitionen benötigt. Nach Ende der Laufzeit
stehen dem Contracting-Nehmer die Einsparungen in voller Höhe zur Verfügung.
Zudem gehen die eingebrachten oder erneuerten Anlagen in den Besitz des Contracting-Nehmers über. Zu kurz gewählte Vertragslaufzeiten führen oftmals dazu, dass
sinnvolle Optimierungsmaßnahmen, welche sich aber über einen langen Zeitraum
amortisieren, nicht in Betrachtung gezogen werden. Abbildung 7-5 zeigt in allgemeiner Form den Kostenverlauf sowie die Vergütung eines Energieeinspar-Contracting.
Durch Senkung der Energiekosten kann der Contracting-Nehmer eine direkte Kos-
tenentlastung in Höhe von 20 % der Energieeinsparung erzielen. Dem Contracting-
Geber stehen die verbleibenden 80 % der Energiekosteneinsparung zur Amortisation
seiner getätigten Investition zur Verfügung. Nach Ablauf der Vertragslaufzeit verbleiben sämtliche Energiekosteneinsparungen beim Contracting-Nehmer.

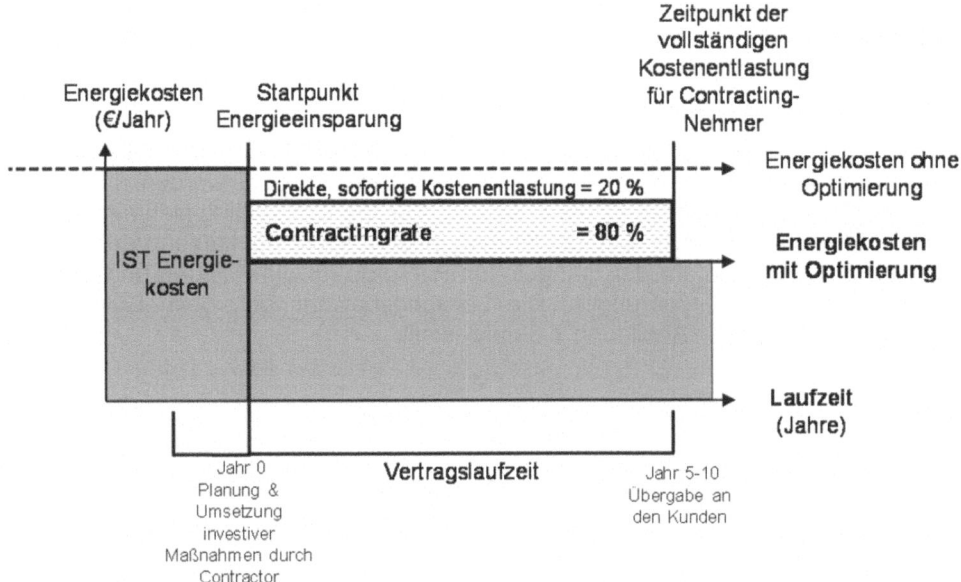

Abb. 7-5   Kostenverlauf und Vergütung beim Energieeinspar-Contracting

7.3.3 Betriebsführungs-Contracting

Beim Betriebsführungs-Contracting, auch Technisches Anlagenmanagement genannt, erfolgt die Umsetzung technischer Dienstleistungen inklusive Bedienung und
Instandhaltung abgegrenzter technischer Anlagen durch einen Contractor, um ihren
sicheren, wirtschaftlichen und umweltschonenden Betrieb sicherzustellen und zu
erhalten.[97] Die Dienstleistung kann sich allerdings auch auf die Funktion eines externen Energie-Controllings konzentrieren und alle übrigen Aufgaben der Betriebsführung der energietechnischen Anlagen beim Objekteigner bzw. Nutzer belassen. Die
Energie- und technischen Anlagen bleiben hierbei im Eigentum des Contracting-
Nehmers.

Integrierbar sind in ein energietechnisches Anlagenmanagement auch schwach investive Maßnahmen zur Verbesserung von Regelungs- und Steuerungseinrichtun-
gen oder zum Austausch von veralteten ineffizienten Kleinkomponenten (z. B.
Leuchtmittel und Pumpen).

Angewandt wird dieses Verfahren sowohl bei bestehenden Anlagen als auch bei
Neubauten.

Interessant ist dieses Modell vor allem für Unternehmen, die gerne über eine eigene
Anlage verfügen und diese auch finanzieren können, die aber nicht über die notwen-

---

[97] vgl. DIN 8930-5 (2003), S. 3

digen Fachkräfte verfügen, um die Anlage fachgerecht zu betreiben. Damit findet an dieser Stelle lediglich ein Outsourcing der technischen Dienstleistung an den Contractor statt.

Die Vergütung erfolgt meist auf Basis eines zeitraumbezogenen Entgelts oder aus einem Entgelt nach Aufwand.

Die Vertragslaufzeiten können deutlich kürzer gewählt werden als bei anderen Varianten, da eine Amortisation der Investition nicht berücksichtigt werden muss, und liegen üblicherweise zwischen 1 bis 5 Jahren. Für die Contracting-Nehmer besteht bei der externen technischen Betriebsführung insbesondere bei kurzen Vertragslaufzeiten allerdings die Gefahr der mangelnden Fürsorge für die Anlagen und der fehlenden Garantie für Einsparungen. Die Leistungsbeziehungen beim Betriebsführungs-Contracting sind in Abbildung 7-6 dargestellt.

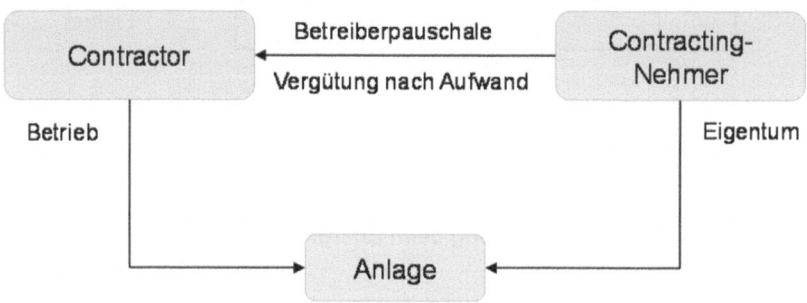

Abb. 7-6   Betriebsführungs-Contracting

7.3.4 Finanzierungs-Contracting

Finanzierungs-Contracting (auch Third-Party-Financing oder Anlagenbau-Leasing genannt) bedeutet nach DIN 8930-Teil 5-3.6 eine „Bereitstellung einer abgegrenzten technischen Einrichtung oder Anlage zum Zwecke der Ermöglichung eines sicheren, wirtschaftlichen und umweltschonenden Betriebs".[98]

Die Betriebsführungs- und Wartungsverantwortung liegt in vollem Umfang beim Nutzer. Der Contractor übernimmt ausschließlich die erforderlichen Investitionen inklusive Planung und Finanzierung sowie ggf. auch die Optimierung und gewisse Servicefunktionen für den Betrieb der Anlage. Angeboten wird diese Contracting-Variante meist von den Anlagenherstellern, welche ihrem Kunden auf diese Weise eine Finanzierungsdienstleistung anbieten wollen.

Die Finanzierung lässt sich der Contractor in Form einer Pacht, Miete oder Rate über die Vertragslaufzeit zurückzahlen. Die Leistungsvergütung besteht aus einem Entgelt für die Anlagenbereitstellung, die sich ähnlich wie beim Leasing an der Laufzeit orientiert, welche in der Regel 10 - 20 Jahre beträgt.

---

[98] vgl. DIN 8930-5 (2003), S. 3

Das Finanzierungs-Contracting kommt in der Praxis eher selten zur Anwendung. Der Grund hierfür dürfte darin liegen, dass die in diesem Modell integrierten Teilfunktionen Finanzierung, Eigentum und Planung/Errichtung üblicherweise separat von hierauf spezialisierten Dienstleistern (Banken und Leasinggesellschaften bzw. Planern und Anlagenbauern) wahrgenommen werden und eine Verknüpfung dieser Funktionen keine Effizienzgewinne verspricht. Wenn das Finanzierungs-Contracting dennoch eingesetzt wird, geschieht dies meistens, wie bereits vorab erläutert, vor dem Hintergrund absatzfördernder Maßnahmen der Anlagen- bzw. Komponentenhersteller.

Das Erfolgsrisiko für den Anlagenbetrieb liegt in vollem Umfang beim Contracting-Nehmer. Er hat jedoch die Möglichkeit, dieses Risiko anhand von Wartungs- oder ähnlichen Serviceverträgen auf Dritte zu übertragen bzw. vor Projektbeginn eine unabhängige Vergleichsplanung durchführen zu lassen.

Ein weiterer Nachteil für den Contracting-Nehmer besteht darin, dass er den Aufwand, der mit einem Betrieb in Eigenregie verbunden ist, nicht ausgelagert hat (im Vergleich zu anderen Contracting-Modellen, wo der Contracting-Nehmer sich ganz auf sein Kerngeschäft konzentrieren kann). Dazu kommen ggf. noch weitere Belastungen, wie zum Beispiel Personalvorhaltung und Schulung. Der Vorteil besteht letztlich nur in der Möglichkeit der Anlageneinrichtung bzw. -erneuerung ohne Eigenkapitalbedarf. Zusammenfassend erfolgt in Abbildung 7-7 die Darstellung der Leistungsbeziehungen für das Finanzierungs-Contracting.

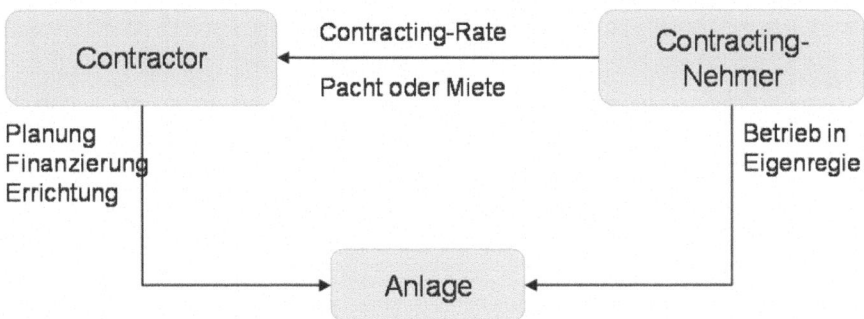

Abb. 7-7   Finanzierungs-Contracting

8 Digitalisierung

8.1 BIM und CAFM

8.1.1 Was ist Building Information Modeling (BIM)?

Mit BIM wird im Rahmen einer Immobilienprojektentwicklung eine integrierte Informationsplattform erstellt, die möglichst sämtliche Planungsdaten zusammenführt und über den gesamten Lebenszyklus der Immobilie hinweg Anwendung finden kann. Unter diesen Planungsdaten lassen sich geometrische Daten, welche in einem 3-D-Modell aufbereitet werden, Hersteller- und Fabrikatsangaben zur Spezifikation der eingesetzten Produkte, Daten aus der Terminplanung und wirtschaftliche Daten subsumieren. Durch die Zusammenführung dieser Planungsdaten auf der gemeinschaftlich, von sämtlichen Projektbeteiligten zu benutzenden Informationsplattform, wird das Immobilienprojekt transparent und ganzheitlich dargestellt. Dem Verlust von Informationen aufgrund von Schnittstellen wird so in idealster Weise entgegengewirkt.[99] Die Informationen sind über alle Projektphasen hinweg abrufbar und auch ein Informationsverlust aufgrund des Übergangs in eine neue Projektphase, wie es ohne die Anwendung von BIM häufig vorkommt, tritt nicht auf (siehe Abbildung 8-1).

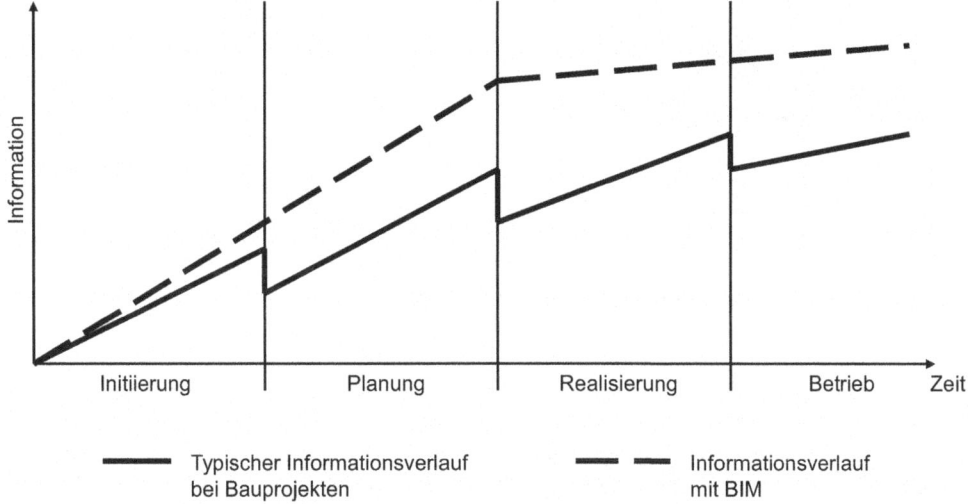

Abb. 8-1   Informationsverläufe im Projekt mit und ohne BIM[100]

---

[99] Berner u. a. (2013), S. 11
[100] Vgl. Przybylo (2015), S. 4 und Kleinschrot (2016), S. 41

© Springer Fachmedien Wiesbaden GmbH, ein Teil von Springer Nature 2018
J. Hirschner et al., *Facility Management im Hochbau*, Leitfaden des Baubetriebs
und der Bauwirtschaft, https://doi.org/10.1007/978-3-658-21630-6_8

Im Stufenplan „Digitales Planen und Bauen" des Bundesministeriums für Verkehr und digitale Infrastruktur (BMVI) wird BIM wie folgt definiert: „Building Information Modeling bezeichnet eine kooperative Arbeitsmethodik, mit der auf der Grundlage digitaler Modelle eines Bauwerks die für seinen Lebenszyklus relevanten Informationen und Daten konsistent erfasst, verwaltet und in einer transparenten Kommunikation zwischen den Beteiligten ausgetauscht oder für die weitere Bearbeitung übergeben werden."[101] Um eine integrierte Informationsplattform erstellen zu können, ist der partnerschaftliche Ansatz bei der Planung eines Immobilienprojekts unerlässlich. BIM steht somit auch für die gemeinschaftliche Erarbeitung einer Lösung und eine transparente Kommunikation zwischen den Projektbeteiligten über das Datenmodell (siehe Abbildung 8-2). Das BMVI inkludiert in seiner Definition zudem die Bereitstellung der Daten für den gesamten Lebenszyklus des Bauwerks, was somit insbesondere auch die Betriebsphase beinhaltet.

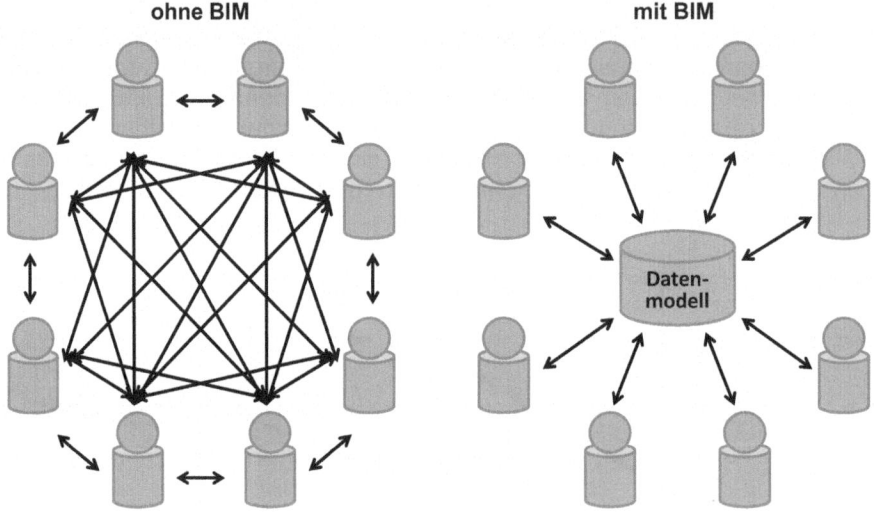

Abb. 8-2   Informationsaustausch ohne und mit BIM[102]

Mit der Anwendung von BIM sind Visualisierungen des Bauablaufs und des Gebäudes möglich. So können im Vorfeld Kollisionsprüfungen z. B. der Komponenten der technischen Gebäudeausrüstung (TGA) durchgeführt werden, was eine verbesserte Planung für deren Zugänglichkeit und Instandhaltung ermöglicht. Anhand von Visualisierungen kann beispielsweise überprüft werden, ob ein ausreichend großer Arbeitsraum für die Instandhaltung vorhanden ist. Ferner kann die Planung der Innenausstattung, z. B. von Arbeitsplätzen, auf ihre Konformität mit gesetzlichen Vorgaben wie der Arbeitsstättenrichtlinie hin überprüft werden. Für den Betrieb bieten die Visualisierungen den Vorteil, dass die nicht sichtbaren Gebäudebestandteile, wie Leitun-

---

[101] BMVI (2015), S. 4
[102] Vgl. Przybylo (2015), S. 2

gen oder Rohre, sichtbar gemacht werden können und somit die ideale Informationsgrundlage für die Durchführung von Instandhaltungs- oder Umbaumaßnahmen liefern.

8.1.2 Bestandteile von BIM

Aus der Definition von BIM ergeben sich drei Komponenten, die für die erfolgreiche Anwendung von BIM maßgeblich sind: Der Prozess, die Verhaltensweise der Beteiligten und die Technologie. Der Prozess bei der Implementierung von BIM wird im Wesentlichen von einer integralen Planung beherrscht. Sollen die Daten des BIM-Datenmodells in das FM übernommen werden, ist insbesondere der Eigentümer, der Nutzer und wenn möglich der Betreiber der Immobilie frühzeitig in die Planung der Immobilie zu integrieren. Diese drei Parteien müssen zu Beginn der Planung definieren, welche Anforderungen sie an das spätere Facility Management haben. Nur so können im Planungsprozess die notwendigen Daten im Datenmodell hinterlegt und am Ende der Realisierungsphase an die Parteien übergeben werden, ohne dass eine erneute Datenerhebung für die Betriebsphase erforderlich ist. Mit dem Prozess der integralen Planung einher geht die Verhaltensweise der Projektbeteiligten, die von dem Gedanken der gemeinschaftlichen Lösungsfindung geprägt sein sollte. Hierzu werden integrierte Projektteams gebildet, die sich auch vertraglich durch die Anwendung von Mehrparteienverträgen zu einer kooperativen Projektausführung verpflichten. Hilfreich für die Anwendung von BIM sind zudem die Entwicklung von Standards und Richtlinien, die Lösungsansätze für die Ausgestaltung eines Datenmodells bieten und ein einheitliches Verständnis schaffen.

Für den erfolgreichen BIM-Einsatz ist eine Softwaretechnologie notwendig, die den Datenaustausch unter den Projektbeteiligten und die Erstellung eines Datenmodells zuverlässig gewährleistet. Das Datenmodell besteht aus virtuellen Gebäudekomponenten, zu denen geometrische und physische Eigenschaften sowie Abhängigkeiten zu anderen Gebäudekomponenten hinterlegt sind. Eigenschaften, wie beispielsweise die Herstellerangaben, die Lage im Objekt und die Materialität sind wichtige Informationen für die spätere Betriebsphase. In der Regel bearbeitet jeder Projektbeteiligte tage- oder wochenweise mit seiner eigenen Hard- und Software das Datenmodell in dem für ihn zu verantwortenden Bereich. Das zentrale Gesamtmodell wird anschließend in festgelegten Zeitabständen aktualisiert (z. B. zweiwöchentlich). Die aktualisierte Version des Gesamtmodells bildet dann die einheitliche Grundlage für die weiteren Überarbeitungen oder Ergänzungen aller Projektbeteiligten.

8.1.3 Open BIM vs. Closed BIM

Aufgrund der Vorgehensweise, bei der jeder Projektbeteiligte zunächst separat an dem Gebäudemodell arbeitet, und nicht alle Projektbeteiligten zeitgleich an dem Gesamtmodell, sind Open-BIM- und Closed-BIM-Lösungen möglich.

Bei der Open-BIM-Variante werden von den Projektbeteiligten mit unterschiedlichen Softwaresystemen mehrere Einzelmodelle erstellt, die dann über Schnittstellen zu einem Gesamtmodell zusammengefügt werden. Von Vorteil ist bei der Open-BIM-Variante, dass jeder Fachplaner die von ihm und für sein Gewerk präferierte Softwarelösung verwenden und sich ein fundiertes Anwendungswissen für diese Software aneignen kann. Der Investitionsaufwand beschränkt sich für den Fachplaner nur auf eine Software und er kann unabhängig von seiner Software an sämtlichen Ausschreibungen teilnehmen, die eine Open-BIM-Lösung zulassen. Zum Austausch der Daten zwischen den Einzelmodellen und zur Erstellung des Gesamtmodells werden bei der Open-BIM-Variante proprietäre Schnittstellen oder neutrale Schnittstellen verwendet. Proprietäre Schnittstellen sind herstellerspezifische Schnittstellen, die zwar den verlustfreien Datenaustausch z. B. zwischen zwei Software-Varianten gewährleisten, jedoch nicht universell anwendbar sind. Neutrale Schnittstellen hingegen ermöglichen einen Datenaustausch unabhängig von der verwendeten Software. Ein herstellerneutraler Standard für den Datenaustausch sind beispielsweise die Industry Foundation Classes (IFC), die bereits eine breite Anwendung finden. Da neutrale Schnittstellen zumeist jedoch noch keine verlustfreie Informationsübertragung gewährleisten, wird die Weiterentwicklung dieser Schnittstellen mit Hochdruck vorangetrieben.[103]

Bei der Closed-BIM-Variante verwenden die Projektbeteiligten dieselbe Software-Lösung und arbeiten somit in einer einheitlichen Softwareumgebung. Der große Vorteil der Closed-BIM-Variante liegt darin, dass bei der Arbeit am Gebäudemodell keine Informationen im Zuge eines Datenaustauschs verloren gehen. Eine stete Kontrolle des Modells in Bezug auf die Vollständigkeit der gespeicherten Informationen entfällt somit und ermöglicht Zeit- und Kosteneinsparungen. Problematisch bei Planungsaufträgen, die nur eine Closed-BIM-Variante zulassen, kann der eingeschränkte Bieterkreis sein. Ein möglicherweise präferiertes Büro kann gegebenenfalls nicht an einem Projekt beteiligt werden, wenn dort eine andere Software-Lösung verwendet wird.

Bei der Auswahl einer Open-BIM- oder einer Closed-BIM-Lösung sind die Vor- und Nachteile der beiden Varianten sorgsam gegeneinander abzuwägen. Solange neutrale Schnittstellen keinen verlustfreien Datenaustausch gewährleisten, vereinfacht die Closed-BIM-Variante den Arbeitsprozess erheblich und ermöglicht ein vollständiges Gesamtmodell, das über alle Lebenszyklusphasen hinweg Anwendung finden kann. Sofern der Betreiber / Eigentümer / Nutzer einer Immobilie bereits in der Initiierungsphase einer Projektentwicklung bekannt ist, besteht schon zu einem frühen Zeitpunkt Kenntnis über das später verwendete Computer Aided Facility Management (CAFM) System. Die im Zuge von BIM gespeicherten Daten können dann problemlos in das CAFM-System übertragen und das Gebäudemodell auch in der Betriebsphase der Immobilie genutzt werden.

8.1.4 CAFM-Software vs. CAFM-System

CAFM ist eine Computerlösung, die für die praktische Umsetzung des FM verwendet werden kann. Dabei wird zwischen einer CAFM-Software und einem CAFM-System unterschieden.

Eine CAFM-Software ist eine Anwendungssoftware, die sämtliche Facility Management Prozesse im Lebenszyklus einer Immobilie unterstützt. Die Anforderungen an eine CAFM-Software bestehen in der Verarbeitung grafischer und alphanumerischer Daten sowie in der Möglichkeit, die Arbeitsprozesse im FM systematisch steuern zu

---

[103] Vgl. BMVI (2015), S. 4

können. Allgemeine Leistungen einer CAFM-Software bestehen beispielsweise in der Raum- und Flächenverwaltung, der Inventarverfolgung, der Instandhaltungs- und Reinigungsplanung, dem Umzugs- und Energiemanagement, dem Vertrags- und Mietmanagement und der Dokumentenverwaltung.[104] Sofern in einer Immobilie untereinander vernetze Gebäudekomponenten installiert wurden (siehe Kapitel 8.2 Smart Home), ergibt sich durch die Verwendung einer CAFM-Software auch die Möglichkeit einer automatisierten Betriebskostenabrechnung.

Eine CAFM-Software ist eine Multifunktionssoftware, die allgemeine Anwendung finden kann und nicht für eine spezifische Immobilie oder einen spezifischen Nutzer programmiert wurde. Grundvoraussetzung für die Arbeit mit einer CAFM-Software ist neben der Bereitstellung der Soft- und der Hardware die Erfassung der Bestandsdaten. Nur wenn sämtliche relevanten Daten zentral und strukturiert erfasst sind, kann das FM mit Hilfe der Software effektiv und effizient umgesetzt werden.

Ein CAFM-System ist die Weiterentwicklung einer CAFM-Software, die einem CAFM-System stets zugrunde liegt. Ein CAFM-System ist ein individualisiertes und damit auf die spezifischen Gegebenheiten einer Immobilie oder eines Unternehmens angepasstes System zur Unterstützung der FM-Prozesse. Durch die Implementierung eines CAFM-Systems ergeben sich für den Eigentümer, den Betreiber und den Nutzer der Immobilie die folgenden Vorteile:

- Werterhalt/-steigerung der Immobilie und der TGA,
- Zentrale Bereitstellung der für den FM-Prozess notwendigen Daten,
- Sicherstellung der Verfügbarkeit und der Funktionsfähigkeit der Immobilie und der TGA,
- Kostentransparenz,
- Unterstützung der Kernprozesse des Unternehmens.[105]

Die Grundlage eines CAFM-Systems bildet eine CAFM-Software mit einer Datenbank und den zuvor genannten Funktionalitäten. Durch eine Konfiguration der Funktionalitäten, der hinterlegten Prozessabläufe oder der gewünschten Auswertungen erfolgt eine Individualisierung der allgemeinen CAFM-Software. Dabei ist darauf zu achten, dass die Programmierung der Software weiterhin korrekt abläuft und durch Updates fortgeschrieben werden kann. Mit der Integration von Dokumenten oder Plänen in die Datenbank sowie der Verknüpfung der CAFM-Software mit anderen Software-Programmen wird die CAFM-Software weiter individualisiert und erweitert und so zu einem CAFM-System.[106]

Spezifische Informationen zur Implementierung eines CAFM-Systems enthalten die GEFMA-Richtlinien 400: Computer Aided Facility Management CAFM – Begriffsbestimmungen, Leistungsmerkmale, 410: Schnittstellen zur IT-Integration von CAFM-Software, 420: Einführung eines CAFM-Systems, 430: Datenbasis und Datenmanagement in CAFM-Systemen, 440: Ausschreibung und Vergabe von Lieferungen und Leistungen im CAFM, 444: Zertifizierung von CAFM-Softwarprodukten, 460: Wirtschaftlichkeit von CAFM-Systemen und 470: Austausch digitaler Daten im FM,

---

[104] Vgl. GEFMA 400 (2013), S. 3 ff.
[105] Vgl. GEFMA 400 (2013), S. 2
[106] Vgl. Koch u. a. (2013), S. 252 f.

die durch den Arbeitskreis CAFM der GEFMA entwickelt wurden und auf die an dieser Stelle verwiesen sei.

8.1.5 BIM und CAFM in der Betriebsphase

Das Ziel bei der Verknüpfung von FM und BIM ist eine verlustfreie Übertragung der Daten aus dem digitalen Gebäudemodell in das CAFM-System und die Nutzung dieser Daten in der Betriebsphase, um eine bestmögliche Bewirtschaftung der Immobilie erreichen zu können. Kosten, die beim Implementierungsprozess eines CAFM-Systems durch die aufwendige manuelle Eingabe von Informationen entstehen, können durch die Nutzung der BIM-Daten für das FM vermieden werden.

Ein weiterer Vorteil für das FM ist die Möglichkeit der Visualisierung der im BIM-Modell hinterlegten Gebäudedaten. Der Facility Manager kann im digitalen Modell defekte oder fehlfunktionierende Gebäudekomponenten identifizieren und lokalisieren. Im CAFM-System sind zudem die Attributdaten der jeweiligen Gebäudekomponenten durch die Planung mit BIM hinterlegt, sodass ein Abruf der notwendigen Informationen wie Ersatzteilbeschreibungen oder auch Reparaturanleitungen direkt am digitalen Arbeitsplatz möglich sind und umgehend mit der entsprechenden Arbeitsvorbereitung begonnen werden kann.

Mit Hilfe der erweiterten Realität (augmented Reality), welche die reale Umgebung mit Visualisierungen oder Informationen ergänzt, können anhand von Datenbrillen bei der Objektbegehung verborgene Gebäudekompomenten sichtbar gemacht und zusätzliche technische, geographische oder historische Informationen visuell oder auditiv abgerufen werden.

Bei einfacheren, sich wiederholenden Instandhaltungsmaßnahmen kann so dem Facility Manager vor Ort über die Datenbrille die notwendige Anleitung für die Durchführung der Maßnahme bereit gestellt werden. Durch die digital hinterlegten Informationen wird zudem bestätigt, dass er sich auch am richtigen Ort befindet und die tatsächlich zu instandhaltende oder fehlfunktionierende Komponente bearbeitet. Fehlleistungen werden so vermieden und die Qualität der durchgeführten Instandhaltungsmaßnahme wird aufgrund der visuell und auditiv unterstützten Anleitung gewährleistet.

Die Visualisierungsmöglichkeiten von BIM bieten noch viele weitere Vorteile. Durch virtuelle Gebäuderundgänge kann Kenntnis von dem Gebäude erlangt und die Durchführung von Instandhaltungs- oder Evakuierungsmaßnahmen im Notfall simuliert werden. Für das Raummangement können Platzbedarfsanalysen und Belegungspläne erstellt und die Kompatibilität von Räumen mit der vorgesehenen Nutzung überprüft werden. Ebenso können durch die gespeicherten Informationen unterschiedliche Räume oder Reinigungsflächen farblich hervorgehoben und die jeweiligen Reinigungsvorgänge und –zyklen hinterlegt werden. Bauteile können anhand von Filtern hervorgehoben und ihre Lage im Gebäude eindeutig lokalisiert werden. Mit Hilfe von mobilen Endgeräten lassen sich während einer Objektbegehung mögliche Mängel digital erfassen und im CAFM-System durch den Datenaustausch in Echtzeit unmittelbar und eindeutig einer Gebäudekomponente zuordnen. Die Arbeitsvorbereitung für die Mängelbehebung kann dann ebenfalls digital angestoßen werden.

Auf der Grundlage des digitalen Gebäudemodells lassen sich zudem Umbaumaßnahmen simulieren und Machbarkeitsstudien durchführen. Die Auswirkungen der
Umbaumaßnahmen können zudem im CAFM-System analysiert und so optimal an
die Nutzung angepasst werden. Bei einer Änderung des Bodenbelags werden beispielsweise die Auswirkungen auf das Reinigungsmanagement aufgezeigt.

Zusammenfassend lassen sich für den Lebenszyklus einer Immobilie die folgenden
Vorteile durch die Zusammenführung von BIM und FM identifizieren:

- Effiziente und effektive Arbeitsprozesse durch die umfassende Verfügbarkeit
  von Informationen,
- Zeit- und Kostenersparnis durch die einmalige Erfassung und die zentrale
  Speicherung der Daten,
- Kostenersparnis durch eine frühzeitige Planung der späteren Nutzungs- und
  Instandhaltungsprozesse,
- Reduktion von Planungsfehlern durch die frühzeitige Berücksichtigung der
  Prozesse in der Betriebsphase.

8.2 Smart Home

8.2.1 Grundlagen

Vernetzung mit einem kontinuierlichen Austausch von Daten ist ein wesentliches
Merkmal der heutigen Gesellschaft. Wohnimmobilien, ausgestattet mit einer intelligent vernetzten Gebäudetechnik, werden als Smart Homes bezeichnet und bieten
den Nutzern einen erhöhten Wohnkomfort. Die intelligent vernetzte Technik leistet
zudem einen Beitrag zur Nachhaltigkeit und zur Wirtschaftlichkeit der Immobilie.

Smart Home ist ein Bestandteil der Gebäudeautomation. Unter der Gebäudeautomation werden alle Einrichtungen, Dienstleistungen und Softwares subsumiert, die sich
mit der automatischen Steuerung, Regelung, Überwachung und Optimierung der
TGA befassen. Hierunter fallen auch die Bedienung und die Instandhaltung der technischen Installationen.[107] Eine zunehmende Technisierung der Immobilien führt somit
auch zu neuen Herausforderungen für das Facility Management.

In der Diskussion ist zu beachten, dass Smart Home nicht mit der wörtlichen Über-
setzung als „intelligentes Zuhause" gleichzusetzen ist. Eine Immobilie oder eine ge-
bäudetechnische Komponente an sich kann nicht intelligent sein; es ist vielmehr der
intelligente Mensch, der durch Programmierung eine Vernetzung der Komponenten
zu einem vermeintlich intelligenten System herbeiführt. Smart steht folglich für eine
fortschrittliche Technik, die sinnvoll programmiert und vernetzt ist.

Die Programmierung dieser Technik ist jedoch auch eine der Ursachen für Fehlfunktionen im System. Des Weiteren reagieren die einzelnen Komponenten auf exogene
Einflüsse wie aktive Impulse des Nutzers oder Informationen, die beispielsweise von
Sensoren oder Informationssystemen geliefert werden. Sind solche Informationen
fehlerhaft, erfolgt eine nicht erwünschte und somit mangelhafte Reaktion des Sys-

---

[107] Vgl. VDI 3814-1 (2009), S. 4

tems. Bei der Einrichtung eines Smart Homes ist solchen Fehlfunktionen entgegen-
zuwirken, z. B. durch die Einrichtung manueller Regelungsmöglichkeiten.

Manuelle Regelungsmöglichkeiten erlauben eine Individualisierung des Systems und
folglich auch der Raumzustände. Sie ermöglichen dem Nutzer, seine individuelle
Form der Behaglichkeit herbeizuführen und auf Fehlfunktionen zu reagieren. Die
subjektiv empfundene Behaglichkeit kann jedoch im Gegensatz zu den Zielen in
Bezug auf die Nachhaltigkeit oder die Wirtschaftlichkeit der Immobilie stehen. Emp-
findet ein Nutzer beispielsweise eine Raumtemperatur von mehr als 21 Grad Celsius
als behaglich, führt dies bei einem Heizsystem auf Basis fossiler Ressourcen zu
einer negativen Entwicklung der Wirtschaftlichkeit und der Nachhaltigkeit. Die ur-
sprüngliche Programmierung des Systems auf der Basis der wirtschaftlichen Ziele
und dem Gedanken der Nachhaltigkeit ist während der Nutzung somit gegebenenfalls aufgrund von nutzerspezifischen Interessen anzupassen oder wird durch den
Nutzer infolge der manuellen Regelungsmöglichkeit angepasst. Bei mehreren Nutzern können dabei zudem konkurrierende Behaglichkeitsempfindungen auftreten.

8.2.2 Abgrenzung

Welche Leistungen eine Wohnimmobilie erfüllen muss, um als Smart Home deklariert zu werden, ist nicht definiert. Die Leistungen variieren von der steuerbaren Fähigkeit einer einzelnen gebäudetechnischen Komponente, über eine Vernetzung von
mindestens zwei technischen Installationen bis hin zu einer komplexen Vernetzung
mehrerer oder sämtlicher gebäudetechnischer Einheiten.

Eine Smart Home Lösung ist somit die Zusammenstellung und Vernetzung einer
Auswahl von smarten Produkten aus unterschiedlichen gebäudetechnischen Gewerken. So kann beispielsweise schon die Vernetzung zwischen einem steuerbaren
Heizungsthermostat mit dem Smartphone und einem Sensor für die Außentempera-
tur eine Smart Home Lösung darstellen.

Sofern vernetzte Zähler für Strom, sogenannte Smart Meter, eingesetzt werden,
kann das Smart Home an den Vorteilen des Smart Grids partizipieren. Smart Grid,
das intelligente Stromnetz, stimmt die Erzeugung, die Speicherung und den Verbrauch von Energie aufeinander ab.[108] So können Schwankungen zwischen dem
Angebot und der Nachfrage von Strom geglättet und ausgewogene Energienetze
hergestellt werden. Dem Nutzer bietet die Teilnahme am Smart Grid primär den Vorteil der übersichtlichen Darstellung seiner Verbräuche und eine Stromabnahme zu
günstigen Zeitpunkten. Im Gegenzug dazu muss der Nutzer jedoch mit der Bereitstellung seiner Verbrauchsdaten an den Energieversorger einverstanden sein.

Smarte Produkte, Smart Homes und Smart Grids können Bestandteile einer Smart
City sein, wobei auch hier nicht eindeutig definiert ist, wann eine Stadt als smart bezeichnet werden kann. Unter Smart City werden derzeit unterschiedliche Konzepte
verstanden, bei denen Bereiche einer Stadt vernetzt und zukunftsorientierte Strukturen und Technologien eingesetzt werden. Neben dem Bereich der Energieversorgung stehen dabei auch Mobilität und Architektur im Fokus der Betrachtung. Die
Abbildung 8-4 veranschaulicht die Abgrenzung der genannten Begrifflichkeiten.

---

[108] Vgl. Umweltbundesamt (21.03.2017), Internetquelle

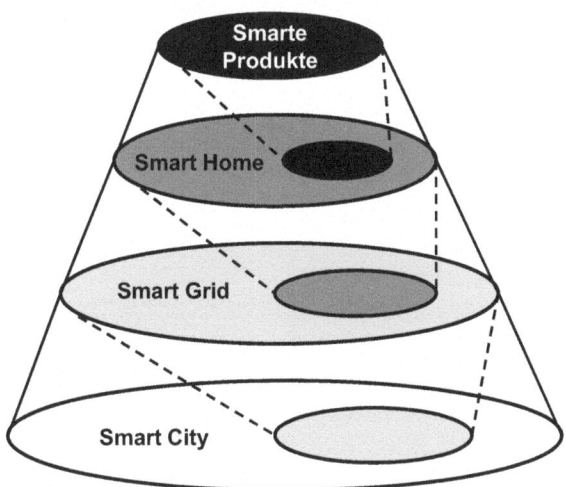

Abb. 8-3   Smarte Umwelt

8.2.3 Smart Home in der Betriebsphase

Die zunehmende Technisierung einer Immobilie hat nicht nur Auswirkungen auf deren Planungs- und Realisierungsphase sondern insbesondere aufgrund der zunehmenden Komplexität der technischen Installationen auch auf die Betriebsphase. Die
Einrichtung eines Smart Home verändert das Service- und Wartungsmanagment im
Betrieb. Vorteile werden generiert, wenn von dem System Betriebszustände gemel-
det, defekte Komponenten visualisiert und Wartungen oder Diagnosen für Reparaturen aus der Ferne erfolgen können. Der externe Zugriff auf das System ermöglicht
die Bereitstellung einer Anleitung zur Reparatur der nicht wie gewünscht funktionie-
renden Systemkomponente oder, wenn nötig, die gezielte Vorbereitung eines Tech-
nikereinsatzes. Der Techniker weiß so im Vorfeld, welcher Schadensfall zu erwarten
ist und welche Ersatzkomponenten gegebenenfalls bereitzustellen sind. Dazu sind
Produktbezeichnungen und Herstellerangaben zentral hinterlegt und digital abrufbar.
Auch Verbrauchsablesungen von beispielsweise Strom- oder Gaszählern können
durch einen Fernzugriff digital erfolgen.

Die Komplexität eines Smart Homes wird durch die Vernetzung von Produkten und
Dienstleistungen unterschiedlicher Hersteller und Gewerke erhöht. Zur Integration
und Vernetzung solch diverser Komponenten in einem Smart Home bedarf es eines
gewerke- und produktübergreifenden Know-Hows und eines vertieften Wissens in
der Elektro- und Informationstechnik. Als Anbieter von Smart Home Komponenten
sind Telekommunikationsunternehmen, Energieversorgungsunternehmen, Hersteller
von Unterhaltungselektronik- und Haushaltsgeräten, IT-, Hadware- und Software-
Unternehmen, Gebäudetechniker, App-Entwickler und Elektroinstallateure zu nennen, die sich übergeordnet als Anbieter für Endgeräte, Plattformen, Software und
Service-Leistungen unterscheiden lassen. Diese Anbieter zusammenzuführen, um

ein abgestimmtes und funktionierendes System sowie eine reibungslose Betriebs-phase zu garantieren, ist eine nicht zu unterschätzende Aufgabe bei der Planung und der Ausführung einer smarten Immobilie.

9 Literaturverzeichnis

2. Berechnungs-verordnung	Verordnung über wohnungswirtschaftliche Berechnungen nach dem Zweiten Wohnungsbaugesetz (2. Berechnungs-verordnung, II. BV), 23. November 2007; BGBl, I S. 2614
Alda, W., Hirschner, J.	(2016), Projektentwicklung in der Immobilienwirtschaft, Teubner-Vieweg Verlag, 6. Auflage, 2016
AMEV	(2013), TGA-Kosten Betreiben 2013 – Ermittlung der Kosten für das Betreiben von technischen Anlagen in öffentlichen Gebäuden AMEV-Empfehlung lfd. Nr. 123, Arbeitskreis Maschinen– und Elektrotechnik staatlicher und kommunaler Verwaltungen, AMEV, Berlin, 2013
AMEV	(2014), Wartung, Inspektion und damit verbundene kleine Instandsetzungsarbeiten von technischen Anlagen und Einrichtungen in öffentlichen Gebäuden lfd. Nr. 123, Arbeitskreis Maschinen– und Elektrotechnik staatlicher und kommunaler Verwaltungen, AMEV, Berlin, 2014
AMEV	(2014), Arbeitskarte für KG 420 Wärmeversorgungsanlagen, in: AMEV Wartung 2014, herunterzuladen auf der Internetseite der AMEV
Bäsmann, H.	(2011) Contracting – Definition und Grundlagen, 2011; in: Marktübersicht der Energiecontracting Anbieter 2011, S. 12-16
Berner, F. (Hrsg.)	(2016), Entscheidungsmanagement in den Initiierungs- und Planungsphasen, Schriftenreihe des Instituts für Baubetriebslehre der Universität Stuttgart, Band 57, Stuttgart: Selbstverlag, 2016
Berner, F., Kochendörfer, B.; Schach, R.	(2013), Grundlagen der Baubetriebslehre 2 – Baubetriebsplanung, 2. Auflage, Wiesbaden: SpringerVieweg, 2013

© Springer Fachmedien Wiesbaden GmbH, ein Teil von Springer Nature 2018
J. Hirschner et al., *Facility Management im Hochbau*, Leitfaden des Baubetriebs
und der Bauwirtschaft, https://doi.org/10.1007/978-3-658-21630-6

Betriebskosten-verordnung	(2003), Verordnung für die Aufstellung von Betriebskosten - Betriebskostenverordnung (BetrKV), 25. November 2003; BGBl. I S. 2346, 2347
BMUB	(2015): Leitfaden Nachhaltiges Bauen – Zukunftsfähiges Planen, Bauen und Betreiben von Gebäuden; Bundesministerium für Umwelt, Naturschutz, Bau und Reaktorsicherheit, Berlin, 2015
BMVI (Hrsg.)	(2015), Stufenplan Digitales Planen und Bauen - Einführung moderner, IT-gestützter Prozesse und Technologien bei Planung, Bau und Betrieb von Bauwerken, Berlin, Dezember 2015
Bürgerliches Gesetzbuch	(2016) BGB, 19. Oktober 2016, BGBl, I S. 2182 Stand: Neugefasst durch Bek. v. 2.1.2002 I 42, 2909; 2003, 738; zuletzt geändert durch Art. 1 G v. 20.12.2012 I 2749
Busche, J.	(2012), Münchener Kommentar Bürgerliches Gesetzbuch, Band 4: Schuldrecht Besonderer Teil II, in: Säcker F. J. u.a. (Hrsg.), Münchener Kommentar zum Bürgerlichen Gesetzbuch, München: C.H. Beck oHG, 6. Auflage, 2012
CIBSE	(2000), The Chartered Institution of Building Services Engineers – Guide to ownership, operation and maintenance of building services, London, 2000
Diete, M.	(2016), Vertragliche Gestaltung zur rechtssicheren Übertragung von Betreiberverantwortung auf den Facility Manager, in: Zeitschrift für Immobilienrecht, (ZfIR) Nr. 14/2016; S. 486 – 490
DIN	(2003), DIN 8930-5: Kälteanlagen und Wärmepumpen – Terminologie – Teil 5: Contracting, 2003-11
DIN	(2012), DIN 31051: Grundlagen der Instandhaltung, Ausgabe 2012-09

DIN	(2008), DIN 276: Kosten im Bauwesen, Teil 1: Hochbau, Ausgabe 12/2008
DIN	(2016), DIN 277: Grundflächen und Rauminhalte im Bauwesen Teil 1: Hochbau, Ausgabe 01/2016
DIN	(1977), DIN 32541: Betreiben von Maschinen und vergleichbaren technischen Arbeitsmitteln, Ausgabe 05/1977, mittlerweile zurückgezogen
DIN	(2000), DIN 32736: Gebäudemanagement – Begriffe und Leistungen, Ausgabe 2000-08
DIN EN	(2007), DIN EN 15221: Facility Management – Teil 1: Begriffe, Ausgabe 2007-01
Eschenbruch, K., Racky, P. (Hrsg.)	(2008), Partnering in der Bau- und Immobilienwirtschaft - Projektmanagement- und Vertragsstandards in Deutschland, Stuttgart: Kohlhammer, 2008
Feldmann et al.	(2016), Philipp Geldmann, Nicolai Gerstner, Philip Hofmann, Björn Isenhöfer, Matthias Segerer, Arno Väth (Feldmann et al.), Immobilienanalyse in: Schulte Karl-Werner, Bone-Winkel Stephan, Schäfers Wolfgang (Hrsg.): Immobilienökonomie I, S. 363-424; 5. Auflage, De Gruyter Oldenbourg, 2016
Fischer, A.	(2000), Wartungsverträge: Inspektion, Wartung und Instandsetzung technischer Einrichtungen, Berlin: Erich Schmidt Verlag GmbH & Co., 2000
GEFMA	(2004), GEFMA-Richtlinie 100-1, Facility Management – Grundlagen, GEFMA e.V., Deutscher Verband für Facility Management, Ausgabe 2004-07
GEFMA	(2013), GEFMA-Richtlinie 400, Computer Aided Facility Management CAFM – Begriffsbestimmungen, Leistungsmerkmale, Ausgabe 2013-03

GEFMA   (2004), GEFMA-Richtlinie 124-1, Energiemanagement –
                              Grundlagen und Leistungsbild, GEFMA e.V., Deutscher Ver-
                              band für Facility Management, Ausgabe 2009-11

GEFMA   (2016), GEFMA-Richtlinie 130-1, Flächenmanagement –
                              Grundlagen, GEFMA e.V., Deutscher Verband für Facility
                              Management, Entwurf, 2016-07

GEFMA   (2004), GEFMA-Richtlinie 190: Betreiberverantwortung im
                              Facility Management, Stand 2004-01; GEFMA e.V. Deut-
                              scher Verband für Facility Management, Bonn

GEFMA   (2004), GEFMA-Richtlinie 200, Kostenrechnung im Facility
                              Management: Kostengliederungsstruktur zu GEFMA 100
                              (2004), GEFMA e.V., Deutscher Verband für Facility Ma-
                              nagement, Entwurf 2004-07

GEFMA,   (2007), Der Facility Manager - ein vielseitiges Berufsbild, o.
RealFM e.V.   O., 2007

gif   (2004), Richtlinie Definition und Leistungskatalog Real Estate
                              Investment Mangement, Stand 18. Mai2004, Wiesbaden,
                              2004

gif   (2012), Richtlinie zur Berechnung der Mietfläche für gewerb-
                              lichem Raum (MF-G), Stand 01. Mai 2012; Novellierung der
                              MF-G 2004; 2012

Gondring, H.,   (2012), Facility Management: Handbuch für Studium und
Wagner, T.   Praxis, 2. Auflage, München: Vahlen, 2012

Gralla, M.   (2008), Der Partnering-Ansatz in den Wettbewerbsmodellen,
                              in: Eschenbruch, K., Racky, P. (Hrsg.), Partnering in der Bau-
                              und Immobilienwirtschaft – Projektmanagement- und Ver-
                              tragsstandards in Deutschland, Stuttgart: Kohlhammer, 2008,
                              S. 16 – 38

Gralla, M.   (2001), Garantierter Maximalpreis: GMP-Partnering-Modelle
                              - Ein neuer und innovativer Ansatz für die Baupraxis, 1. Auf-
                              lage, Stuttgart/Leipzig/Wiesbaden: Teubner, 2001

Haghsheno, S.   (2007), Vertragsbewirtschaftung: proaktiv, aktiv, reaktiv, 1.
                         Auflage, Graz: Verlag der Technischen Universität Graz,
                         2007

Heizkosten-   (2009), Verordnung über die verbrauchsabhängige Abrech-
verordnung   nung von Heiz- und Warmwasserkosten (HeizkostenV), 5.
                         Oktober 2009, BGBl, I S. 3250

Hellerforth, M.   (2006), Handbuch Facility Management für Immobilienunter-
                         nehmen; 1. Auflage, Berlin/Heidelberg: Springer, 2006

Houck, R.   (2006), Funktion und Durchsetzbarkeit eines Letter of Intent,
                         in: M & A Review, 02/2006, S. 65 – 70

ImmoWertV   (2010), Verordnung über die Grundsätze für die Ermittlung
                         der Verkehrswerte von Grundstücken – ImmobilienWerter-
                         mittlungsVerordnung (ImmoWertV), 19. Mai 2010, BGBl. I. S.
                         639

IP Bau   (1994), Alterungsverhalten von Bauteilen und Unterhaltskos-
                         te – Grundlagen für den Unterhalt und die Erneuerung von
                         Wohnbauten; Impulsprogramm IP Bau; Bundesamt für Kon-
                         junkturfragen, Bern, 1994

Jones Lang Lasalle   (2015), OSCAR – Office Service Charge Analysis Report
                         2015

Kalusche, W.   (2012), Projektmanagement für Bauherren und Planer, Mün-
                         chen: Oldenbourg, 3. Auflage, 2012

Kapellmann, K.,   (2007), VOB – Teile A und B, München: Beck, 2007
Messerschmidt, B.
(Hrsg.)

KGSt.   (2009), Kommunale Stelle für Verwaltungsmanagement,
                         Instandhaltung kommunaler Gebäude. Budgets ermitteln und
                         Aufwand für folgende Jahre planen, 2009

Kleinschrot, K.   (2016) Entscheidungsmanagement in den Initiierungs- und
                       Planungsphasen - Ein Ansatz für den zielgerichteten Projekt-
                       erfolg, in: Berner, F. (Hrsg.), Schriftenreihe des Instituts für
                       Baubetriebslehre der Universität Stuttgart, Band 57, zugleich
                       Dissertation an der Universität Stuttgart, Stuttgart: Selbstver-
                       lag, 2016

Koch, S.,   (2013), CAFM-Software und CAFM-Systeme, in: May, M.
                       (Hrsg.), CAFM-Handbuch, 3. Auflage, Berlin, Heidelberg:
May, M.,   Springer-Verlag, 2013, S. 251 - 268
Schauer, A.

Lechner, H.,   (2007), Vertragsbewirtschaftung: proaktiv, aktiv, reaktiv, 1.
                       Auflage, Graz: Verlag der Technischen Universität Graz,
Heck, D. (Hrsg.)   2007

Library of Congress   (2017),   Facility   Management,   http://id.loc.gov/
                       authorities/subjects/sh85046812.html, Zugriff am 20.03.2017

May, M. (Hrsg.)   (2013), CAFM-Handbuch – IT im Facility Management erfolg-
                       reich einsetzen, 3. Auflage, Berlin, Heidelberg: Springer-
                       Verlag, 2013

Messerschmidt, B.,   (2007), Baubeteiligte und Unternehmereinsatzformen, in:
                       Kapellmann, K., Messerschmidt, B. (Hrsg.), VOB – Teile A
Thierau, T.   und B, München: Beck, 2007

Neumann, G.   (2000), Neumann Günther, Benchmarking im Facilities Ma-
                       nagement; in Schulte Karl-Werner, Pierschke Barbara: Facili-
                       ties Management, S. 329-345, Verlagsgesellschaft Rudolf
                       Müller Köln, 2000

o. V.   (20.03.2017a), BIM overlaid on a photo from a smartphone,
                       https://twitter.com/mgolpar2/status/4334816   67643056130,
                       Zugriff am 20.03.2017

o. V.   (20.03.2017b),   Brille   mit   virtueller   Tastatur,
                       http://www.chip.de/news/Galaxy-Glass-Samsung-Brille-mit-
                       virtueller-Tastatur_66808853.html, Zugriff am 20.03.2017

o. V. (Hrsg.)   (2015), Deutsches Institut für Normung (Hrsg.), BIM-Einstieg
                       kompakt, Berlin, Wien, Zürich: Beuth Verlag GmbH, 2015

Oestereich, B.   (2006), Der agile Festpreis und andere Preis- und
                       Vertragsmodelle, in: Objekt Spektrum, 01/2006, S. 30 – 33

Palandt, O.,   (2012), Bürgerliches Gesetzbuch, München: C.H. Beck oHG,
Sprau, H.   71. Auflage, 2012

Przybylo, J.   (2015), BIM-Einstieg kompakt – Die wichtigsten BIM-
                       Prinzipien in Projekt und Unternehmen, in: o. V., Deutsches
                       Institut für Normung (Hrsg.): BIM-Einstieg kompakt, Berlin,
                       Wien, Zürich: Beuth Verlag GmbH, 2015

Rotermund, U.   (2016) fm.benchmarking Bericht 2016, Institut für Bauma-
                       nagement, Gebäudedaten und Bewertung, in Kooperation
                       mit GEFMA e. V. & RealFM; Höxter, 2016

Säcker, F. J.,   (2012), Münchener Kommentar zum Bürgerlichen Gesetz-
Rixecker, R.,   buch, München: C.H. Beck oHG, 6. Auflage, 2012
Oetker, H.

Schulte, W. (Hrsg.)   (2000), Facilities Management, Köln: Rudolf Müller GmbH &
                       Co. KG, 2000

Schwien, M.   (2010), Bonus-Malus-System oder lieber Klassik-Vertrag? –
                       Was bei der Gestaltung von FM-Verträgen zu beachten ist,
                       in: Facility Management, 05/2010, S. 42-43

Teichmann, S.   (2007), Bestimmung und Abgrenzung von Managementdis-
                       ziplinen im Kontext des Immobilien- und Facilities Manage-
                       ments, in: Zeitschrift für Immobilienökonomie, 2/2007, S. 5 -
                       37

Thierau, T.   (2008), GMP-Vertrag: Auskunftsanspruch bei „open-books"-
                       Abrede! in: IBR Immobilien & Baurecht, Dezember 2008, S.
                       709

Umweltbundesamt   (2017),   http://www.umweltbundesamt.de/service/   uba-
                     fragen/was-ist-ein-smart-grid, Zugriff am 21.03.2017

VDI   (2012), VDI 2067, Blatt 1, Wirtschaftlichkeit gebäudetechni-
                     scher Anlagen – Grundlagen und Kostenberechnung, VDI -
                     Verband Deutscher Ingenieure, 09-2012

VDI   (2002), VDI 6009, Facility Management - Anwendungsbei-
                     spiele aus dem Gebäudemanagement, Ausgabe 2002-10

VDI   (2014), Richtlinienausschuss VDI 3810 Blatt 1.1 "Betreiben
                     und Instandhalten von gebäudetechnischen Anlagen - Be-
                     treiberverantwortung", VDI – Verein Deutscher Ingenieure,
                     2014-09, Düsseldorf

VDI   (2009), VDI 3814-1, Gebäudeautomation (GA) - System-
                     grundlagen, Ausgabe 2009-11

VDMA   (2007), VDMA 24186-0: Leistungsprogramm für die Wartung
                     von technischen Anlagen und Ausrüstungen in Gebäuden;
                     Teil 0: Übersicht und Gliederung, Nummernsystem, Allge-
                     meine Anwendungshinweise, VDMA Einheitsblatt, Verband
                     Deutscher Maschinne- und Anlagenbau e.V. (VDMA), 01-
                     2007

Viering, M. G.   (2000), Probleme und Gestaltungsmöglichkeiten des Out-
                     sourcings, in: Schulte, W. (Hrsg.), Facilities Management,
                     Köln: Rudolf Müller GmbH & Co. KG, 2000, S. 423 - 450

10 Stichwortverzeichnis

© Springer Fachmedien Wiesbaden GmbH, ein Teil von Springer Nature 2018
J. Hirschner et al., *Facility Management im Hochbau*, Leitfaden des Baubetriebs
und der Bauwirtschaft, https://doi.org/10.1007/978-3-658-21630-6

The manufacturer's authorised representative in the EU is Springer
Nature Customer Service Centre GmbH, Europaplatz 3, 69115 Heidelberg,
Germany. If you have any concerns regarding our products, please
contact ProductSafety@springernature.com

Printed and bound by CPI Group (UK) Ltd, Croydon, CR0 4YY
27/04/2026
02097614-0014